Law and Economics of International Telecommunications

Under the Auspices of the
Max Planck Institute for Foreign and
International Private Law
edited by Prof. Ernst-Joachim Mestmäcker

Volume 7

Matthias Bock

Die Regulierung der britischen Telekommunikationsmärkte

Nomos Verlagsgesellschaft
Baden-Baden

Die Deutsche Bibliothek – CIP-Einheitsaufnahme

Bock, Matthias:
Die Regulierung der britischen Telekommunikationsmärkte / Matthias Bock. – 1. Aufl.
– Baden-Baden : Nomos Verl.-Ges., 1995
(Wirtschaftsrecht der internationalen Telekommunikation ; Vol. 7)
ISBN 3-7890-4060-6
NE: Law and Economics of International Telecommunications

ISSN 0935-0624

1. Auflage 1995

Vorwort des Herausgebers

Die hier veröffentlichte Arbeit ist als Teil des Forschungsprojekts Wirtschaftsrecht der internationalen Telekommunikation im Max-Planck-Institut für ausländisches und internationales Privatrecht in Hamburg entstanden. Das britische Telekommunikationssystem gilt gemeinsam mit denen der USA und Japans als Schrittmacher der Privatisierung und Liberalisierung. Im direkten Gegensatz zur Bundesrepublik hat sich die Regierung Großbritanniens bereits Ende der siebziger Jahre die Aufgabe gestellt, die bis dahin von einem Staatsmonopol betriebene Telekommunikation zu privatisieren und schrittweise in den Wettbewerb zu überführen. Die praktische Bedeutung der vorliegenden Arbeit für die zukünftige Entwicklung in Deutschland und in der Europäischen Union folgt daraus, daß in ihr die Erfahrungen mit einer schrittweisen Liberalisierung analysiert werden. Der Verfasser stellt zunächst die Entwicklung in den ihr zugrundeliegenden wirtschaftspolitischen Zielen und den dafür eingesetzten rechtlichen Instrumenten dar. Einem Überblick über die Geschichte der Reformpolitik folgt die Darstellung des regulatorischen Verfahrens und des Verhältnisses von Telekommunikationsrecht und allgemeinem Wettbewerbsrecht sowie deren Verhältnis zum europäischen Recht. Das über die Telekommunikation hinausgehende Interesse an dieser Darstellung folgt aus der höchst eigenständigen britischen Lösung. Sie betrifft vor allem die schwierigen Wechselwirkungen zwischen Liberalisierung, Regulierung und allgemeinem Kartell- und Monopolrecht bei unstreitiger Letztverantwortung des zuständigen Ministers. Individualrechte und ihnen zugeordnete Klagebefugnisse treten im Gegensatz zum Recht der USA und der Europäischen Union zurück.

Hamburg, im Juli 1995 *Ernst-Joachim Mestmäcker*

Vorwort

In einem weltweiten Umorientierungsprozeß verzichten immer mehr Staaten darauf, zur Sicherstellung einer flächendeckenden Versorgung ihrer Bevölkerung mit Fernmeldediensten ein eigenes Unternehmen vorzuhalten. Fernmeldemonopole, die in der Vergangenheit zum Schutz solcher Unternehmen etabliert wurden, werden schrittweise aufgehoben. Großbritannien nimmt in dieser Entwicklung innerhalb Europas eine Vorreiterstellung ein. Nach der Zulassung konkurrierender Netzbetreiber im Ortsnetzbereich sowie den Fortschritten bei der Freigabe des internationalen Fernsprechverkehrs stellt das britische Telekommunikationsrecht heute in mancherlei Hinsicht neuen Betreibergesellschaften weniger Restriktionen entgegen, als dasjenige der Vereinigten Staaten.
Im Hinblick auf die Formulierung einer kohärenten Politik stellt sich hier als Schlüsselfrage, welche Aufgaben dem Staat zur Gewährleistung eines funktionsfähigen Wettbewerbs verbleiben. Inwiefern muß - im Interesse der Kunden, aber auch anderer Wettbewerber - sichergestellt werden, daß das vormals mit Monopolrechten ausgestattete Unternehmen seine Marktstellung nicht mißbraucht? Hat der Staat Bedingungen festzusetzen, nach denen konkurrierende Betreiber einander Zugang zu ihren Netzen gewähren? Muß ein dominanter Netzbetreiber in seinen Betätigungsfeldern Beschränkungen unterworfen werden? Wie läßt sich ein wettbewerbliches nationales Regime in eine internationale Ordnung einfügen, die zunächst zur Kooperation nationaler Monopole geschaffen wurde?
Zu Beginn des Liberalisierungsprozesses standen Antworten auf diese Fragen in Großbritannien nicht in Form eines einheitlichen Konzeptes bereit. Auch nachdem die Entscheidung zur radikalen Neuorientierung der Telekommunikationspolitik getroffen worden war, wurde weniger nach einem solchen Konzept als nach Lösungen für die mit fortschreitender Liberalisierung auftretenden konkreten Fragestellungen gesucht. Dies mag für die britische Rechtsentwicklung kennzeichnend sein. Diese Arbeit versucht jedoch, das insbesondere in Form von Entscheidungen der Regulierungsbehörden vorliegende Material systematisch aufzuarbeiten.
In einem ersten Teil wird zunächst der historische Hintergrund der Reformbemühungen geschildert. Der zweite Teil beschäftigt sich mit dem gesetzlichen Rahmen, der sich hieraus für den Liberalisierungsprozeß ergab. Dabei

werden nicht nur die fernmelderechtlichen Regelungen aufgezeigt, sondern es wird auch dargelegt, in welcher Hinsicht das allgemeine britische und europäische Wettbewerbsrecht sowie andere rechtliche Bestimmungen für den Betrieb von Fernmeldeanlagen von besonderer Bedeutung sind. Ein dritter Teil diskutiert sodann die zur Liberalisierung im britischen öffentlichen Fernmeldenetz getroffenen materiellrechtlichen Regelungen: die schrittweise Zulassung von Wettbewerb, die zur Verhinderung einer »Ausbeutung« der Kunden durch den dominanten Netzbetreiber BT getroffenen Vorkehrungen, sowie Maßnahmen zur Regulierung des wettbewerblichen Umfelds. Ein vierter Teil zeigt die besonderen Fragestellungen bezüglich internationaler Netze auf. In einem fünften Teil wird die Regulierung einzelner Märkte des Telekommunikationssektors insbesondere im Hinblick auf die Definition der Stellung des ehemaligen Monopolisten untersucht. Das letzte Kapitel resümiert die zuvor in den einzelnen Sektoren aufgezeigten Entwicklungstendenzen und entwickelt die These, daß in Zukunft nur wenig Raum für ein eigenständiges Telekommunikationsrecht verbleiben wird.

Bei allen, die mir geholfen haben, diese Arbeit zu schreiben, möchte ich mich herzlich bedanken. Für die Anregung und Betreuung des Themas danke ich meinem Doktorvater Prof. Ernst-Joachim Mestmäcker, Prof. Hein Kötz für die Zweitkorrektur. Daneben möchte ich hier noch einige meiner geduldigen Gesprächspartner nennen: Eckhard Bremer, Clive Davy, Ian Ellison, Ann Hunt, Gareth Locksley, Robin Saphra, Marek Schmidt, Peter Strickland. Dank bin ich ebenso Ingeborg Stahl und allen anderen Kollegen am Max-Planck-Institut für ausländisches und internationales Privatrecht in Hamburg, den Mitarbeitern der Kanzlei Allison and Humphreys und der Oftel-Bibliothek schuldig. Der Hamburger Übersee-Club unterstützte einen Forschungsaufenthalt in London durch ein großzügiges Stipendium.

Die Arbeit berücksichtigt die Entwicklung bis Mai 1995.

Hamburg, im Juli 1995 *Matthias Bock*

Inhaltsverzeichnis

Abkürzungsverzeichnis

ACTE	Approval Committee for Terminal Equipment
AT&T	American Telephone and Telegraph Company
BABT	British Approval Board of Telecommunications
BACT	Advisory Committee on Telecommunications for Small Businesses
BBC	British Broadcasting Corporation
BEAB	British Electronical Approval Board
BSI	British Standard Institute
BT	BT plc.
BTMC	British Telecom Mobile Communications
C.A.	Court of Appeals
CCITT	Comité Consultatif international télégraphique et téléphonique
CDMA	Code division multiple access
Cellnet	Telecom Securicor Cellular Radio Ltd.
CEPT	Conférence Européenne des Administrations des Postes et des Télécommunications
CLI	Calling Line Identification
Cmnd.	Command
COMSAT	Communications Satellite Corporation
DGCT	Directión General de Correros y Telégrafos
DGFT	Director General of Fair Trading
DGT	Director General of Telecommunications
DIEL	Advisory Committee on Telecommunications for Disabled and Elderly People
DTI	Department of Trade and Industry
EBU	European Broadcasting Union
ECTRA	European Committee for Telecommunications and Regulatory Affairs
EFL	External Financial Limits
EG	Europäische Gemeinschaft
ENACT	English Advisory Committee on Telecommunications
ERC	European Radio Committee
ETNO	European Public Telecommunications Network Operators' Association
ETSI	European Telecommunications Standards Institute
EU	Europäische Union
EuGH	Europäischer Gerichtshof
EUTELSAT	European Telecommunications Satellite Oranization
EWG	Europäische Wirtschaftsgemeinschaft
FCC	Federal Communications Commission
GEC	General Electric Company plc.
GHz	Gigahertz
GSM	Global System for Mobiles
IBA	Independent Broadcasting Authority

IBM	International Business Machines
ICAO	International Civil Aviation Organization
IMF	International Monetary Fund
IMO	International Maritime Organization
INMARSAT	International Maritime Satellite Organization
INTELSAT	International Telecommunications Satellite Organization
ISO	International Standardization Organization
ISP	International Settlement Policy
ISR	International Simple Resale
ITC	Independent Television Commission
ITU	International Telecommunications Union
ITV	Independent Television
LDO	Local Delivery Operator
LES	Land Earth Stations
MCI	Microwave Communications Inc.
Mercury	Mercury Communications Limited
MHz	Megahertz
Mitel	Mitel Corporation
MMC	Monopolies and Mergers Commission
MPC	Mercury Personal Communications Ltd.
MRB	Median Residential Bill
NATO	North Atlantic Treaty Organization
NIACT	Northern Ireland Advisory Committee on Telecommunications
NTP	Network Termination Point
OECD	Organization for Economic Cooperation and Development
OFT	Office of the Director General of Fair Trading (Office of Fair Trading)
Oftel	Office of the Director General of Telecommunications (Office of Telecommunications)
ONP	Open Network Provision
ORPL	Output related profit levy
OSI	Open System Interconnection
PANAMSAT	Pan American Satellite Corporation
PCN	Personal Communications Network
Phonepoint	Phonepoint Ltd.
Plessey	Plessey Company plc.
PMR	Private Mobile Radio
POUNC	Post Users National Council
PSBR	Public Sector Borrowing Requirement
Pt.	Part
PTO	Public Telecommunications Operator
PTT	Traditionelle staatseigene Post- und Fernmeldeunternehmen (Post, Telephon, Telegraph)
Q.B.D.	Queen's Bench Division
QMWC	Queen Mary and Westfield College
Rdn.	Randnummer
RPC	Restrictive Practices Court
RTT	Régie des Télégraphes et Téléphones
S.I.	Statutory Instrument

SACOT	Scottish Advisory Committee on Telecommunications
SAO	Signatory Affairs Office
Sec.	Section
SES	Société Européenne des Satellites
SIPL	Standard Interconnect Price List
SMATV	Satellite Master Antenna Television
SMO	Spectrum Management Organizations
SNA	System Network Architecture
SSO	Satellite Service Operator
SSSO	Specialised Satellite Service Operator
STC	Standard Telephone and Cable plc.
Subsec.	Subsection
SWIFT	Society for Worldwide Interbank Financial Telecommunications
TDMA	Time-division-multiple-access
TSL	Telecommunications Services Licence
TTER	Telecommunications Terminal Equipment Regulations
USO	Universal Service Obligation
VADS	Value Added and Data Services
VAN	Value Added Network
VANS	Value Added Network Services
Vodafon	Racal Vodafon Ltd.
VPN	Virtual Private Network
VSAT	Very Small Aperature Terminal
WACT	Welsh Advisory Committee on Telecommunications
WATTC	World Administrative Telegraph and Telephone Conference
WCIT	Worldwide Conference of International Telecommunications

Wegen der übrigen gebräuchlichen juristischen Abkürzungen wird auf H. Kirchner, Abkürzungsverzeichnis der Rechtssprache, 4. Auflage 1993, verwiesen.

A. Entwicklung der Liberalisierungspolitik

I. *Das Fernmeldemonopol vor der Liberalisierung*

Das komplexe Regulierungssystem, dem Betreiber von Fernmeldeanlagen heute im Vereinigten Königreich[1] gegenüberstehen, ist das Resultat eines schrittweisen Liberalisierungsprozesses. Bis zu dessen Beginn Anfang der 80er Jahre wurde die Telekommunikation auch in Großbritannien, ähnlich wie heute noch in einigen europäischen Ländern, weitgehend durch ein Postunternehmen zentral organisiert, dem ein ausschließliches Recht zum Betrieb von Fernmeldeanlagen zustand.

Der institutionelle Aufbau der britischen Post wurde durch den für die verbliebenen Geschäftsbereiche auch heute noch maßgeblichen Post Office Act 1969 vorgegeben und entsprach seit Erlaß dieses Gesetzes demjenigen der verstaatlichten Industrien *(nationalized industries)*[2]. Ein durch den Industrieminister *(Secretary of State for Industry)*[3] berufenes Leitungsgremium, das aus einem Vorsitzenden und bis zu 19 sonstigen Mitgliedern bestand[4], konstituierte das *Post Office*. Dieses Gremium mit eigener Rechtspersönlichkeit

---

1 Diese Arbeit behandelt das Telekommunikationsrecht des »United Kingdom of Great Britain and Northern Ireland« (»Vereinigtes Königreich von Großbritannien und Nordirland«); in Folge kann, soweit von »Großbritannien« die Rede ist, zunächst davon ausgegangen werden, daß die Rechtslage in Nordirland derjenigen in Großbritannien entspricht; soweit die Rechtslage in den drei Teilen Großbritanniens (England, Schottland und Wales) voneinander abweicht, wird ebenfalls darauf hingewiesen; die Rechtslage auf der Insel Man sowie den Kanalinseln Jersey und Guernsey (den sog. »dependencies« - abhängigen Gebieten der Krone) unterscheidet sich hingegen oftmals von derjenigen im Vereinigten Königreich; siehe zu dem Status der einzelnen Gebiete *Yardley*, Introduction to British Constitutional Law, S. 80 ff.

2 Das Post Office wird in Sec. 6 I Post Office Act 1969 als »public authority« bezeichnet; den unterschiedlichen Bezeichnungen der staatlichen Unternehmen als »Authority«, »Board«, »Corporation« etc. kommen jedoch keine klar umrissenen rechtlichen Bedeutungen zu; siehe hierzu *Foulkes*, Administrative Law, S. 23 ff. sowie die synonyme Verwendung der Begriffe corporation und authority bei *Jones* - Garner's Administrative Law, S. 348 f.

3 Zunächst war hierfür nach Sec. 6 (3) Post Office Act 1969 ein Postminister (Minister of Post and Telecommunications) zuständig; durch die Ministry of Posts and Telecommunications (Dissolution) Order 1974, S.I. 1974/691 wurde dieses Ministerium aufgelöst und die Aufsicht über das Post Office dem Industrieministerium übertragen; nach Schedule 6 Pt. I British Telecommunications Act 1981 übt heute der jeweils berufene Secretary of State diese Befugnisse aus, zur Zeit der Secretary of State for Trade and Industry.

4 Sec. 1 (1) Post Office Act 1977.

hatte keine hoheitlichen Aufgaben zu erfüllen[5]. Das *Post Office* war jedoch gesetzlich von allen Steuern und Abgabenleistungen befreit[6]. Die Aufsicht des Postministers bezog sich in der Regel nicht auf einzelne Geschäftsvorgänge[7] und erschöpfte sich so weitgehend in allgemeinen Anweisungen. Wichtigen Beschränkungen war das *Post Office* aber in seiner Finanzierung unterworfen, da Kredite bei Erreichung einer näher bezeichneten Gesamtverschuldung sowohl durch den Industrieminister als auch durch das Schatzamt *(Treasury Department)* genehmigt werden mußten[8].
Über ein Fernmeldenetz, das sich über fast das gesamte Vereinigte Königreichs erstreckte[9], erbrachte das Post Office Telefon- und Telexdienste sowie andere Übertragungsleistungen, wobei ein umfassendes Fernmeldemonopol die Betätigung anderer Unternehmen in diesen Bereichen ausschloß. Bereits in einer Entscheidung aus dem Jahre 1880 hatte der *High Court* der damaligen britischen Postverwaltung ein Monopolrecht zum Betrieb von Telefonanlagen zugestanden, indem er das in Sec. 4 des Telegraph Act 1869[10] enthaltene »ausschließliche Privileg des *Postmaster General* zur Übersendung von Telegrammen innerhalb des Vereinigten Königreichs« für auf die direkte Übermittlung der gesprochenen Sprache anwendbar erklärte[11]. Das Post Office erkannte das kommerzielle Potential der Telefontechnik zunächst nicht[12]. Später wurde es durch Bedenken des Schatzamtes davon abgehalten, selbst in großem Umfang Telefonanlagen zu errichten. So genehmigte der Generalpostmeister in der Folgezeit den Betrieb von Telefonanlagen durch private Gesellschaften gegen die Zahlung von Gebühren, die sich nach den getätigten Umsätzen bemaßen[13]. Seit 1899 erteilte er auch einigen Gemeinden *(local authorities)* Lizenzen. Erst zu Ende 1911 ließ das *Post Office* die vergebenen

5 Die zuvor in den Händen des Generalpostmeisters liegende Funkfrequenzverwaltung wurde durch Sec. 3 Post Office Act 1969 zunächst dem Postminister, später dem Secretary of State for Industry anvertraut.
6 Sec. 6 (5) Post Office Act 1969.
7 Sec. 11 Post Office Act 1969.
8 Sec. 35, 36 Post Office Act 1969 i.V.m. Ministry of Posts and Telecommunications (Dissolution) Order 1974, S.I. 1974/691; insgesamt zu der Organisationsstruktur des Post Office ausführlich *Kuhlmann*, Die Struktur von British Telecom, S. 7 ff.
9 Lediglich die Gemeinde Kingston upon Hull (Humberside) wurde durch das Netz des Post Office nicht erfaßt; siehe hierzu näher unten Fußnote 14.
10 32 & 33 Vict. c. 73.
11 Attorney-General v. Edison Telephone Corporation of London (1880) 6 Q.B.D. 244 ff.
12 Einer der Erfinder des Telefons, Alexander Graham Bell, bot bereits 1877 dem Post Office die Verwertung seiner Patente an; der damalige Chefingenieur der zuständigen Abteilung des Post Office sprach sich jedoch gegen die Errichtung eines Telefonnetzes aus, da der zukünftige Nutzen dieser Technik zu gering sei, um eine solche Politik zu rechtfertigen, *Pitt*, The Telecommunications Function in the British Post Office, S. 25.
13 Hierzu ausführlich *Pitt*, a.a.O. S. 26 ff.

Lizenzen auslaufen und übernahm von den Betriebsgesellschaften gegen Entschädigungen deren Anlagen. Lediglich auf die Gemeinde Kingston upon Hull dehnte das *Post Office* sein Fernmeldenetz nicht aus, da die dem dortigen *City Council* erteilte Lizenz noch eine längere Laufzeit hatte[14].
Unter Aufführung aller zum damaligen Zeitpunkt denkbaren Übertragungstechnologien gestalteten Sec. 24, 25 Post Office Act 1969 das Monopol des Post Office umfassend aus. Das Post Office hatte zwar die Möglichkeit, mit Zustimmung des Postministers anderen Betreibern durch Lizenzen den Betrieb bestimmter Anlagen zu gestatten (Sec. 27 Post Office Act 1969). Es machte von dieser Möglichkeit aber nur in Randbereichen Gebrauch[15].

II. *Die Reform*

1. *Erste Reformbemühungen - Der Carter Report*

Nachdem das Post Office im Jahre 1975 Rekordverluste erzielt hatte, setzte die damalige Labour-Regierung eine Studiengruppe unter der Leitung des Wirtschaftswissenschaftlers *Charles F. Carter* zur Erarbeitung von Reformvorschlägen ein.
In einem im Juli 1977 vorgelegten Bericht[16] sah das Gremium dringenden Bedarf für eine weitreichende Umgestaltung des Post Office. Insgesamt leide das Unternehmen unter einer Überzentralisierung[17]. Ansonsten stellten sich die Probleme einerseits im Postdienst, andererseits im Fernmeldebereich in unterschiedlicher Weise. Der Postdienst sei arbeitsintensiv und habe in den vorangegangenen Jahren unter rückläufigem Volumen und einer abnehmenden Qualität der angebotenen Dienste gelitten. Das Fernmeldewesen sei dagegen

---

14 Die Lizenz des Hull City Council für den Betrieb eines Telefonnetzes in der Stadt Kingston upon Hull lief erst 1914 aus. Der Gemeinde gelang es zu diesem Zeitpunkt eine Verlängerung zu erreichen und betreibt bis heute für ihre Einwohner ein eigenes Fernmeldenetz (*Noam*, Telecommunications in Europe, S. 117 f); in der Liberalisierungsdiskussion lieferte dieses System als Beispiel für ein Netz, das nicht durch das Post Office betrieben wird, wichtiges Anschauungsmaterial, Interview mit *Mr. Ian Ellison* (ehemaliger Beamter des Department of Trade and Industry), London, April 1994.

15 Allgemeine Genehmigungen bestanden z.B. für hausinterne Telefone, Notrufsysteme in Altersheimen (soweit sie den Bewohnern nicht gestatteten, miteinander zu kommunizieren) sowie für Computer zur Nachrichtenübertragung, die nur entweder dem Unternehmen des Senders oder des Empfängers dienten; siehe zu dieser Lizenzierungspraxis *Beesley*, Liberalisation of the Use of British Telecommunications Network, S. 6, Rdn. 18.

16 Report of the Post Office Review Committee, Chairman *C. F. Carter*, Presented to Parliament by the Secretary of State for Industry July 1977, Cmnd. 6850.

17 A.a.O. Rdn. 9.1.

durch technologischen Fortschritt und eine Expansionsentwicklung geprägt[18]. Dort sei es notwendig, durch große Investitionen veraltete technische Einrichtungen zu ersetzen. So war 1977 das 1957 begonnene Programm zur Einführung des Selbstwahlverfahrens für Ferngespräche noch nicht abgeschlossen. Ferner war zum Berichtszeitpunkt in Großbritannien noch keine einzige programmierbare Vermittlungseinrichtung in Gebrauch, während in den USA solche Geräte bereits seit 1965 installiert wurden[19]. Die durch eine Abteilung des Post Office koordinierte Entwicklung solcher Geräte, die bis Anfang der 80er Jahre abgeschlossen werden sollte, sah die Studiengruppe durch die Interessengegensätze der beteiligten Unternehmen als gefährdet an[20]. Daher empfahl sie, diesen besonderen Schwierigkeiten des Telekommunikationssektors zunächst durch die Ausgliederung der Bereiche Telekommunikation und Datenverarbeitung aus dem Post Office in ein selbständig geführtes Unternehmen (Telecommunications Authority) zu begegnen[21].
Aus heutiger Sicht erscheint an dem Bericht daneben bemerkenswert, daß hier erstmals mögliche Einschränkungen des Telekommunikationsmonopols des Post Office angesprochen wurden. Zum einen vertrat die Studiengruppe die Auffassung, daß die erwartete Expansion der Nutzung neuer Datenverarbeitungs- und Übertragungstechniken es notwendig mache, die Eingrenzung der Dienste, auf die sich das Monopol des Post Office bezieht, neu zu überdenken[22]. Die Kommission wies auf die positiven Erfahrungen hin, die in den USA gemacht worden seien, nachdem das Unternehmen AT&T in der *Carterfone*-Entscheidung[23] durch die Federal Communications Commission (FCC) verpflichtet wurde, den Anschluß fremder Endgeräte an das eigene Netz zuzulassen. Zur Realisierung der mit einer solchen Regelung einhergehenden Vorteile solle ein ministerielles Beratungsgremium die Grenzen des durch Monopolrechte geschützten Netzes neu bestimmen[24]. Auch solle der Ausbau von Breitbandnetzen, deren Errichtung mittelfristig allenfalls zur

18 A.a.O. Rdn. 9.6 ff.
19 A.a.O. Rdn. 12.10 ff.
20 A.a.O. Rdn. 12.14 ff.
21 A.a.O. Rdn. 9.13.
22 A.a.O. Rdn. 12.31
23 Re Use of the Carterfon Device in Message Toll Service, 13 FCC 2d 420, 423, 426 (1968), recon denied, 14 FCC 2d 571 (1968); die FCC bezeichnete Tarifbestimmungen als »unsachgemäß, diskriminierend und unrechtmäßig«, die den Anschluß von Endgeräten untersagen, obwohl von diesen keine physischen Schädigungen der Netzeinrichtungen ausgehen.
24 Report of the Post Office Review Committee, Chairman *C. F. Carter*, Presented to Parliament by the Secretary of State for Industry July 1977, Cmnd. 6850 Rdn. 12.33.

Erbringung von Kabelfernsehdiensten ökonomisch gerechtfertigt erscheine, zunächst privaten Betreibern vorbehalten werden[25].
Diese Vorschläge stießen auf den Widerstand des Post Office, das zum Schutz des bestehenden Netzes die Notwendigkeit sah, weiterhin im Prinzip alle angeschlossenen Einrichtungen zu installieren, zu warten und Dritten nur die Erbringung ausgewählter Dienste zu gestatten[26]. Auch von der bei Vorlage des Berichts amtierenden Regierung wurden die Vorschläge weder aufgenommen, noch erfolgte zunächst eine ernsthafte Auseinandersetzung mit ihnen. In einer Stellungnahme betonte sie, daß die Überprüfung der Monopolrechte außerhalb der Vorlagefragen der Kommission gelegen habe. Zu einer effektiven Planung der Dienste im Interesse der gewerblichen und privaten Nutzer sollten die Monopolrechte nicht in Zweifel gezogen werden[27]. Positiver nahm sie dagegen die organisatorischen Vorschläge auf. Da diese aber äußerst weitreichend seien, sei bevor deren Implementierung in Angriff genommen werde, zunächst abzuwarten, ob die angestrebten Effizienzsteigerungen durch ein zweijähriges Experiment »industrieller Demokratie« erreicht werden könnten[28]. Durch dieses sollten neue Formen der Kooperation zwischen Arbeitnehmer und Arbeitgeber erprobt werden, indem im 20-köpfigen Vorstand 7 Mitglieder durch die Gewerkschaften gestellt werden. Verbraucherinteressen wiederum würden gewahrt, indem zwei weitere Mitglieder Erfahrungen im Bereich des Verbraucherschutzes haben und regelmäßig das Post Office Users National Council (POUNC) konsultieren sollten[29]. Den Problemen im Fernmeldesektor solle darüberhinaus begegnet werden, indem die vorhandenen Ressourcen intensiver genutzt werden. So solle in den folgenden fünf Jahren in den realen Kosten pro Einheit jeweils eine Ersparnis um fünf Prozent erreicht werden[30].

2. *Die wirtschaftspolitische Grundhaltung der Regierung Thatcher*

Die Wirtschaftspolitik der britischen Regierung änderte sich grundlegend mit dem Wahlsieg der konservativen Partei bei den Parlamentswahlen vom 3. Mai 1979. In der Regierung unter *Margaret Thatcher* wurde mit *Sir Keith Joseph*

25 A.a.O. Rdn. 12.34 ff.
26 Stellungnahme des Post Office zum Carter-Report; abgedruckt in The Post Office, Presented to Parliament by the Secretary of State for Industry, July 1978, Cmnd. 7292, S. 21 ff., Rdn. 26 f.
27 The Post Office, Presented to Parliament by the Secretary of State for Industry July 1978, Cmnd. 7292, Rdn. 7.
28 The Post Office (s.o.), Rdn. 16.
29 The Post Office (s.o.), Rdn. 12.
30 The Post Office (s.o.), Rdn. 38.

einem ausgewiesenen Kritiker staatwirtschaftlicher Betätigung der Posten des Industrieministers anvertraut, der bald die radikale Reform der insgesamt mit Verlust arbeitenden[31] nationalisierten Industriezweige in Angriff nahm.

Joseph hatte bereits in den Oppositionsjahren der konservativen Partei 1974-1979 die Neudefinition der wirtschaftlichen Aufgaben des Staates zu seinem Hauptanliegen gemacht. Zuvor hatte die konservative Regierung unter *Edward Heath* (1970-1974) versucht, den Schwierigkeiten der britischen Wirtschaft durch gesteigerte staatliche Einflußnahme Herr zu werden. So versuchte sie vergeblich, der hohen Inflation durch die Errichtung von Kommissionen zur Kontrolle der Preise und Löhne zu begegnen[32]. Den Widerstand gegen diese Politik, der im Februar 1975 in die Ablösung Heaths als Oppositionsführer durch Thatcher mündete, führte zunächst Joseph an, der im Jahre 1974 nach dem Wahlsieg der Labour-Partei durch die Gründung des Forschungsinstituts *Centre for Policy Studies* ein Forum für die Erarbeitung von Alternativkonzeptionen schuf. Josephs Schriften und Reden aus diesen Jahren werden vor allem durch den Einfluß *Friedrich A. v. Hayeks* geprägt. Mit v. Hayek bezweifelte er nicht nur die moralische Berechtigung, sondern auch die Befähigung des Staates, verteilungspolitische Zielsetzungen planmäßig durch die Ersetzung von Marktmechanismen durch Staatstätigkeit zu erreichen[33].

Auf makroökonomischer Ebene ergänzte diese Lehren die Forderung einer strikten Stabilitätsorientierung der Wirtschaftspolitik, wie sie durch die sog. »Monetaristen« erhoben wurde. Die Anhänger des neuen Kurses innerhalb der konservativen Partei folgten der Ansicht des amerikanischen Wirtschaftswissenschaftlers *Milton Friedmann*, der eine Beschränkung der Geldzufuhr und eine Senkung der Verschuldung der öffentlichen Hände als wesentliche Voraussetzung zur Sicherung privatwirtschaftlicher Handlungsfreiheit ansah[34].

---

31 Zwischen 1970 und 1979 fiel die reale Kapitalrendite (berechnet nach Abzug der direkten Subventionen von den Erträgen) der nationalisierten Unternehmen insgesamt von 0 auf - 2%; siehe hierzu den Bericht des House of Commons, Treasury and Civil Service Committee, Financing the Nationalized Industries, Cmnd. 348, Volume I, Rdn. 2.1.

32 *Hoover/Plat*, Conservative Capitalism in Britain and the United States: A critical Appraisal (nachfolgend zit. »Conservative Capitalism«), S. 42 ff.

33 Siehe hierzu die in »Stranded on the Middle Ground?«, Centre for Policy Studies, London 1976 zusammengefaßten Vorträge und Aufsätze, insbesondere die Vorträge »Recovery without inflation« (S. 49 ff.) sowie »Moral and Material Benefits of the Market Order« (S. 57 ff.) in denen er sich jeweils auf die Schriften v. Hayeks beruft; zum Einfluß v. Hayeks auf Sir Joseph und Thatcher auch *Hoover/Plat*, Conservative Capitalism, S. 42 ff.

34 Siehe hierzu insbesondere *Sir Joseph*, »Inflation: The Climate of Opinion is Changing« in »Stranded on the Middle Ground?«, S. 9 ff.; siehe auch *Hoover/Plat*, Conservative Capitalism, S. 42 ff. sowie die Aussage von *Friedmann* vor dem House of Commons,

3. *Umsetzung der Vorschläge durch den British Telecommunications Act 1981*

In den Zuständigkeitsbereich Josephs als Industrieminister fiel auch das Post Office. Die oben geschilderten Versuche der vorangegangenen Regierung, den Ausgleich der beteiligten Interessen durch entsprechende Mitspracherechte in den Organen des Post Office zu suchen, widersprachen dem marktwirtschaftlichen Ansatz Josephs[35].

Seine dem Post Office gegenüber verfolgte politische Linie deutete sich erstmals im Jahre 1979 an, nachdem es durch Streiks innerhalb Londons zu Verzögerungen in der Briefzustellung zwischen 7 und 10 Tagen kam[36]. Joseph nahm dies zum Anlaß, am 2. Juli 1979 im britischen Unterhaus seinen Entschluß zu verkünden, eine Überprüfung des Postmonopols für die Beförderung von Briefen einzuleiten[37]. Kurz darauf griff Joseph den Vorschlag des Carter-Report zur Aufgliederung des Post Office auf und leitete im September 1979 einen Konsultationsprozeß zu den im Carter-Report vorgeschlagenen Liberalisierungsmaßnahmen ein[38]. Die Ergebnisse präsentierte er im Juli 1980 in einer parlamentarischen Stellungnahme. Im Endgerätebereich solle das Monopol des Post Office auf die Lieferung eines Gerätes pro Teilnehmer eingeschränkt werden. Daneben sei das Unternehmen zu verpflichten, Teilnehmern, die Datenverarbeitungsdienste an Dritte erbringen wollen, Mietleitungen zur Verfügung zu stellen. Auch solle durch eine unabhängige Studie untersucht werden, welche Implikationen eine vollkommene Freigabe sog. »Mehrwertdienste« habe[39]. In der nachfolgenden Debatte schloß er eine vollkommene Aufhebung des Netzmonopols für die Zukunft ausdrücklich nicht aus[40].

Eigth Report from the Treasury and Civil Service Committee, Session 1979-80, Vol. 720, S. 54 ff.

35 Siehe zu dem auch hier offenbar werdenden grundsätzlichen Gegensatz der angestrebten organisationsrechtlichen bzw. individualrechtlichen Lösungen den Diskussionsbeitrag von *Mestmäcker* auf dem Symposium »Ordnungsprinzipien im Wirtschaftsrecht der Telekommunikation« des Max-Planck-Instituts für ausländisches und internationales Privatrecht in Bad Doberan (17.-20.2.1993), wiedergegeben bei *Bock*, RabelsZ 1994, 325, 327 f.

36 Siehe den Beitrag von *Kenneth Baker* am 2. Juli 1979 im House of Commons, Hansard S. 918.

37 Hansard, House of Commons, S. 916.

38 Hansard, House of Commons vom 23. Juli 1979, Vol. 971, 9 f.

39 Hansard, House of Commons vom 21. Juli 1980, S. 29 f; siehe zu dem regulatorischen Konzept »Mehrwertdienste« von sonstigen Telekommunikationsdiensten zu unterscheiden unten S. 147 ff.

40 Hansard, House of Commons vom 21. Juli 1980, S. 36.

Der British Telecommunications Act von 1981 vollzog die durch den Carter-Report vorgeschlagene Ausgliederung des Fernmeldewesens aus dem Post Office und schaffte die Voraussetzungen für Liberalisierungsmaßnahmen. Nach der Überwindung großer parlamentarischer Widerstände und einer 25-stündigen, sich durch die Nacht vom 1. auf den 2. April 1980[41] ziehenden parlamentarischen Debatte im House of Commons, konnte das Gesetz am 27. Juli 1981 in Kraft treten.

Nach Sec. 1 British Telecommunications Act 1981 wurde das öffentliche Unternehmen »British Telecommunications« gegründet, das organisatorisch ähnlich den »nationalisierten Industrien« ausgestaltet wurde. In dieses Unternehmen wurden die mit dem Fernmeldewesen befaßten Bereiche des Post Office ausgegliedert[42]. Von dem Vorschlag des Carter Report, ein gemeinsames Gremium zur Oberaufsicht über Post Office und British Telecommunications vorzusehen, wurde hingegen abgesehen.

Ansonsten schaffte das Gesetz die legislativen Voraussetzungen für weitere im einzelnen durch den Industrieminister umzusetzende Liberalisierungsmaßnahmen. So übertrug das Gesetz zwar British Telecommunications die das Fernmeldewesen betreffenden Betriebsbefugnisse des Post Office, die weiterhin als Monopolrecht (»*exclusive privilege*«) bezeichnet wurden[43]. Das Gesetz räumte aber dem Secretary of State die Möglichkeit ein, selbst Lizenzen an Dritte zu vergeben, wobei er fortan British Telecommunications lediglich zu konsultieren hatte[44], ein Einverständnis hingegen nicht einholen mußte. Für das Unternehmen wurde so die rechtliche Absicherung seines Monopols beseitigt.

Das Gesetz stellte darüber hinaus eine unabhängige Genehmigung von Endgeräten sicher, indem es die Befugnis hierzu dem Secretary of State oder einer von diesem bevollmächtigten Institution vorbehielt[45]. Dies führte zur Übernahme der Endgerätegenehmigung durch das *British Approval Board for Telecommunications (BABT)*, das als selbständige Abteilung des *British Electronical Approval Board (BEAB)* eingerichtet wurde[46], und für Genehmigungsentscheidungen Gerätestandards zugrundelegte, die das *British Standards Institute (BSI)* unabhängig von British Telecommunications erstellte.

---

41 *Baker*, The Turbulant Years, London 1993, S. 77.
42 Sec. 10 British Telecommunications Act 1981.
43 Sec. 12 British Telecommunications Act 1981.
44 Sec. 15 British Telecommunications Act 1981.
45 Sec. 16 British Telecommunications Act 1981.
46 *Kuhlmann*, Die Struktur von British Telecom, S. 27.

4. *Beginnende Zulassung konkurrierender Anbieter von Telekommunikationsleistungen*

Die neuerworbenen Befugnisse befähigten den Secretary of State, mit der Umsetzung seiner Planungen für die Ermöglichung weitergehenden Wettbewerbs zu beginnen. Für die Zulassung vermittelter Basisdienste boten die Vereinigten Staaten wichtiges Anschauungsmaterial. Bis 1978 schloß die *Federal Communications Commission (FCC)* sog. spezialisierte *common carrier* vom Zugang auf den wirtschaftlich bedeutsamen Markt für öffentliche vermittelte Fernmeldedienste aus. Diese Regulierungspraxis wurde durch die *Execunet*-Entscheidungen des Appellationsgerichts in Washington D.C. für unzulässig erklärt[47]. In Folge mußten dort die etablierten Fernmeldegesellschaften den zuvor auf Datenübertragungsdienste spezialisierten Unternehmen wie der *Microwave Communications Inc. (MCI)* die Weiterleitung der zuvor von ihnen übertragenen Signale auch für Basisdienste anbieten. Entgegen der These vom Bestehen eines »natürlichen Monopols« im Telekommunikationssektor deutete sich hier bereits an, daß es mehreren Gesellschaften möglich sein würde, erfolgreich im Markt zu bestehen[48].

Bestärkt wurden die Befürworter der Zulassung konkurrierender Anbieter von Basisdiensten durch eine Studie, die der Wirtschaftswissenschaftler *Michael Beesley* im April 1981 dem britischen Unterhaus vorlegte. Beesley war im Rahmen der Planungen, die Erbringung sog. »Mehrwertdienste«[49] über Mietleitungen von BT zu gestatten, von der Regierung beauftragt worden, mögliche Auswirkungen einer solchen Maßnahme auf British Telecommunications zu untersuchen[50]. Er beschränkte sich jedoch in seiner Studie nicht auf diese Fragestellung, sondern plädierte dafür, die Erbringung von Telekommunikationsdiensten über angemietete Netzkapazität allgemein zuzulassen. Eine Unterscheidung zwischen Mehrwert- und Basisdiensten wies er als unnötige Beschränkung des Wettbewerbs zurück[51]. Diesen Vorschlägen folgte die Regierung zwar zunächst nicht und erließ 1982 lediglich die sog. »*Value*

47 MCI Telecommunications Corp. v. FCC, 561 F.2d 365 (1977), cert. denied, 434 U.S. 1040 (»Execunet I«), MCI Telecommunications Corp. v. Federal Communications Commission, 580 F.2d 590 (D.C. Cir. 1978), cert. denied, 439 U.S. 980 (1978) (»Execunet II«).

48 Siehe hierzu *Phillips*, The Regulation of Public Utilities, S. 702 ff.

49 Hierunter wurden Telekommunikationsdienste verstanden, die über das öffentliche Netz angeboten werden, aber nicht lediglich eine Übermittlungsfunktion haben; siehe zu dem hinter dem Begriff der »Mehrwertdienste« stehenden Regulierungskonzept näher unten S. 147 ff.

50 Siehe hierzu die parlamentarische Stellungnahme von Sir Joseph vom 21. Juli 1980, Hansard S. 30.

51 *Beesley*, Liberalisation of the use of British Telecommunications Network, S. 23.

added network services«-Lizenz, die über Mietleitungen nur die Erbringung einiger im einzelnen aufgeführte Dienste gestattete, welche die Hauptgeschäftsfelder von British Telecommunications nicht berührten[52]. Der Gedanke, auch im traditionellen Kernbereich des Fernmeldemonopols konkurrierende Anbieter zuzulassen, wurde aber durch die Studie unterstützt.

Am 22. Juli 1981 - also zwei Monate nach Vorlage der Beesley-Studie - traf das britische Kabinett die Entscheidung, der Gesellschaft Mercury Communications Ltd. (Mercury) neben British Telecommunications die Erbringung auch von Basisdiensten zu gestatten[53]. Mercury war zuvor durch die Unternehmen Cable & Wireless, British Petroleum (BP) und Barclay's Bank gegründet worden[54]. Die nun im Februar 1982 dem Unternehmen erteilte Lizenz enthielt für Verbindungen innerhalb des Vereinigten Königreichs keine Einschränkungen bezüglich der Art der zu erbringenden Fernmeldedienste. Zunächst wurden dem Unternehmen zwar Beschränkungen in bezug auf die Vermittlung internationaler Verbindungen auferlegt. Diese hob der Secretary of State jedoch im August 1983 auf[55]. Der Aufbau des Mercury-Netzes wurde anfangs durch unzulässige Streiks von Mitarbeitern bei British Telecommunications behindert, die sich gegen eine Zusammenschaltung der Systeme wandten[56]. Heute betreibt Mercury ein insbesondere in den Geschäftszentren Großbritanniens erfolgreiches Netz. Im Geschäftsjahr bis 1993 erreichte das Unternehmen im Vereinigten Königreich insgesamt im Markt für Basisdienste einen Marktanteil von 7% bei Inlandsverbindungen, bei internationalen Verbindungen einen Marktanteil von 19%[57].

---

52 Siehe hierzu näher unten S. 148.

53 *Baker*, The Turbulant Years, S. 79.

54 Durch Aufkauf der Anteile von Barclay's Bank und BP wurde Cable & Wireless im August 1984 alleiniger Aktionär bei Mercury (*Heuermann/Neumann*, Die Liberalisierung des britischen Telekommunikationsmarktes, S. 127), später übernahm der kanadische Konzern BCE einen Anteil von 20% (Financial Times vom 12.11.1992 S. 18: »C and W agrees alliance with BCE«).

55 *Heuermann/Neumann*, a.a.O. S. 134.

56 Siehe hierzu die Entscheidung des Court of Appeal Mercury Communications Ltd. v. Scott-Garner [1984] Ch. 37, C.A., in der im Verfahren des einstweiligen Rechtsschutzes entgegen der Vorinstanz entschieden wurde, daß ein solcher Streik keinen »trade dispute« (Arbeitskampf) im Sinne von Sec. 29 (1) Trade Union and Labour Relations Act 1974 (in durch den Employment Act 1982 geänderten Fassung) darstellt.

57 Oftel, Determination of terms and conditions for the purpose of an agreement on the interconnection of the British Telecommunications telephone system and the Mercury Communications Ltd. system under condition 13 of the licence granted to British Telecommunications under Section 7 of the Telecommunications Act 1984, Explanatory Document, Rdn. 36.

5. *Die Privatisierung der staatlichen Telekommunikationsunternehmen*

Einen wichtigen Schritt in der Reform des Telekommunikationssektors stellt die 1984 begonnene Privatisierung von British Telecommunications dar. Diese reiht sich aus heutiger Sicht in eine große Zahl von Verkäufen von Staatsunternehmen ein, die zu einer Entlastung des Staatshaushalts führten und das Vereinigte Königreich wirtschaftlich und politisch grundlegend veränderten[58].

Dennoch ist diese erste der großen Privatisierungen eher als Reflex der in Aussicht gestellten oder bereits umgesetzten Liberalisierungsmaßnahmen, denn als Folge eines geplanten Privatisierungsprogramms zu begreifen. Auch die konservative Partei hatte bis zu ihrem Wahlsieg im Jahre 1979 keinen im großen Maßstab erfolgenden Verkauf von Staatsunternehmen propagiert. Die Regierung Heath (1970-1974) hatte zwar den Reiseveranstalter Thomas Cook veräußert und ein Unternehmen zum Vertrieb atomarer Brennelemente aus der staatlichen Atombehörde ausgegliedert. Andererseits hatte sie die Konzerne British Leyland und Rolls-Royce in den öffentlichen Sektor übernommen. Die gewandelte wirtschaftspolitische Grundhaltung der neuen Parteiführung unter Thatcher hatte sich auch im Wahlprogramm von 1979 nicht in Vorschlägen zu Privatisierungen niedergeschlagen[59]. Der Regierungswechsel änderte diese Haltung nicht sofort.

Eine frühe Privatisierungsmaßnahme betraf allerdings bereits ein Telekommunikationsunternehmen. *Cable and Wireless* stellte durch seine internationale Ausrichtung sowie die Rechtsform, in der das Unternehmen betrieben wurde, innerhalb des öffentlichen Sektors der britischen Wirtschaft eine Besonderheit dar. Als private Aktiengesellschaft hatte es in der Kolonialzeit Telekommunikationsnetze in zahlreichen britischen Besitzungen betrieben. Durch den Cable and Wireless Act 1946 war es verstaatlicht worden, indem alle Anteile gegen eine Entschädigung von der britischen Regierung übernommen worden waren. Eine Bestimmung dieses Gesetzes[60] sah vor, daß alle Dividenden in die Staatskasse einzuzahlen seien, so daß auch die nachfolgenden Regierungen gehindert waren, über diese Anteile zu verfügen. In den folgenden Jahren hatte das Unternehmen durch den Betrieb internationaler Telekommunika-

58 Siehe die Übersicht der Verkaufserlöse bei *Graham/Prosser*, Privatizing Public Enterprises, S. 96; die volkswirtschaftlichen und politischen Auswirkungen der Verkäufe untersuchen z.B. *Foster*, Privatization, Public Ownership and the Regulation of Natural Monopoly, S. 102 ff.; kritisch *Wiltshire*, Privatization, The British Experience: an Australian Perspective.

59 *Foster* a.a.O. S. 107 ff.; *Wiltshire* a.a.O. S. 5.

60 Sec. 3 (5) Cable and Wireless Act 1946.

tionsverbindungen für Großbritannien, sowie durch den Betrieb nationaler und internationaler Systeme, in anderen Staaten Gewinne erwirtschaften können. Weitere Möglichkeiten, die sich in den expandierenden Märkten boten, hatte es hingegen nicht in vollem Umfang nutzen können, da die Regierung nicht bereit oder in der Lage gewesen war, ihr finanzielles Engagement zu erhöhen. Sec. 79 British Telecommunications Act 1981 beseitigte daher die Restriktionen, die die Regierung bis dahin am Verkauf der Aktien hinderten. Schon 1981 konnte eine erste Tranche veräußert werden. 1985 wurde die Privatisierung abgeschlossen[61]. Cable and Wireless expandierte in den Folgejahren stark in inländische und ausländische Märkte. Der Schwerpunkt der Tätigkeiten des Unternehmens liegt heute in Asien, Nordamerika und Großbritannien[62].

Wesentlich größere Probleme als dieser Verkauf warf die Privatisierung von British Telecommunications auf, da das Unternehmen innerhalb von Großbritannien eine überragende Marktstellung besaß. Es hätte den wirtschaftspolitischen Grundüberzeugungen insbesondere des Industrieministers aber widersprochen, einem privatisierten Unternehmen zu Lasten der Verbraucher eine Ausnutzung dieser Position zu ermöglichen. So begann die Diskussion um die Privatisierung erst mit der Implementierung der ersten Liberalisierungsmaßnahmen und wurde durch diese maßgeblich vorangetrieben.

Zunächst aktualisierte die beginnende Zulassung von Wettbewerb das Problem des hohen Investitionsrückstandes von British Telecommunications. Die Planungen von Mercury zur Errichtung eines modernen digitalen Netzes machten für British Telecommunications erhebliche Anstrengungen notwendig, um gleichwertige Dienste anbieten zu können. Es erschien nun unklar, wie der hieraus resultierende Kapitalbedarf gedeckt werden könnte.

Einer verstärkten Fremdkapitalaufnahme standen die 1976 auf Druck des *International Monetary Fund (IMF)* zur Reduzierung der Verschuldung des öffentlichen Sektors eingeführten Kreditrahmenbegrenzungen der verstaatlichten Unternehmen entgegen. Seit diesem Zeitpunkt wurden zur kurzfristigen operativen Kontrolle jährlich in Verhandlungen zwischen den Unternehmen und dem Schatzamt sog. *External Financing Limits (EFL)* unter Berücksichtigung zu erwartender Erträge und geplanter Investitionen festgesetzt[63].

---

61 *Baker*, The Turbulant Years, S. 77.

62 Siehe zu Cable and Wireless näher *Noam*, Telecommunications in Europe, S. 109 sowie FAZ vom 23.11.1993, S. 22: »Mehr Telefonate und günstige Wechselkurse - Cable and Wireless verzeichnet zweistellige Zuwachsraten«.

63 Im einzelnen hierzu House of Commons, Eigth Report from the Treasury and Civil Service Committee Session 1980-81, Financing the Nationalized Industries, Volume I, Report (Cm.348), Rdn. 2.13 ff.

Diese Restriktionen gefährdeten das von British Telecommunications geplante ehrgeizige Modernisierungsprogramm[64]. Eine Lockerung der EFL-Regeln hätte hingegen der monetaristischen Stabilitätsorientierung der Regierung widersprochen.
Eine zunächst sowohl von der Regierung als auch vom zuständigen Parlamentsausschuß favorisierte Lösung sah die Ausgabe besonderer Obligationen durch British Telecommunications vor (sog. »Buzby-Bonds«[65]). Der Ausschluß der letztendlichen Haftung des Staates, der Voraussetzung für eine Nichteinbeziehung dieser Papiere in die EFL gewesen wäre, bereitete für ein staatseigenes Unternehmen Schwierigkeiten. Ferner wurde befürchtet, daß das Volumen der vorgeschlagenen Ausgabe von £ 150 Mio bei einem jährlichen Investitionsbedarf des Unternehmens von £ 1,5 Mrd. zu keiner dauerhaften Lösung des Problems führen würde. Auch von einer Investment-Bank entwickelte Vorschläge für ertragsorientierte Schuldverschreibungen wurden letztendlich verworfen[66]. Aus dieser Situation bot die Privatisierung von British Telecommunications einen Ausweg, indem sie die Voraussetzung für eine Überantwortung des unternehmerischen Risikos an private Investoren schuf[67].
Doch nicht nur die Interessen von British Telecommunications sondern auch die Interessen seiner möglichen Wettbewerber sprachen für eine solche Maßnahme. Zur Rechtfertigung großer Investitionen waren diese, insbesondere insofern als Netzzugangsvereinbarungen in Rede standen[68], auf eine langfristige neutrale Wettbewerbspolitik der britischen Regierung angewiesen. Eine solche erschien, solange sich das marktbeherrschende Unternehmen im alleinigen Staatsbesitz befand, nicht hinreichend abgesichert[69].
Auch das Schatzamt, das zunächst den Privatisierungsplänen besonders skeptisch gegenüberstand, konnte schließlich überzeugt werden, daß durch zusätzliche Einnahmen in Gestalt von Verkaufserlösen und Steuern die Privatisierung auf den Staatshaushalt insgesamt einen positiven Effekt haben würde[70].
Ende 1981 akzeptierte so die Regierung die Privatisierung von British Telecommunications als politisches Ziel, im Juli 1982 stellte der Industrieminister

64 Siehe hierzu den Bericht des Civil Service and Treasury Committee, a.a.O., S. 137 f.
65 Benannt nach einem in der Werbung von British Telecommunications verwandten Vogel.
66 *Baker*, The Turbulant Years, S. 79.
67 Dieser Aspekt wurde auch durch den Industrieminister *Patrick Jenkin* (House of Commons vom 19. Juli 1982, Hansard S. 24) betont.
68 Siehe zu diesen näher unten S. 106 ff.
69 Vortrag von *Mr. Ian Ellison* (ehemaliger Beamter des Department of Trade and Industry), im Kurs »Telecommunications Law« des QMWC, University of London, London 1994.
70 Ebd.

die in diesem Zusammenhang getroffenen Grundentscheidungen in einer parlamentarischen Stellungnahme dar[71], im November 1982 legte die Regierung hierauf dem Parlament einen Gesetzentwurf vor, der auf wesentlich geringeren Widerstand als der British Telecommunications Act 1981 stieß[72]. Aufgrund der großen Tragweite der vorgeschlagenen Reform verkündete der Industrieminister den Entschluß, die Gesetzgebungsarbeiten nicht vor den nächsten Parlamentswahlen zum Abschluß zu bringen[73]. Die Regierungspartei errang im Juni 1983 einen Wahlsieg, so daß im April 1984 der Telecommunications Act verabschiedet werden konnte.

Neben einer Fortentwicklung der durch den British Telecommunications Act 1981 eingeführten unabhängigen Regulierung ermöglichte dieses Gesetz die Privatisierung von British Telecommunications. Den zuständigen Minister ermächtigte es, das Gesamtvermögen des Unternehmens einschließlich aller Rechte und Verbindlichkeiten auf ein Nachfolgeunternehmen in der Rechtsform der Aktiengesellschaft zu übertragen (Sec. 60 Telecommunications Act 1984). Da eine solche privatrechtliche Gesellschaft nicht in der bisherigen Form an gemeinnützige Zielvorgaben und aufsichtsrechtliche Bestimmungen zu binden war, wurde dieses Unternehmen anders als sein Vorläufer einem Lizenzierungserfordernis unterworfen. Die Ausgestaltung der Lizenzbedingungen wurde fortan zum Hauptregulierungsinstrument der Regierung. Am 22. Juni 1984 erteilte der Industrieminister dem Unternehmen British Telecommunications plc eine Betriebslizenz, am 8. August ging auf das Unternehmen durch eine Anordnung nach Sec. 60 Telecommunications Act 1984 das Gesamtvermögen des öffentlichen Unternehmens British Telecommunications über[74].

Die Regierung unternahm eine Reihe von Maßnahmen, um vor der geplanten Ausgabe der Aktien die Attraktivität des Unternehmens zu steigern. Hier ist zunächst die bereits im November 1983 erfolgte Erklärung des Minister for Information Technoloy *Kenneth Baker*[75] vor dem zuständigen Parlamentsausschuß zu erwähnen. In dieser gab er formell die bereits im Zusammenhang

---

71 The Secretary of State for Industry (*Patrick Jenkin*), House of Commons vom 19. Juli 1982, Hansard S. 24; die Stellungnahme wurde mit einigen Hintergrundinformationen auch als White Paper des Department for Industry (The Future of Telecommunications in Britain 1981/82 Cmnd. 8610) veröffentlicht.

72 *Baker*, The Turbulant Years, S. 81.

73 Siehe hierzu die Antwort von *Jenkin* auf die Frage von *Orme* in der Debatte des House of Commons vom 19. Juli 1982, Hansard S. 25.

74 Siehe hierzu Telecommunications Act 1984 (Government Shareholding) Order 1992, SI 1992/631.

75 Der Minister vertrat den Secretary of State for Industry; die Position ist in etwa mit derjenigen eines parlamentarischen Staatssekretärs zu vergleichen.

mit der Zulassung von Mercury regierungsintern getroffene Entscheidung bekannt, für einen Übergangszeitraum von sieben Jahre für die Erbringung von Basisdiensten außer British Telecommunications und Mercury keine weiteren Betreiber zuzulassen[76]. Später wurde das Kapital der Gesellschaft restrukturiert, indem die Regierung gegen Vorzugsaktien einige Verbindlichkeiten übernahm[77]. Darüber hinaus sollte sichergestellt werden, daß die zunächst verbleibende starke Staatsbeteiligung nicht durch die Einbeziehung politischer Gesichtspunkte in die interne Entscheidungsfindung die Ertragsaussichten der übrigen Anteilseigner gefährdet. Daher gab die Regierung in einem Schreiben, das auch später im Verkaufsprospekt veröffentlicht wurde, eine nichtbindende Erklärung ab, nach der sie nicht beabsichtige, ihre Stimmrechte auszuüben[78]. Zur Sicherung des Einflusses der Regierung auf die Kapitalstruktur von BT wurden ihr jedoch bei Gründung der Gesellschaft einige Befugnisse in Form einer mit besonderen Rechten ausgestatteten Sonderaktie vorbehalten. So kann die Beteiligungsgrenze von 15%, die für alle Investoren außer der Regierung gilt, nur mit Zustimmung des Halters dieser Aktie geändert werden. Durch diese Sonderrechte bedarf die Ernennung eines Ausländers zum Vorstandsvorsitzenden der Zustimmung der Regierung, ferner hat der Halter der Sonderaktie das Recht, zwei Direktoren in den Vorstand zu entsenden[79]. Am 20. November 1984 wurden mit großem Erfolg in der bis dahin größten Aktienemission in der Geschichte der Kapitalmärkte 50,2% der BT-Aktien der Öffentlichkeit zu einem Ausgabekurs von £ 1,30 angeboten[80]. Im Dezember 1991 führte die Regierung den Staatsanteil auf 22% zurück, um schließlich Anfang 1993 die restlichen Aktien mit Ausnahme der »Sonderaktie« zu veräußern[81].

---

76 Government Statement of 17th November 1983 to the Standing Committee on the Telecommunications Bill, abgedruckt in *Department of Trade and Industry*, Competition and Choice: Telecommunications Policy for the 1990s (Consultative Document), November 1990, Appendix 1, S. 82; siehe hierzu näher unten S. 81 f.

77 Im einzelnen hierzu *Newman*, The Selling of British Telecom, S. 22.

78 *Newman*, a.a.O., S. 23.

79 *Heuermann/Neumann*, Die Liberalisierung des britischen Telekommunikationsmarktes, S. 175.

80 Siehe hierzu näher *Newman*, The Selling of British Telecom, S. 150 ff., *Heuermann/Neumann*, a.a.O., S. 173 ff.

81 Siehe hierzu die Target Investment Limit Telecommunications Act 1984 (Government Shareholding) Order 1992, SI 1992/631.

6. *Regulierung durch Industrieminister und Director General of Telecommunications*

Mit der Privatisierung von British Telecommunications sah die britische Regierung die Notwendigkeit, die Nachfolgegesellschaft einer wesentlich weitergehenden rechtlichen Kontrolle zu unterwerfen. Insbesondere befürchtete sie, eine privatrechtlich verfaßte Gesellschaft, die nach wie vor eine überragende Marktmacht besitzt, könne ihre Stellung zulasten der Verbraucher sowie zulasten ihrer Wettbewerber mißbrauchen. Auch sollte durch spezielle Auflagen sichergestellt werden, daß keine Beeinträchtigung zahlreicher als gemeinnützig eingestufter Interessen, die bei Übernahme des Systems durch ein teilprivatisiertes Unternehmen gefährdet erschienen, erfolgen konnte.
Zunächst hätte die Möglichkeit bestanden, die hiermit einhergehenden Funktionen vollständig dem Secretary of State for Trade and Industry zu übertragen. Dieser hatte bereits zuvor die Aufsicht über British Telecommunications geführt und durch Lizenzerteilung gegenüber allen anderen Betreibern Regulierungsbefugnisse wahrgenommen. Die starke Politisierung dieses Amtes wäre der Zielrichtung der Regulierung aber wenig zuträglich gewesen, denn den Betreibern sollte auch über evtl. Regierungswechsel hinaus die Sicherheit einer berechenbaren Regulierung gegeben werden[82]. Daher schuf Sec. 1 Telecommunications Act 1984 die Position des *Director General of Telecommunications (DGT)*, der durch den zuständigen Minister für einen Zeitraum bis zu fünf Jahren ernannt wird.
Grundlegende telekommunikationspolitische Entscheidungen sollten durch die Ausgliederung der Kontrollbefugnisse aber dennoch nicht der Regierung entzogen werden. Da ohnehin die Notwendigkeit einer laufenden Regulierung hauptsächlich gegenüber BT gesehen wurde, teilt der Telecommunications Act 1984 die telekommunikationsrechtlichen Regelungsbefugnisse auf besondere Weise zwischen Regierungsbehörden und DGT auf. Das Gesetz behielt dem zuständigen Secretary of State[83] vor, neue Betreiber zuzulassen. So enthält der Telecommunications Act 1984 für die Regulierung durch den DGT ledig-

82 Vortrag von Mr. *Ian Ellison* (ehemaliger Beamter des Department of Trade and Industry), im Kurs »Telecommunications Law« des QMWC, University of London, London 1994.

83 Die allgemeine Bezeichnung Secretary of State wählen die Gesetze, da es der Regierung obliegt, zu bestimmen, welcher Minister mit den Wettbebewerbsangelegenheiten betraut wird; vgl. *Allan/Hogan*, Competition Laws of United Kingdom and Republic of Ireland, Loseblatt, Stand April 1994, § 1.02 [3]; zur Auslegung des Begriffs »Secretary of State« vgl. Sec. 5 Schedule 1 Interpretation Act 1978 i.V.m. Sec. 12 (3) Interpretation Act 1889.

lich einige allgemeine Zielvorgaben[84] und Verfahrensregeln[85]. Die durch den Secretary of State vergebenen Lizenzen legen hingegen die Regulierungsbefugnisse des DGT gegenüber den einzelnen Betreibern fest. Daneben wurden dem DGT einige wettbewerbsrechtliche und verbraucherschutzrechtliche Funktionen übertragen, die ansonsten der Director General of Fair Trading nach dem Fair Trading Act 1973 ausübt[86].

Der DGT wird ähnlich dem Director General of Fair Trading in seiner Arbeit durch eine eigens errichtete nichtministerielle Behörde unterstützt, das *Office of the Director General of Telecommunications*[87]. Diese wird meist kurz als »Office of Telecommunications« oder »Oftel« bezeichnet. Das Oftel ist bis heute, trotz der wichtigen Aufgaben des DGT, eine relativ kleine Behörde geblieben. Im Dezember 1993 beschäftigte sie 147 Mitarbeiter und verfügte in 1993 über einen Jahresetat von £ 7,4 Millionen. Sie gliedert sich zur Zeit in vier operative Abteilungen (Wettbewerb, Verbraucherangelegenheiten, Lizenzierung und Überwachung der Lizenzbedingungen) sowie fünf Stabsabteilungen (Technik, Wirtschaft, Recht, Verwaltung, Information).

Der DGT errichtete darüber hinaus gemäß Sec. 54 (1) Telecommunications Act 1984 sechs sog. *Advisory Committees*, die Verbraucherinteressen in der Arbeit des Oftel zur Sprache bringen sollen, und so das Post Users National Council (POUNC) ersetzten. Vier dieser Gremien repräsentieren hierbei die einzelnen Teilgebiete des Vereinigten Königreichs: das English Advisory Committee on Telecommunications (ENACT), das Welsh Advisory Committee on Telecommunications (WACT), das Scottish Advisory Committee on Telecommunications (SACOT) sowie das Northern Ireland Advisory Committee on Telecommunications (NIACT). Daneben bestehen Gremien zur Vertretung von Behinderten und Senioren (Advisory Committee on Telecommunications for Disabled and Elderly People - DIEL) sowie der Interessen kleiner Unternehmen (Advisory Committee on Telecommunications for Small Business - BACT). Die Kommittees tagen je ca. viermal jährlich[88]. Da den DGT in bezug auf sie nicht einmal eine Konsultationspflicht trifft, kann nicht

84 Siehe Sec. 3 Telecommunications Act 1984.

85 Siehe insbes. Sec. 16-19 Telecommunications Act 1984 zur Überwachung der Einhaltung der Lizenzbedingungen, daneben auch Sec. 5-11 (Lizenzierung nach Übertragung der Befugnisse durch den Secretary of State), Sec. 12-15 (Modifizierung der Lizenzbedingungen), Sec. 20-22 (Genehmigung von Vertragspartnern und Geräten, soweit in Lizenzbedingungen vorgesehen), Sec. 19, 21, 23 (Registrierung von Lizenzen, genehmigten Vertragspartnern, Geräten).

86 Sec. 50 Telecommunications Act 1984; siehe hierzu näher unten S. 56 f.

87 Sec. 1 Schedule 1 Nr. 4 Telecommunications Act 1984.

88 Siehe Oftel, Annual Report 1993, S. 77 ff.

davon ausgegangen werden, daß sie seine Entscheidungen in einem hohen Maße beeinflussen.
Zu unterscheiden sind diese den DGT beratenden Gremien von den ca. 160[89] nach Sec. 27 Telecommunications Act 1984 anerkannten *Local Advisory Committees*, die nach Maßgabe der Lizenzen von den Betreibern zu konsultieren sind[90].
Im Juli 1984 wurde als erster DGT *Sir Bryan Carsberg* gewonnen, der zuvor an der London School of Economics Rechnungswesen gelehrt hatte. Er übte diese Funktion bis Juni 1992 aus. Nach einer kurzen Übergangsperiode übernahm im April 1993 mit *Don Cruickshank* erneut ein ausgebildeter Wirtschaftsprüfer diese Position[91]. Die berufliche Vorprägung dieser Direktoren beeinflußte deutlich die bisherige Arbeitsweise des Oftel.

89 Stand 1993 nach Oftel, Annual Report 1993, S. 77.
90 Siehe Cond. 29 der BT-Lizenz.
91 Siehe hierzu näher Oftel News, »New Director General Appointed«, Issue No. 23 May 1993, S. 1.

B. Der rechtliche Rahmen der Regulierung

Der englische Begriff »*regulation*« wird nicht einheitlich verwandt. Einerseits wird unter ihn generell die gezielte staatliche Einflußnahme auf einen bestimmten Industriezweig gefaßt, andererseits kann seine Verwendung auf solche Eingriffe beschränkt werden, die sich gegen Anbieter in sog. »natürlichen Monopolbereichen« richten[1]. In seinen Instrumentarien trifft das britische Telekommunikationsrecht eine solche Unterscheidung nicht. Es erscheint daher zweckdienlich, die Normen, die in Abweichung von allgemeinen Bestimmungen Betreiber von Telekommunikationseinrichtungen besonderen Regeln unterwerfen, in die Betrachtung miteinzubeziehen. Hierzu gehören neben der zunächst zu erörternden fernmelderechtlichen Zulassung insbesondere Modifikationen des allgemeinen Wettbewerbsrechts, Regelungen für die Nutzung terrestrischer Frequenzen sowie die nur elektronische Medien betreffenden Bestimmungen des Broadcasting Act 1990.

I. *Fernmelderechtliche Zulassung*

Im britischen Fernmelderecht obliegt es letztlich den am Regulierungsverfahren beteiligten Behörden, in einem komplex ausgestalteten Verfahren das öffentliche Interesse *(public interest)* zu gewährleisten. Dies entspricht der Anlage des allgemeinen britischen Wettbewerbsrechts, das ebenfalls überwiegend administrativ ausgestaltet ist. Während das Verhältnis der Behörden untereinander im einzelnen geregelt ist, bestehen nur wenige Vorschriften bezüglich des gegenüber den beteiligten Parteien zu befolgenden Verfahrens.

1. *Verbot des Betriebs nicht zugelassener Anlagen*

Zentrales Instrument des britischen Fernmelderechts ist die Vergabe von Lizenzen für den Betrieb von Fernmeldeanlagen. Hierzu bestimmt Sec. 5 (1) Telecommunications Act 1984 zunächst das umfassende Verbot nicht freigestellte Fernmeldeanlagen *(telecommunications systems)* innerhalb des Vereinigten Königreichs zu betreiben. Der Begriff telecommunications system wird in Sec. 4 (1) Telecommunications Act 1984 näher konkretisiert

---

1 *Graham/Prosser*, Privatizing Public Enterprises, S. 175 ff., *Phillips*, The Regulation of Public Utilities, S. 35 ff.

als Anlage für die Übertragung durch elektrische, magnetische, elektromagnetische, elektrochemische oder elektromechanische Energie von
(a) Sprache, Musik und anderen Geräuschen
(b) Bildern
(c) Signalen für die Übermittlung (ob zwischen Personen, Dingen oder Personen und Dingen) in jeder sonstigen Form
(d) Signalen, die zum Betrieb oder zur Kontrolle von Geräten dienen.

Diese Definition zielt durch die Weite ihrer Formulierung darauf ab, auch zukünftige Technologien zu erfassen. Dabei stellt sie wie bereits das Urteil *Attorney-General v. Edison Telephone Corporation of London*[2] auf die Art und Weise, in der bestimmte Nachrichten von einem Ort an einen anderen befördert werden, ab. Da so nicht das einzelne technische System, sondern die jeweilige Übermittlungsfunktion maßgeblich ist, wird es von Seiten des Oftel auch für möglich gehalten, daß innerhalb eines Gerätes separate Systeme bestehen, soweit die jeweils eingesetzte Software in der Lage ist, diese logisch unabhängig voneinander zu betreiben[3].

Ihre Entsprechung findet die Definition in der Umschreibung der zugelassenen Systeme in den Lizenzen. Hiernach wird ein System durch bestimmte Punkte umgrenzt, bis zu denen die Nachrichten transportiert werden, den sogenannten *Network Termination Points (NTP)*[4].

Das Betreiben eines Telekommunikationssystems ist nach Sec. 5 Telecommunications Act 1984 generell verboten, wenn nicht eine Erlaubnis in der Form einer Lizenz nach Sec. 3 Telecommunications Act 1984 erteilt wurde. Auch ist es untersagt, von einem lizenzierten System eine Verbindung zu einem anderen System herzustellen, wenn die Lizenz dies nicht ausdrücklich gestattet[5]. Dies stellt sicher, daß keine Nachrichtenübermittlungsfunktionen durch die Telekommunikationssysteme wahrgenommen werden, die durch die Lizenz nicht genehmigt werden sollten.

Einige technische Einrichtungen wie Empfangs- oder Sendestationen können erst im Zusammenspiel mit anderen nicht in Großbritannien betriebenen Anlagen der Übermittlung von Nachrichten dienen und könnten sich so nach einem engen Verständnis der Definition eines Telekommunikationssystems in

2 (1880) 6 Q.B.D. 244 ff.; siehe zu diesem Urteil bereits oben S. 20.

3 Oftel Statement: Logically Seperate Telecommunications Systems, October 26, 1990; *Hiester*, in *Saxby* (Hrsg.), Encyclopedia of Information Technology Law, London 1990 ff. (Loseblatt), Stand Juli 1994, Rdn. 9.360.

4 Siehe z.B. Annex A 1. (a) der BT-Lizenz.

5 Sec. 2 (a) Telecommunications Act 1984; unter Verbindung ist hierbei nur die direkte Verbindung, nicht die Verbindung über ein anderes System, zu verstehen (Oftel, Explanatory Guide to the Self-Provision Licence (SPL) and the Telecommunications Services Licence (TSL), October 1992 Rdn. 19.

Sec. 4 (1) Telecommunications Act 1984 entziehen. Daher sind solche Geräte, sobald sie an eine Fernmeldeanlage angeschlossen werden, diesen ausdrücklich gleichgestellt und so dem Zulassungserfordernis unterworfen[6]. So werden z.B. auch britische Erdsegmente von Satellitenkommunikationssystemen erfaßt.

Wer ein solches System betreibt, ist nicht ausdrücklich geregelt. In Anlehnung an die Regelung in Sec. 4 (2) Telecommunications Act 1984 bezüglich der sonstigen technischen Einrichtungen wird als Betreiber derjenige zu verstehen sein, der die tatsächliche Kontrolle über eine Fernmeldeanlage ausübt[7].

Der Telecommunications Act 1984 bestimmt nur wenige Ausnahmen vom Zulassungserfordernis. Diese spiegeln die außerordentliche Weite der Definition der Fernmeldeanlage in Sec. 4 (1) Telecommunications Act 1984 wieder. So wurde es für nötig befunden, in Sec. 6 (2) (a) Telecommunications Act 1984 visuelle Signale, die lediglich mit dem menschlichen Auge aufgenommen werden, ausdrücklich freizustellen. Des weiteren wird in Sec. 6 (1) (a) Telecommunications Act 1984 eine erste Abgrenzung zum medienrechtlichen Regime getroffen, indem durch den Wireless Telegraphy Act 1949 erfaßte terrestrische Sendeanlagen, die für den Rundfunk bestimmt sind, vom Zulassungserfordernis ausgenommen werden. Eine solche Freistellung besteht für das Kabelfernsehen nicht[8]. Eine wichtige Ausnahme vom Zulassungserfordernis besteht bereits nach der gesetzlichen Regelung für Fernmeldeanlagen, die ausschließlich für den Hausgebrauch installiert wurden[9], sowie für von Unternehmen für die interne Kommunikation selbst betriebene Systeme[10]. Damit diese Freistellung eingreift darf allerdings keine Verbindung zu einem anderen System bestehen[11]. Bezüglich der bereits gesetzlich freigestellten unternehmensinternen Anlagen sollen eine Reihe zusätzlicher Erfordernisse, die in Sec. 6 (4) Telecommunications Act 1984 normiert wurden, sicherstellen, daß diese nicht zu der Erbringung von Dienstleistungen für Dritte genutzt werden können.

Diese Freistellungen gehen über diejenigen, die bereits in Sec. 25 Post Office Act 1969 sowie Sec. 13 British Telecommunications Act 1981 enthalten

---

6 Sec. 4 (2) (3) Telecommunications Act 1984.

7 *Hiester* in *Saxby* (Hrsg.), Encyclopedia of Information Technology Law, Stand Juli 1994, 9.360.

8 Zu der gleichzeitigen Anwendung von fernmelderechtlichen und medienrechtlichen Regelungen siehe unten S. 72.

9 Sec. 6 (2) (b), (c) Telecommunications Act 1984.

10 Sec. 6 (3) (4) Telecommunications Act 1984.

11 Die Herstellung von Verbindungen eines Netzes für den internen Gebrauch zu anderen Systemen ist hingegen möglich nach der Class Licence for Self Provided Telecommunications Systems; zu dieser näher unten S. 86.

waren, nicht hinaus. Insgesamt betrachtet wird durch die gesetzliche Regelung so der Rahmen des Zulassungserfordernisses außerordentlich weit gezogen, mögliche Liberalisierungsschritte wurden von der Praxis der Zulassungsbehörden abhängig gemacht.
Die Befolgung des Genehmigungserfordernisses ist durch Sec. 5 Telecommunications Act 1984 strafrechtlich sanktioniert. Gemäß Subsec. (3) können Verstöße mit einer Geldbuße geahndet werden. Auf Verträge, die sich auf die Erbringung von Diensten mittels nicht lizenzierter Systeme beziehen, sind die allgemeinen Grundsätze des englischen Vertragsrechts betreffend »*illegality*« anwendbar, was bei Kenntnis beider Parteien von der Unrechtsmäßigkeit zu einer Nichtvollstreckbarkeit der Verträge führt[12].

2. *Lizenzerteilung*

a) *Zuständigkeit und rechtliche Rahmenbedingungen*

Telekommunikationssysteme werden nach Sec. 7 (1) (a) Telecommunications Act 1984 durch den jeweils innerhalb der Regierung zuständigen Secretary of State zugelassen[13]. Die Ressortzuständigkeit für das Fernmeldewesen liegt zur Zeit beim Industrieminister *(Secretary of State for Trade and Industry).* Dieser hat vor der Erteilung von Lizenzen den DGT zu konsultieren und kann nach Sec. 7 (1) (b) Telecommunications Act 1984 diesen auch generell oder für den Einzelfall zur Lizenzierung ermächtigen. Bislang ist eine solche Ermächtigung nicht erteilt worden.
Subjektive Rechte auf die Gewährung von Lizenzen gewährt der Telecommunications Act 1984 nicht. Das Gesetz legt in Sec. 3 lediglich allgemeine Pflichten des Secretary of State sowie des DGT fest, die diese insbesondere auch bei der Entscheidung über die Vergabe von Lizenzen zu beachten haben. Zunächst wird hier die generelle Zielrichtung der Regulierung festgelegt. Die Behörden haben sicherzustellen, daß im Vereinigten Königreich jede Nachfrage nach Telekommunikationsdiensten, die als »*reasonable*« (vernünftig) betrachtet werden kann, befriedigt wird. Auch soll die Finanzierung dieser Dienste sichergestellt sein. Dies entspricht in seinem ersten Teil der klassischen Zielsetzung eines durch den Staat gewährleisteten »*public service*«. So lehnt sich die Formulierung auch an die Definition des Auftrages des Post Office nach Sec. 9 (1) Post Office Act 1969 an.

---

12 Siehe hierzu *Treitel*, The Law of Contract, S. 325 ff., 369 ff.
13 Siehe zur Kompetenz der Regierung, den jeweils zuständigen Minister frei zu bestimmen oben S. 34 Fußnote 83.

Bei der Verfolgung dieses generellen Zieles haben die Behörden eine Reihe von zusätzlichen Gesichtspunkten zu beachten, die in Sec. 3 (2) Telecommunications Act 1984 aufgezählt sind. Sie haben die Maßnahmen zu treffen, die am besten geeignet sind,

(a) die Interessen von Verbrauchern, Käufern und anderen Nutzern von Telekommunikationsdiensten im Vereinigten Königreich (einschließlich Behinderter und Rentner) in Beziehung auf die verlangten Preise sowie die Qualität und Vielfalt der Dienste und bereitgestellten Geräte, zu fördern,

(b) effektiven Wettbewerb zwischen Rechtssubjekten, die mit wirtschaftlichen Aktivitäten im Telekommunikationssektor befaßt sind zu bewahren und zu fördern,

(c) Effektivität und Wirtschaftlichkeit solcher Personen zu fördern,

(d) Forschung und Entwicklung neuer Techniken durch diese zu fördern,

(e) großen Nutzern von Telekommunikationsdienstleistungen aus dem Ausland einen Anreiz zu geben, Niederlassungen im Vereinigten Königreich zu errichten,

(f) die Bereitstellung internationaler Transitdienste durch Personen, die Telekommunikationsdienste im Vereinigten Königreich anbieten, zu fördern,

(g) Personen, die Telekommunikationsdienste im Vereinigten Königreich anbieten, in die Lage zu versetzen, effektiv mit Anbietern aus dem Ausland zu konkurrieren,

(h) Personen, die Telekommunikationsgeräte im Vereinigten Königreich produzieren, in die Lage zu versetzen, sowohl im Inland als auch im Ausland effektiv zu konkurrieren.

Diese Vorgaben können als für die Regulierungsorgane verbindliche Leitsätze der britischen Telekommunikationspolitik verstanden werden. Die Breite des Spektrums der zu beachtenden Gesichtspunkte räumt den Behörden ähnlich wie die Ermittlung des *public interest* in der allgemeinen Wettbewerbsregulierung[14] ein solch weites Ermessen ein, daß bereits dies es erschwert, seine Ausübung einer effektiven rechtlichen Kontrolle zu unterwerfen[15].

Hauptinstrument zur Verfolgung dieser Zielsetzungen stellt die meist unter Auflagen erfolgende Genehmigung von Telekommunikationssystemen in sog. »Lizenzen« dar. Die Behörden sind in der Wahl der Auflagen frei, wobei diese auch die Zahlung bestimmter Gebühren (Sec. 7 (5) (b) Telecommunications Act 1984) oder den Vorbehalt von Anordnungsrechten durch den DGT (Sec. 7 (6) Telecommunications Act 1984) umfassen können.

---

14 Hierzu näher unten Fußnote 31.

15 Zu den Möglichkeiten gerichtlichen Rechtsschutzes näher unten S. 74 ff.

Gegenwärtig werden regelmäßig Gebühren erhoben, wobei diese lediglich die mit der Lizenzierung zusammenhängenden Verwaltungskosten abdecken sollen. Sie gliedern sich in eine Gebühr für die anfängliche Ausgabe der Lizenz und eine jährliche Erneuerungsgebühr. So bestimmt die Lizenz von BT die Zahlung einer Grundgebühr von £ 2, 75 Millionen sowie die Zahlung jährlicher Gebühren, die 0, 08% des jährlichen Umsatzes von BT nicht übersteigen dürfen (Condition 51). Zur Bestimmung der anfänglichen Gebühren wurden die sonstigen Lizenzen in fünf Kategorien unterteilt: wichtige PTO-Lizenzen[16] £ 34.000, andere PTO-Lizenzen £ 12.500, wichtige Nicht-PTO-Lizenzen (z.B. Satelliten und ISR-Betreiber[17]) £ 6.000, andere Nicht-PTO-Lizenzen £ 1.100, vorübergehende Lizenzen und geringe Lizenz-Erweiterungen £ 75[18].

b) *Inhalt der Lizenzen*

Die Lizenzen beziehen sich auf die Durchführung bestimmter Nachrichtenübermittlungsfunktionen durch einen Betreiber. Sie sind nicht übertragbar[19]. Werden die Nachrichten zuvor durch ein anderes genehmigtes System übertragen, so bedarf die technische Verbindung einer gesonderten Freistellung[20]. Gewährt werden die Lizenzen nach Sec. 7 (3) Telecommunications Act 1984 entweder einer bestimmten Person, jedermann (Allgemeinlizenz - *general licence*) oder einer näher definierten Gruppe von Personen (Gruppenlizenz - *class licence*). Wichtige Beispiele für Gruppenlizenzen stellen die *Telecommunication Services Licence (TSL)*[21] sowie die Satellitendienstelizenz[22] dar. Diese Lizenzen wurden nicht als Allgemeinlizenzen erteilt, da von ihrem Anwendungsbereich bestimmte Personengruppen ausgenommen sind. So können sich Betreiber, denen der Status als PTO verliehen wurde und denen

16 Betreiber nationaler Systeme mit Sonderrechten (zu diesen unten S. 43).

17 ISR - International Simple Resale; siehe zur begrenzten Freigabe dieser Dienste unten S. 133 ff.

18 Gebühren 1. Januar 1993.

19 Dies hat zur Konsequenz, daß oft für die Inanspruchnahme von Rechten aus bestimmten Lizenzen separate Gesellschaften gegründet werden; mit dem Verkauf der Gesellschaft kann so das gleiche wirtschaftliche Ergebnis wie durch den Verkauf der Rechte aus einer Lizenz erreicht werden.

20 Sec. 7 (4) Telecommunications Act 1984.

21 Class Licence to run Branch Systems to provide Telecommunication Services granted by the Secretary of State under Section 7 of the Telecommunications Act 1984 vom 15. Juli 1992 (zit. »TSL«).

22 Class Licence to run Telecommunications Systems for the Provision of Satellite Telecommunications Services Granted by the Secretary of State for Trade and Industry under Section 7 of the Telecommunications Act 1984, 2. August 1991 (zit. »Satellitendienstelizenz«).

in bezug auf Telekommunikationsdienste besondere Lizenzen erteilt wurden, nicht auf die TSL berufen[23]. Vom Anwendungsbereich der Satellitendienstelizenz ist insbesondere die BBC ausgenommen[24].
Die Lizenzen haben einen einheitlichen Aufbau, von dem aber einzelne Teile entfallen können. In einem ersten Teil wird die Genehmigung zu einer Nachrichtenübermittlungsleistung unter Bestimmung des Adressaten erteilt. Hernach folgen verschiedene als »Schedule« bezeichnete Anhänge. Das für das jeweilige Telekommunikationssystem geltende Regulierungsregime wird in einem Schedule 1 festgelegt. Ein Schedule 2 bestimmt, unter welchen Umständen die Lizenz widerrufen werden kann. Im Schedule 3 können die Verwendungsmöglichkeiten des Telekommunikationssystems geregelt werden, indem hier zum einen die Zusammenschaltung mit anderen Systemen gestattet wird, zum anderen Beschränkungen bezüglich der Erbringung von Diensten für Dritte enthalten sein können. In einem Schedule 4 sind mögliche Sonderrechte der PTO aufgeführt (sog. »*code powers*«)[25]. Regelmäßig in den Lizenzen enthalten ist des weiteren ein Annex A, in dem Vorgaben enthalten sind, mittels welcher technischen Einrichtungen die Übermittlungsleistungen ausgeführt werden dürfen. So kann sich ein Betreiber nur für solche Übermittlungsleistungen auf die Satellitendienstelizenz berufen, die mittels eines Erdsegments eines Satellitenkommunikationssystems ausgeführt werden[26].

c) *»Besondere Lizenzen« und die Bestimmung als PTO*

Die Regulierungsbehörden können zur Umsetzung der Zielvorgaben des Telecommunications Act 1984 einzelnen Betreibern in den Lizenzen auch Bereitstellungsverpflichtungen auferlegen. Für Lizenzen, bei denen die Interessen Dritter aus diesem Grund besondere Berücksichtigung finden sollen, gelten nach Sec. 8 Telecommunications Act 1984 zusätzliche Verfahrensvorschriften. Nach Sec. 8 (5) Telecommunications Act 1984 hat die jeweils mit der Lizenzerteilung befaßte Behörde in diesem Fall den Betroffenen die Absicht der Lizenzerteilung anzukündigen, diese zu begründen und ihnen mit einer Mindestfrist von 28 Tagen Gelegenheit zur Stellungnahme zu geben.
Auch kann der Secretary of State solche Systeme nach Sec. 9 Telecommunications Act 1984 zum *public telecommunication operator* (PTO) erklären. Die einem dementsprechenden Schritt beigemessene Bedeutung zeigt sich daran,

23 Cond. 2 (b) TSL.
24 Para 2 Satellitendienstelizenz.
25 Siehe zu diesen näher unten S. 73 f.
26 Annex A Satellitendienstelizenz.

daß vor einer solchen Anordnung, nach Sec. 9 (2) Telecommunications Act 1984 der Anordnungstext sowie die Lizenz, auf die sich dieser bezieht, dem Parlament vorzulegen ist. Als PTO wurden bis April 1994 neben zahlreichen Kabelfernseh- und Mobilfunkbetreibern 15 Gesellschaften für den Betrieb öffentlicher Festnetze bestimmt.
Den PTO kann gemäß Sec. 34 Telecommunications Act 1984 gestattet werden, nach den Vorschriften für hoheitliche Stellen Land zur Erweiterung ihrer Anlagen zu erwerben. Daß die Schaffung des besonderen Status als PTO auch dazu dient, Privilegien von British Telecommunications nach der Umwandlung in eine Aktiengesellschaft unberührt zu lassen, wird in Sec. 46 (1) Telecommunications Act 1984 plastisch vor Augen geführt. Diese Bestimmung gewährt Beschäftigten der PTO einen besonderen strafrechtlichen Schutz gegenüber Beleidigungen und Angriffen. Ansonsten bestehen nur wenige an die Eigenschaft als PTO anknüpfende gesetzliche Bestimmungen.
Von besonderer Bedeutung sind aber gesondert in den Lizenzen verliehene Rechte nach dem als Schedule 2 im Telecommunications Act 1984 enthaltenen Telecommunication Code. In PTO-Lizenzen werden zumeist solche Sonderrechte aufgenommen. Hierdurch wird den Unternehmen bezüglich der Durchführung von Straßenarbeiten und anderen Maßnahmen, die für Installation und Wartung der Einrichtungen notwendig sind, eine ähnliche Stellung wie öffentlichen Versorgungsunternehmen gewährt[27].

3. *Abänderung der Lizenzbedingungen*

In Sec. 12 - 15 Telecommunications Act 1984 ist das Verfahren für die Abänderung von Lizenzbedingungen geregelt. Es bezieht sich nur auf die üblicherweise in einem Schedule 1 aufgeführten Bedingungen, nicht auf die Erlaubnis selbst, die Möglichkeiten der Rücknahme (Schedule 2), die Betriebserlaubnis (Schedule 3) oder die Anwendung des Telecommunications Code (Schedule 4)[28]. Während die Lizenzverleihung weitgehend dem *Secretary of State* obliegt, steht im Mittelpunkt des Abänderungsverfahrens der DGT. Dieser kann eine Abänderung i.d.R. auf zweierlei Weise erreichen. Zum einen besteht die Möglichkeit die Lizenzen im Einvernehmen mit dem betroffenen Betreiber abzuändern (Sec. 12 (4) Telecommunications Act 1984). Während bei Einzellizenzen so eine entsprechende Einigung zwischen DGT und dem Betreiber notwendig ist, wird bei Allgemein- oder Gruppenlizenzen verlangt,

---

27 Näher hierzu unten S. 73 f.; siehe hierzu auch im einzelnen *Long*, Telecommunications Law and Practice, S. 153 ff.
28 Siehe zu diesem unten S. 73 f.

daß von keinem Betroffenen Einwendungen erhoben werden. Da dies nur selten zu erreichen sein wird, wurde in den bisher vergebenen Gruppenlizenzen in der Regel jeweils im Schedule 2 eine kurze Widerrufsfrist von 30 Tagen vorgesehen. Lizenzänderungen sahen aber meistens für die Betreiber eine weitere Liberalisierung vor, so daß in der Vergangenheit i.d.R. keine Notwendigkeit bestand, die zuvor maßgeblichen Gruppenlizenzen zu widerrufen[29].

Ein weiteres Abänderungsverfahren hat nur für Einzellizenzen Bedeutung. Kommt es zu keiner Einigung zwischen ihm und dem Betreiber über eine Abänderung, so hat der DGT die Möglichkeit nach einer Vorlage an die *Monopolies and Mergers Commission (MMC)* die Bedingungen einseitig festzulegen. Hierzu hat der Telecommunications Act 1984 ein Vorlageverfahren geschaffen, das den wettbewerbsrechtlichen Vorlageverfahren nachgebildet ist[30]. In sog. *licence modification references* nach Sec. 13 Telecommunications Act 1984 legt der DGT der MMC die Frage vor, ob Angelegenheiten, die mit der entsprechenden Lizenz zusammenhängen das *public interest* beeinträchtigen und welche Maßnahmen gegebenenfalls zur Abhilfe dieses Zustandes geeignet sind. In der entsprechenden Vorlage kann der DGT seine Einschätzung zur Beantwortung dieser Fragen der MMC mitteilen.

Der Begriff des *public interest* ist als Anknüpfungspunkt auch für das britische Wettbewerbsrecht von zentraler Bedeutung. Im Rahmen der Ermittlung des public interest können durch das jeweilige Regulierungsorgan unterschiedlichste, auch nicht spezifisch wettbewerbliche Gesichtspunkte Berücksichtigung finden[31]. Bei der Beurteilung der Vereinbarkeit einer Lizenz mit

---

29 Einzige Ausnahme bildet die widerrufene Class licence for the running of fixed-link radio alarm systems vom 20.6.1990.

30 Zu diesen unten S. 51 ff.

31 Siehe hierzu insgesamt *Lua*, Das public interest als landesspezifischer Leitgedanke britischer Wettbewerbsregulierung; der Ursprung des Konzeptes, aus Gemeinwohlerwägungen das Verbot von Wettbewerbsbeschränkungen herzuleiten, wird bereits in der Zeit der Auseinandersetzungen zwischen Krone und Parlament im frühen 17. Jahrhundert gesehen. Hier hatte das Gericht in dem Fall Darcy v. Allin (1602 11 Co.Rep. 84b) für das Parlament Partei ergriffen und ein durch die Königin an einen Offizier ihres Hofes erteiltes ausschließliches Recht Spielkarten herzustellen für unwirksam erklärt, da dieses der »public policy« widerspreche. Ein Monopol erhöhe die Preise, verschlechtere die Qualität und verleite Handwerker zu Untätigkeit und Bettelei; *Lua*, a.a.O., S. 46 ff. (ausführlich hierzu *Wilberforce/Campbell/Elles*, The Law of Restricive Trade Practices and Monopolies, S. 27 ff., 46 ff.). Parallelen des Konzeptes, ein weit verstandenes Interesse der Allgemeinheit zum Maßstab regulatorischer Maßnahmen zu erklären, lassen sich auch zu der utilitaristischen Lehre Benthams erkennen, die auf die englische rechtstheoretische Diskussion einen prägenden Einfluß ausübte (siehe die Einschätzung von *Dias*, Jurisprudence, S. 335, der Bentham als »Vater der englischen Rechtslehre« bezeichnet). Dieser ordnete Vernunft und Recht dem Prinzip der Nützlichkeit (»utility«) unter. Die Nützlichkeit eines Gesetzes messe sich wiederum an dem Maß an Freude oder

dem *public interest* auf Vorlagen nach dem Telecommunications Act 1984 wurde die MMC durch dieses Gesetz keinen besonderen Beschränkungen unterworfen. Sec. 13 (8) Telecommunications Act 1984 schreibt lediglich vor, daß sie hier auch die nach Sec. 3 Telecommunications Act 1984 vom Secretary of State sowie dem DGT zu beachtenden Gesichtspunkte in Betracht zu ziehen hat[32]. Auf eine solche Vorlage hat die MMC in einem zu veröffentlichenden Bericht die an sie gerichteten Fragen zu beantworten. Soweit der Bericht die Einschätzung enthält, eine Beeinträchtigung des *public interest* mache Änderungen der Lizenz erforderlich, kann der DGT unter Berücksichtigung des Berichts gemäß Sec. 15 Telecommunications Act 1984 die Lizenz abändern. Hierzu hat er seine Vorschläge zunächst den Betroffenen anzuzeigen und auch ihre Einwendungen in seine Erwägungen einzubeziehen. Anschließend ist er bei den konkreten Änderungen der Lizenz nicht an die Vorschläge der MMC gebunden. Der Secretary of State hat nur dann ein Recht, die Abänderung durch sein Veto zu verhindern, wenn Angelegenheiten der nationalen Sicherheit oder außenpolitische Gesichtspunkte dies erfordern (Sec. 15 (6) Telecommunications Act 1984).

Dieses Verfahren ist in Großbritannien als allzu aufwendig kritisiert worden. Es gebe der Regulierungsbehörde wenig Möglichkeiten auf Veränderungen in der Telekommunikationsindustrie zu reagieren[33]. Diese Auffassung scheint dadurch bestätigt zu werden, daß es bislang erst zu einer solchen Vorlage gekommen ist. Diese betraf auch keine Frage, die wie Netzzugangbedingungen oder die Vorgaben für die Preisregulierung gegenüber einem Netzbetreiber von herausragender Bedeutung war, sondern Vorkehrungen, die bestimmte Unterhaltungsdienste vor unbefugtem Gebrauch sichern sollen[34].

Schmerz, die es bei den Personen, in deren Interesse es erlassen worden sei, hervorrufe. Aus der Summe der Interessen einzelner Personen lasse sich ein gemeinsames Interesse, das er als »interest of the community« bezeichnete, herleiten (*Bentham*, An Introduction to the Principles of Morals and Legislation, Chapter I para. 3 ff., 7 ff.).

32 Zu diesen oben S. 41.

33 *Graham/Prosser*, Privatizing Public Enterprises, Oxford 1991, S. 192.

34 Der DGT forderte hier von BT, den Zugang zu sog. Chatline-Diensten (Unterhaltungsdiensten, bei denen durch einen Diensteanbieter Konferenzschaltungen für Gruppen einander unbekannter Personen hergestellt werden) gegen unbefugten Gebrauch besonders zu schützen (Stellungnahme des DGT in OFTEL, Chatline and Other Message Services, 1988, Monopolies and Mergers Commission, Chatline and Message Services, A report on the provision of Chatline and Message Services by means of the British Telecommunications public switched network, Januar 1989); den Bericht der MMC, die einen Konflikt mit dem public interest feststellte und vorschlug, BT in der Lizenz zu Zugangssicherungen zu verpflichten, nahm BT zum Anlaß, die Vertragsbeziehungen mit den Diensteanbietern zu beenden (*Graham/Prosser*, Privatizing Public Enterprises, S. 213).

Zu beachten ist jedoch, daß lediglich solche Lizenzänderungen, die eine Verschärfung der regulativen Auflagen beinhalten, nicht bereits durch eine einverständliche Modifizierung zu erreichen sein werden. Sobald die allmähliche Verstärkung des Wettbewerbs Vorgaben der Regulierung entbehrlich sein läßt, könnte so der DGT durch die einverständliche Aufhebung einzelner Auflagen flexibel reagieren. Ferner war allein die Drohung des DGT, an die MMC eine *licence modification reference* zu richten, in den Verhandlungen insbesondere mit BT von großer Bedeutung[35]. Denn auf der Seite des Lizenzinhabers besteht ein Interesse, das aufwendige und schwer berechenbare Anhörungsverfahren vor der MMC zu vermeiden[36]. Aber auch auf Seiten des DGT, der an die Ergebnisse eines Berichtes der MMC politisch weitgehend gebunden wäre, scheint eine Scheu zu bestehen, die Entscheidung durch eine Vorlage aus der Hand zu geben.

Neben den Möglichkeiten des Vorlageverfahrens und der Einigung zwischen DGT und Betreiber kann eine Lizenz auch durch Anordnungen abgeändert werden, die auf Vorlagen an die MMC nach den allgemeinen wettbewerblichen Vorschriften ergehen können[37]. Falls sich die Notwendigkeit einer Lizenzänderung aus der Umsetzung einer Verpflichtung des Vereinigten Königreichs gegenüber der Europäischen Gemeinschaft ergibt, besteht für das zuständige Regierungsmitglied auch die Möglichkeit, durch Rechtsverordnung Lizenzen abzuändern[38]. In den Telecommunications (Leased Lines) Regulations 1993 machte der Secretary of State for Trade and Industry von dieser Befugnis durch Änderung der BT-Lizenz Gebrauch[39].

4. *Anordnungen bei Verstoß gegen Lizenzbedingungen*

Wie bereits oben dargelegt, stellt es eine strafbare Handlung dar, nicht lizenzierte Systeme zu betreiben[40]. Wird aber ein System durch eine Lizenz erfaßt

---

35 Siehe z.B. die auch über die Öffentlichkeit ausgetragene Auseinandersetzung zwischen dem DGT und BT um eine zweite Anpassung der Preiskontrolle 1991 (siehe dazu näher unten S. 97), »Oftel warns BT over its UK licence«, Computer Weekly vom 18.7.1991, S. 10; »BT rejects Oftel's proposals for regulation of telecoms deals«, Financial Times vom 19.7.1991, S. 8; »BT escapes MMC referral with Oftel deal«, Financial Times vom 24.7.1991, S. 8.

36 So für BT *Strickland*, The regulatory environment, (British Telecommunications), 1992, S. 6.

37 Sec. 95 Telecommunications Act 1984 i.V.m. Sec. 56 (monopoly reference), 73 (merger reference), Schedule 8, Part I Fair Trading Act 1973, Sec. 10 (2) (a) Competition Act 1980 (competition reference); siehe zu den Vorlageverfahren näher unten S. 51 ff.

38 Sec. 2 (2) European Communities Act 1972.

39 Cond. 4 Telecommunications (Leased Lines) Regulations 1993, ST 1993/No.2330.

40 Siehe oben S. 37.

(was sich nach dem entsprechenden Anhang der Lizenz richtet) und verstößt der Betreiber lediglich gegen in der Lizenz genannte Auflagen, so löst dies unmittelbar keine Rechtsfolgen aus. In diesem Fall hat der DGT gemäß Sec. 16 Telecommunications Act 1984 eine Anordnung zu erlassen, die zum Ziel hat, diesen Rechtsverstoß abzustellen.

Eine Reihe von Vorschriften soll sicherstellen, daß gegen eine solche Anordnung nicht wiederum verstoßen wird. So können sich hierauf auch Dritte in Schadensersatzklagen berufen (Sec.18 (6) Telecommunications Act 1984). Der Verstoß gegen eine Anordnung stellt zwar nicht wie der Betrieb eines nicht lizenzierten Systems eine strafbare Handlung dar. Der DGT kann aber nach Subsec. (8) aufgrund einer Anordnung gerichtliche Verfügungen (*interdict, injunction u.a.*) erwirken. Der Verstoß gegen diese kann als *civil contempt of court* evtl. auch eine Strafbarkeit begründen[41].

Das Verfahren, nach dem die Anordnungen des DGT erlassen werden, ist in Sec. 17 Telecommunications Act 1984 im einzelnen ausgestaltet. Es dient dazu, allen beteiligten Parteien vor dem Erlaß der Anordnungen rechtliches Gehör zu gewähren. Einfacher ist das Verfahren bezüglich vorläufiger Anordnungen ausgestaltet, die nach Sec. 16 (7) Telecommunications Act 1984 höchstens Bestimmungen für einen Zeitraum von 3 Monaten enthalten. Diese können auch ohne Anhörung der Parteien erlassen werden.

5. *Verfahren der Regulierungsbehörden*

Während das Zusammenspiel der Regulierungsbehörden im einzelnen geregelt ist, haben diese die Möglichkeit ihr jeweiliges internes Verfahren weitgehend selbst zu bestimmen. Dies gilt zunächst für die Lizenzvergabe. Bezüglich dieser ist lediglich geregelt, daß der Secretary of State die Lizenzen den Betroffenen zu Kenntnis zu bringen hat. Anhörungspflichten treffen ihn nur bei nach Sec. 8 Telecommunications Act 1984 erteilten »besonderen Lizenzen«[42]. Bei Lizenzänderungen trifft den DGT eine entsprechende Verpflichtung zur Publikation seiner Vorschläge und zur Berücksichtigung von Einwendungen, die innerhalb von 28 Tagen erhoben werden[43].

Ansonsten ist das Verfahren der Regulierungsbehörden nicht formalisiert. Die bisherigen Amtsinhaber der Position des DGT haben sich aber bemüht, ihr Verfahren offen auszugestalten, und vor wichtigen Entscheidungen spezielle

---

41 Siehe hierzu näher *Ingman*, The English Legal Process, S. 144 ff.
42 Siehe zu diesen oben S. 42 f.
43 Sec. 15 (3) Telecommunications Act 1984.

Berichte veröffentlicht[44]. Daneben wurden vor dem Erlaß wichtiger Gruppenlizenzen Foren veranstaltet, auf denen die Betroffenen Stellungnahmen abgeben konnten[45].

II. *Telekommunikationsrecht und allgemeines Wettbewerbsrecht*

Neben dem fernmeldespezifischen Zulassungsverfahren sind auch die allgemeinen wettbewerbsrechtlichen Bestimmungen grundsätzlich im Telekommunikationssektor anwendbar.

1. *Common* Law

Dies gilt zum einen für die Bestimmungen des englischen Richterrechts *(common law)*[46], aus dem jedoch für das wettbewerbliche Verhalten von Betreibern kaum Vorgaben herzuleiten sind. Während im common law der Grundsatz der Vertragsfreiheit eine herausragende Stellung einnimmt, stellt es Regeln über wettbewerbliches Verhalten nur in wenigen Bereichen auf. Ein umfassendes Verbot unlauterer Wettbewerbspraktiken ist ihm fremd[47]. So

---

44 Siehe hier z.B. die neueren durch das Oftel herausgegebenen Consultative Documents: Interconnection and Accounting Separation (Juni 1993); Numbering: Choices for the Future (Juni 1993); Calling Line Identification (September 1993).

45 Siehe z.B. zu einem solchen Forum bezüglich der Lizenzierung von Mehrwertdiensten *Graham/Prosser*, Privatizing Public Enterprises, S. 215.

46 Vom englischen Richterrecht, sind prinzipiell die partikularen Rechte in Schottland, Wales und Nordirland zu unterscheiden; die größte Selbständigkeit haben sich hier noch die schottischen Gerichte erhalten, die auch an Entscheidungen des House of Lords nur dann gebunden sind, wenn diese auf Revisionen von Urteilen des schottischen Court of Sessions ergangen sind; im Kartellrecht spielen die Unterschiede der Rechtsordnungen jedoch eine geringe Rolle (vgl. *Graf von Westerholt und Gysenberg* in *E. Ulmer* [Hrsg.], Das Recht des unlauteren Wettbewerbs in den Mitgliedstaaten der EWG, Band VI: Vereinigtes Königreich von Großbritannien und Nordirland, S. 4 ff.; *Walker*, Principles of Scottish Private Law I, S. 21); das englische Richterrecht war seinerseits zunächst durch die Unterscheidung zwischen den auf einem aktionenrechtlichen System basierenden Regeln des »gemeinen« Rechts (common law) und denen des Billigkeitsrechts »equity« geprägt, da diese jeweils von unterschiedlichen Gerichten angewandt wurden (»Common Law Courts« und »Courts of Chancery«); mit dem Judicature Act 1873 wurde die prozessuale Zweiteilung des Richterrechts aufgehoben, indem die Rechtsprechung über beide Rechtsmassen dem in zwei Instanzen gegliederten Supreme Court of Judicature übertragen wurde; so wird heute zumeist der Ausdruck »common law«, gleichgültig ob es sich um zivil-, straf- oder öffentlich-rechtliche Normen handelt, zur Abgrenzung von solchen Normen, die auf parlamentarisch erlassenen Gesetzen basieren (»statutory law«), allgemein für das englische Richterrecht verwandt (vgl. *Wilshere/Chedlow*, Principles of the Common Law, S. 5).

47 Als Grundlage für diese Entwicklung wird in der Literatur insbesondere die Entscheidung des House of Lords in dem Fall Mogul Steamship Co., Ltd. v. McGregor, Gow &

wird nach englischem *common law*, solange keine Mittel eingesetzt werden, die als solche bereits rechtswidrig sind, die Ausnutzung einer marktbeherrschenden Stellung generell als zulässige Verhaltensweise im Wettbewerb angesehen. Eine Grenze sieht es erst dann als erreicht an, wenn im Vordergrund einer Absprache nicht mehr der Nutzen für die Parteien der Absprache, sondern die Schädigung von Dritten steht *(conspiracy to injure)*. Die Anforderungen zum Nachweis einer solchen Schädigungsabsicht sind jedoch hoch. In dem hier grundlegenden Fall *Sorrell v. Smith*[48] hatten Mitglieder einer Vereinigung von Zeitungskioskbesitzern den Bezug der Zeitungen von Großhändlern, die an neue Wettbewerber lieferten, abgebrochen. Das House of Lords sah eine solche Schädigungsabsicht dort nicht als gegeben an, da die Förderung des eigenen Gewerbes im Vordergrund gestanden habe[49].

Der wichtigste Anwendungsbereich des common law bezüglich wettbewerblicher Verhaltensweisen liegt im Bereich von Vereinbarungen, in denen sich eine Vertragspartei dazu verpflichtet, auf einem bestimmten Markt nicht tätig zu werden *(contracts in restraint of trade)*. Diese sind nach common law unwirksam, soweit sie nicht durch besondere Umstände gerechtfertigt werden. Als Begründung hierfür wird weniger die Freiheitsbeschränkung des einzelnen für entscheidend angesehen, als der Verstoß gegen die *»public policy«*[50], worunter die Grundsätze zu verstehen sind, durch die Vertrags- und Verfügungsfreiheit einer Person zum besten der Allgemeinheit rechtlich einge-

---

Co. Ltd. angeführt ([1892] A.C. 25 ff.). Dort war über die Zulässigkeit prohibitiver Praktiken einer Schiffahrtskonferenz zu entscheiden, deren Mitglieder unter anderem Spediteuren, die ausschließlich Schiffe der Konferenzmitglieder benutzten, einen 5-prozentigen Rabatt auf alle während des Jahres verschifften Ladungen gewährte, und Agenten, die mit Außenseitern abschlossen, jedes Geschäft mit Konferenzmitgliedern verweigerten. Daneben wurden Außenseiter systematisch unterboten. Das House of Lords sah diese Praktiken als rechtmäßig an. Da die Praktiken als solche nicht rechtswidrig seien, könnten sie durch das ebenfalls rechtmäßige Ziel, wettbewerbliche Vorteile für das eigene Frachtgeschäft zu erlangen, diesen Charakter nicht verlieren. Die Zurückweisung des auf der Klägerseite vorgebrachten Konzeptes, »unfaires« wettbewerbliches Verhalten für rechtswidrig zu erklären, wird insbesondere in der Begründung des Richters Lord Bramwell deutlich, wenn dieser ausführt: »Der Kläger anerkennt Wettbewerb, soweit dieser fair ist, er anerkennt, daß zwei sich zusammenschließen können, um gegen einen Dritten zu konkurrieren. Aber was ist dann die Definition von fairem Wettbewerb? Welche Verhaltensweise, die weder gewaltsam noch betrügerisch ist, ist unfair? Es erschiene eigenartig, wenn das Recht, um Handels- und Handlungsfreiheit sicherzustellen, diejenigen, die einen vollkommen ehrlichen Vertrag abschließen, bestrafen würde und dies in dem Glauben, daß dies zu deren Schutz geboten sei.« (Übers. M.B.) (a.a.O. S. 47). Diese Haltung ist auch heute noch für das englische common law maßgebend.

48 [1925] A.C. 700.

49 Siehe zur Entwicklung des britischen Wettbewerbsrechts *Graf von Westerholt und Gysenberg* in *E. Ulmer* [Hrsg.], Das Recht des unlauteren Wettbewerbs in den Mitgliedstaaten der EWG, Band VI: Vereinigtes Königreich von Großbritannien und Nordirland.

50 Siehe z.B. Lord Macnaghten in Nordenfelt v. Maxim Nordenfelt Guns and Amunition Company [1894] A.C. 535, 564.

schränkt werden[51]. Gerechtfertigt sind solche Wettbewerbsbeschränkungen nur, wenn sie sachgerecht *(reasonable)* sind, wobei hier entsprechend der Zielrichtung des Verbots nicht nur auf die Interessen der Parteien abgestellt wird, sondern auch einer möglichen Beeinträchtigung des Gemeinwohls *(public interest)* entscheindende Bedeutung zukommt.

2. *Statutory Law*

Die sich hier bereits andeutende Orientierung des britischen Wettbewerbsrechts an einem zu ermittelnden »Interesse der Allgemeinheit« wurde durch parlamentarisch erlassene Gesetze *(statutory law)* fortentwickelt, die in der Regel auch im Telekommunikationssektor Anwendung finden können. Das statutory law wird hier durch vier Gesetze geprägt: durch den *Restrictive Trade Practices Act 1976*, den *Resale Prices Act 1976*, den *Fair Trading Act 1973* sowie den *Competition Act 1980.* Wenn man von dem Verbot der Preisbindung der zweiten Hand nach dem Resale Prices Act 1976 absieht, beinhalten diese Gesetze keine generellen Verbotstatbestände, sondern sehen abgestufte regulatorische Verfahren vor, nach denen der Wettbewerbsprozeß überwacht wird, und im Falle einer Beeinträchtigung eine gerichtlich in der Regel nicht nachprüfbare Entscheidung darüber herbeigeführt wird, ob diese Beeinträchtigung mit dem public interest vereinbar ist.
Die Funktion der Überwachung des Wettbewerbs obliegt hierbei weitgehend dem *Director General of Fair Trading (DGFT)*, der nach Sec. 1 (1) Fair Trading Act 1973 durch den jeweils hiermit betrauten Minister eingesetzt wird. Aufgrund der sehr ähnlichen Zielrichtung der Regulierungstätigkeit des DGFT und des DGT ergibt sich im Telekommunikationssektor das Bedürfnis, die Kompetenzen der Behörden aufeinander abzustimmen. So sieht der Telecommunications Act 1984 vor, daß einige Funktionen des Director General of Fair Trading auf den Director General of Telecommunications übertragen werden, andere von beiden Behörden in Abstimmung miteinander wahrgenommen werden können.

a) *Kompetenzen nach dem Restrictive Trade Practices Act 1976*

Nur geringen Modifikationen unterworfen sind die Funktionen des DGFT nach dem *Restrictive Trade Practices Act 1976*. Nach Sec. 1 dieses Gesetzes

---

51 *Dietl/Lorenz*, Wörterbuch für Recht, Wirtschaft und Politik, Band 1, Stichwort »public policy« (S. 610).

hat der DGFT ein Register über bestimmte bei ihm anzumeldende Vereinbarungen zu führen. Dies sind insbesondere Preisabsprachen, Konditionenkartelle, Marktaufteilungen und die Festlegung von Produktionsquoten[52]. Die Registrierung soll sichergestellt werden durch die ansonsten platzgreifenden Sanktionen der Nichtigkeit der Verträge sowie der Möglichkeit des Entstehens von Ansprüchen derjenigen, die durch eine nicht registrierte Vereinbarung einen Schaden erleiden (Sec. 35 Restrictive Trade Practices Act 1976). Soweit der DGFT den wettbewerbsbeschränkenden Charakter einer angemeldeten Vereinbarung feststellt, sowie des weiteren befindet, daß diese weder unbedeutend noch bereits abgelaufen sind, hat er sie vorbehaltlich der Zustimmung des Secretary of State zu einer solchen Vorlage dem *Restrictive Practices Court (RPC)* vorzulegen[53]. Die Entscheidungen dieses durch den Restrictive Trade Practices Act 1956 geschaffenen Gerichts, unterliegen der Revision[54].
Der RPC hat zu prüfen, ob die vorgelegten wettbewerbsbeschränkenden Praktiken mit dem *public interest* vereinbar sind. Für einen solchen Verstoß spricht nach Sec. 10 (1) Restrictive Trade Practices Act 1976 eine Vermutung, die nur widerlegt werden kann, soweit eine der acht in dieser Bestimmung abschließend aufgezählten Bedingungen (sog. »*gateways*«) erfüllt ist, sowie zusätzlich nach einer Abwägungsklausel (sog. »*tailpiece*«) die Wettbewerbsbeschränkung als sachgerecht erscheint. Über die *gateways* können zahlreiche disparate Erwägungen in die Entscheidung über die Vereinbarkeit einer Wettbewerbsbeschränkung mit dem Gemeinwohl einbezogen werden, darunter die Frage, ob die Vereinbarung notwendig ist, um die Versorgung mit bestimmten Gütern sicherzustellen, und ob hierdurch eine Partei in die Lage versetzt wird »faire« Bedingungen in sonstigen Vereinbarungen zu erlangen. Sodann soll aber auch der Effekt Berücksichtigung finden, den die Abschaffung einer Bedingung auf die Arbeitslosigkeit eines bestimmten Gebietes oder das Außenhandelsvolumen einer bestimmten Branche haben könnte[55].
Im allgemeinen sind die Vorschriften des *Restrictive Trade Practices Act 1976* im Telekommunikationssektor unverändert anwendbar. Sec. 14 (2) Telecommunications Act 1984 sieht sogar vor, daß die MMC bei der Ermittlung des public interest im Rahmen von *telecommunication references* die Wirkung solcher Klauseln, die durch den Restrictive Trade Practices Act 1976 erfaßt werden, nicht zu berücksichtigen hat. Wichtige Besonderheiten gelten aber in

52 Vgl. Sec. 6 Restrictive Trade Practices Act 1976.
53 Vgl. Sec. 21 Restrictive Trade Practices Act 1976.
54 Vgl. Sec. 10 (1) Restrictive Practices Court Act 1976; soweit der RPC in England oder Wales tagt vor dem Court of Appeal, in Schottland vor dem Court of Sessions in Nordirland vor dem Court of Appeal in Northern Ireland.
55 Sec. 10 (1) (b) (d) (e) (f).

bezug auf Netzzugangsvereinbarungen der PTO (sog. *interconnection*-Verträge)[56]. Hier wurden dem DGT besondere Kompetenzen vorbehalten, indem in alle PTO-Lizenzen eine Klausel eingefügt wurde, nach der diese nur dann Wettbewerbsbeschränkungen im Sinne des Restrictive Trade Practices Act 1976 enthalten dürfen, wenn der DGT hierzu seine Zustimmung erteilt[57]. Ist dies geschehen, werden die Verträge nach Sec. 1 (1) Schedule 3 Restrictive Trade Practices Act 1976 nicht mehr durch dieses Gesetz erfaßt[58]. Die Kompetenzen des Restrictive Practices Court wurden so in bezug auf Netzzugangsvereinbarungen der PTO dem DGT übertragen.

b) *Vorlageverfahren nach dem Fair Trading Act 1973 sowie dem Competition Act 1980*

Wettbewerbsbeschränkende Verhaltensweisen, die nicht unter den Restrictive Trade Practices Act 1976 fallen, können auch im Anwendungsbereich des Telecommunications Act 1984 zu Vorlageverfahren nach dem Fair Trading Act 1973 bzw. dem Competition Act 1980 führen.

Nach diesen Gesetzen liegt die Kompetenz zur Initiierung der Vorlagen zunächst primär beim DGFT. Soweit dieser vermutet, daß ein Markt durch eine »Monopolsituation« geprägt ist, die angenommen werden kann, wenn ein Unternehmen über einen Marktanteil von 25% verfügt, kann er - wiederum vorbehaltlich der Zustimmung des Secretary of State - nach Sec. 50 des Fair Trading Act 1973 die MMC um die Untersuchung der Situation auf dem betreffenden Markt ersuchen *(monopoly reference)*. Diese Funktion kann daneben nach Sec. 51 Fair Trading Act 1973 auch durch den Secretary of State ausgeübt werden. Darüber hinaus ist durch Sec. 5 des Competition Act 1980 eine umfassendere Kompetenz des DGFT eingeführt worden, in sog. *competition references* eine Untersuchung der MMC auch dann zu veranlassen, wenn kein Unternehmen eine beherrschende Position auf dem betreffenden Markt innehat. Die MMC hat in diesem Fall darüber zu befinden, ob einerseits nach der Vorlage bestimmte Verhaltensweisen eines Unternehmens als wettbewerbswidrig anzusehen sind. Wenn dies der Fall ist, hat sie andererseits dazu Stellung zu nehmen, ob dies dem public interest zuwiderläuft.

In der Beurteilung dieser Frage ist die MMC an keine abschließende Definition des public interest gebunden. Sec. 84 des Fair Trading Act 1973 schreibt vor, daß sie alles einzubeziehen habe, was ihr in den besonderen Umständen

---

56 Siehe zu diesen näher unten S. 106 ff.
57 Siehe z.B. Cond. 13. 11 BT-Lizenz, Cond. 12.11 Mercury-Lizenz.
58 *Hiester*, in Butterworth Competition Law, IX [2031], London (Loseblatt).

des Falles relevant erscheint, und führt beispielhaft einige Gesichtspunkte auf, wie die Förderung effektiven Wettbewerbs, die Interessen der Verbraucher, die Entwicklung neuer Techniken und die ausgewogene Verteilung von Industrie und Beschäftigung. Eine bestimmte Rangfolge zwischen diesen Zielen besteht nicht. Insgesamt läßt sich zwar beobachten, daß die MMC in ihren Gutachten nur dann eine Beeinträchtigung des public interest durch eine Vereinbarung annimmt, wenn die Wettbewerbsmechnismen in dem untersuchten Markt weitgehend außer Kraft gesetzt sind. Die MMC betont aber, daß es ihr nicht nur dann möglich sei, im Interesse der Konsumenten eine Preissenkung vorzuschlagen, wenn dies gleichzeitig helfe einen effektiven Wettbewerb zu fördern[59]. Auch verzichtet sie in ständiger Praxis darauf, ihre Erwägungen den einzelnen in Sec. 84 genannten Punkten zuzuordnen.
Ob sich die Untersuchung durch die MMC auf die Auswirkungen auf das Gemeinwohl erstreckt, hängt davon ab, welche Fragen ihr von dem DGFT oder dem Secretary of State vorgelegt werden. So kann eine *monopoly reference* nach Sec. 48 Fair Trading Act 1973 darauf beschränkt werden, zu ermitteln, ob eine Monopolsituation existiert, wer hiervon profitiert, sowie die Frage, was der Monopolist unternimmt, um die Situation auszunutzen bzw. zu erhalten. Eine solche Vorlage wird als *monopoly reference limited to the facts* bezeichnet.
Anders ist die Kompetenzverteilung bereits nach dem Fair Trading Act 1973 in der Fusionskontrolle geregelt. Hier obliegt dem DGFT nur die Beratung des zuständigen Secretary of State, der nach Sec. 64 des Fair Trading Act 1973 das alleinige Recht hat, die MMC um die Überprüfung der Auswirkungen einer Fusion zu ersuchen (*merger reference*). Daneben ist der DGFT Adressat der freiwilligen Voranmeldungen geplanter Fusionen nach der durch den Companies Act 1989 eingefügten Sec. 75 A Fair Trading Act 1973. Zwar ist eine Beschränkung auf die Ermittlung der Marktanteile bei merger references nicht möglich. Gemäß Sec. 69 (4) Fair Trading Act 1973 kann der MMC aber aufgegeben werden, nur unter bestimmten Aspekten die Auswirkungen einer Fusion auf das public interest zu untersuchen.
Auch für Untersuchungen der MMC ist es charakteristisch, daß sie als solche keine Rechtsfolgen gegenüber den Parteien auslösen. In den betreffenden Gesetzen ist jeweils eine Anordnungskompetenz des Secretary of State festgelegt, nach der dieser zu bestimmen hat, ob er weitere Maßnahmen ergreifen

59 Monopolies and Mergers Commission, Tampons, Cmnd. 9705, Rdn. 8.9-8.10, Januar 1986.

will und auf welche Weise mögliche Konflikte mit dem public interest gelöst werden sollen[60].

Nur soweit durch die MMC eine Beeinträchtigung des public interest festgestellt wurde, kann der Secretary of State weitere Maßnahmen ergreifen[61]. Hier ist zunächst in den Bestimmungen bezüglich der einzelnen Vorlageverfahren vorgesehen, daß die Unternehmen in Absprache mit dem DGFT dem Secretary of State gegenüber Verpflichtungserklärungen abgeben können, die zu einer Beseitigung der Konflikte mit dem public interest führen[62]. Gelingt eine solche Einigung nicht, hat der Secretary of State die Möglichkeit den Unternehmen gegenüber verbindliche Entscheidungen zu treffen. Entschließt er sich hierzu, so steht ihm eine große Bandbreite von Befugnissen zur Verfügung. So kann er bei einer monopoly reference[63], einer merger reference[64] oder einer competition reference[65] nach schedule 8 des Fair Trading Act 1973 die Ausführung einer Vereinbarung verbieten[66], einer Partei aufgeben, sich an zu publizierende Preislisten zu halten[67], zahlreiche Verhaltensweisen verbieten[68] und auf eine monopoly reference oder eine merger reference die Entflechtung eines Unternehmens anordnen[69]. Die Befugnisse sind durch den Companies Act 1989 insbesondere auf Anordnungen zur Publikation von Informationen erweitert worden[70]. In seiner Entscheidung, ob er solche Maßnahmen ergreift und welche er wählt, hat der Secretary of State große Frei-

---

60 Dies ist mit der zentralen Bedeutung zu erklären, die die Souveränität des Parlaments in der britischen Verfassungsordnung einnimmt (siehe hierzu *Hood Phillips/Jackson*, O. Hood Phillips Constitutional and Administrative Law, S. 41 ff.; *Loewenstein*, Staatsrecht und Staatspraxis von Großbritannien, Band I, S. 61 ff.); dem Parlament sind wiederum die Minister sowohl in ihrer Gesamtheit als auch individuell verantwortlich; daneben wird es aber in Großbritannien als besonderes Problem empfunden, auch staatliche Organisationen, denen eine gewisse Selbständigkeit von der ministeriellen Kontrolle zugestanden wurde, in das System parlamentarischer Verantwortlichkeit einzubeziehen (siehe hierzu *Craig*, Administrative Law, S. 76 ff., *Hood Phillips*, a.a.O., S. 606, *Baldwin/McCrudden*, Regulation and Public Law, S. 35 ff.).

61 Bezgl. monopoly references Sec. 56 Fair Trading Act 1973, bezgl. merger references Sec. 73 Fair Trading Act 1973, bezgl. competition references Sec. 10 (1) Competion Act 1980.

62 Bezgl. merger reference und monopoly reference Sec. 88 Fair Trading Act 1973; bezgl. competition reference Sec. 9 (1) Competion Act 1980.

63 Fair Trading Act 1973 Sec. 56 (2).

64 Fair Trading Act 1973 Sec. 73 (2).

65 Competion Act 1980 Sec. 10 (2) (b).

66 Part I para. 1.

67 Part I para. 6.

68 Part I para. 4, 5, 6, 11, 12.

69 Part II.

70 Schedule 19 para. 9 A.

heit. Nur höchst selten ist er jedoch von dem Befund der MMC, das Gemeinwohl werde beeinträchtigt, abgewichen[71].

Einige der wettbewerbsrechtlichen Kompetenzen des DGFT können, soweit der Telekommunikationsbereich betroffen ist, auch durch den DGT wahrgenommen werden. Sec. 50 (2) Telecommunications Act 1984 bestimmt zunächst, daß die Kompetenzen des DGFT in bezug auf *monopoly references* auch vom DGT wahrgenommen werden können. Der Fair Trading Act 1973 behielt aber bereits dem Secretary of State die Möglichkeit vor, *monopoly references* in den Bereichen zu veranlassen, die ursprünglich dem Fernmeldemonopol unterfielen[72]. Diese Bestimmungen wurden durch den Telecommunications Act 1984 nicht berührt. Für die gemeinsame Ausübung ihrer Kompetenzen nach dem Fair Trading Act 1973 verbleiben so DGT und DGFT nur die Vorlagen, die nicht den eigenen Betrieb von Telekommunikationssystemen, sondern etwa die Beschaffung von Endgeräten oder Vermittlungsanlagen betreffen. Die Funktion der Initiierung von *competition references* - nach Sec. 5 Competion Act 1980 generell beim DGFT liegend - kann nach Sec. 50 (3) Telecommunications Act 1984 ebenfalls durch den DGT wahrgenommen werden.

Da *merger references* im Telecommunications Act 1984 nicht erwähnt werden, verbleibt es hier bei der Zuweisung der entsprechenden Kompetenzen an den Secretary of State. In einzelne Lizenzen wurden aber auch Rechte des DGT in bezug auf Fusionen und Gemeinschaftsunternehmen eingefügt. So wird BT durch Sec. 49 seiner allgemeinen Betriebslizenz verpflichtet, den DGT mindestens 30 Tage im voraus von solchen Vereinbarungen in Kenntnis zu setzen.

c) *Verfahren nach dem zweiten und dritten Teil des Fair Trading Act 1973*

Die Behörde des Director General of Fair Trading ist dadurch geprägt, daß ihr im System des britischen Verbraucherschutzes eine zentrale Stellung zukommt. So sieht der Fair Trading Act 1973 in seinem zweiten Teil die Aufgabe des DGFT vor, gegen Verhaltensweisen vorzugehen, welche die

71 So entschied der Secretary of State nicht wie in dem Bericht Credit Card Franchise Services [1980] Cmnd. 8034 empfohlen, gegen Kreditkartenunternehmen vorzugehen (Director General of Fair Trading Annual Report 1981, 83 ff.); bezüglich einer merger reference wurden die Empfehlungen nur in dem Fall Charter Consolidated/Anderson Strathclyde [1982] Cmnd. 8771 zurückgewiesen; siehe hierzu *Allan/Hogan*, Competition Laws of United Kingdom and Republic of Ireland, Loseblatt, Stand April 1994, § 9.06 [2].

72 Sec. 50 (2) Fair Trading Act 1973 i.V.m. Schedule 5 Nr. 7.

Interessen der Verbraucher beeinträchtigen. Ist er der Auffassung, daß eine *»consumer trade practice«* diese Wirkung hat, so hat er wiederum durch eine Vorlage, in der er auch Abhilfemaßnahmen vorzuschlagen hat, ein solches Verfahren in Gang zu bringen[73]. Ein durch den Secretary of State for Trade and Industry eingesetztes Consumer Protection Advisory Committee hat hierauf ein Votum darüber abzugeben, ob es den Schlußfolgerungen des DGFT zustimmt[74]. Eine etwas andere Zielrichtung haben die im dritten Teil des Fair Trading Act 1973 vorgesehenen Kompetenzen des DGFT[75]. Hiernach kann dieser gegen Unternehmen vorgehen, die sich wiederholt Verbrauchern gegenüber »unfair« verhalten, insbesondere indem sie bewußt deren Rechte verletzen, Anordnungen des Restrictive Practices Court erwirken[76].
Diese Kompetenzen werden generell durch den Telecommunications Act 1984 für den Telekommunikationssektor nicht beschränkt. Sec. 50 (1) Telecommunications Act 1984 gibt dem DGFT lediglich die Möglichkeit, den DGT darum zu ersuchen, seine Funktionen nach dem dritten Teil des Fair Trading Act 1973 (Vorgehen gegen Unternehmer, die sich wiederholt gegenüber Verbrauchern unfair verhalten) auszuüben.

d) *Konkurrierende Zuständigkeiten der Regulierungsbehörden bei Anwendung des allgemeinen Wettbewerbsrechts*

Nach allem ergibt sich bezüglich der Wahrnehmung wettbewerbsrechtlicher Kompetenzen im Telekommunikationssektor durch den DGT, den DGFT sowie den Secretary of State folgendes Bild: Soweit die Konsequenzen einer Fusion oder einer marktmächtigen Stellung bezüglich des Betriebes von Telekommunikationssystemen in Rede steht, kann allein der Secretary of State eine Vorlage an die MMC initiieren. Soweit die Konsequenzen einer marktmächtigen Stellung in einer monopoly reference eines Herstellers von Telekommunikationsgeräten zu ermitteln sind, können alle drei Regulierungsorgane der MMC die Angelegenheit vorlegen. Bezüglich allgemein wettbewerbswidriger Verhaltensweisen liegen die entsprechenden Kompetenzen gemeinsam bei DGT und DGFT. Im übrigen bleiben die Funktionen des

73 Sec. 14 ff. Fair Trading Act 1973.
74 Sec. 21 (1) Fair Trading Act 1973.
75 Näher hierzu *Lowe/Woodroffe*, Consumer Law and Practice, London 1991, S. 282 ff.
76 Sec. 34 Fair Trading Act 1973.

Director General of Fair Trading und des Restrictive Practices Court nach dem Restrictive Trade Practices Act 1976 weitgehend erhalten[77].
Obwohl hiernach neben dem DGT den sonstigen Behörden eine Vielzahl von Funktionen verbleibt, nimmt der DGT in der Regulierung der Betreiber doch die herausragende Stellung ein. Dies hängt zunächst mit der Vielzahl der besonderen Zustimmungserfordernisse zusammen, die ihm in den Lizenzen bezüglich solcher Verhaltensweisen, die Auswirkungen auf den Wettbewerb haben können, vorbehalten sind. So war die Anwendung des allgemeinen Wettbewerbsrechts durch den DGFT im Telekommunikationssektor bislang von geringer Bedeutung. Die einzige formelle Untersuchung des DGFT wurde dort am 17. April 1984 und damit vor Erlaß des Telecommunications Act 1984 initiiert. Hier warfen Werbeagenturen British Telecommunications vor, wettbewerbswidrige Praktiken zu verfolgen, indem das Unternehmen nur über zwei vertraglich verbundene Unternehmen die Plazierung von Anzeigen in den von ihr herausgegebenen »Gelben Seiten« ermöglichte. Eine Untersuchung des DGFT nach Sec. 3 Competition Act 1980 kam dabei zu dem Ergebnis, daß die beanstandeten Praktiken nicht wettbewerbswidrig seien[78].
Seit Inkraftreten des Telecommunications Act 1984 haben die parallelen Kompetenzen von DGT und DGFT nun zu einer »Arbeitsteilung« geführt, die den DGFT im gesamten Telekommunikationssektor zu weitgehender Zurückhaltung veranlaßte. Da andererseits der DGT bislang nicht auf seine Befugnisse nach allgemeinem Wettbewerbsrecht zurückgriff, konnten diese Bestimmungen (mit Ausnahme der Fusionskontrolle, in der die allgemeinen Zuständigkeitsregeln fortgelten) im Telekommunikationssektor bislang keinerlei Wirkung entfalten.
Augenfällig wird diese Wirkung der Kompetenzverteilung insbesondere auch im Vergleich zu den entsprechenden Regelungen im Gas Act 1986. Nach diesem verblieben die Kompetenzen für *monopoly references* im nicht tarifgebundenen Markt für Verträge mit Großverbrauchern auch nach Privatisierung des staatlichen Monopolunternehmens und der Einsetzung eines *Director General for Gas Supply* ausschließlich beim DGFT. Dies führte dazu, daß dieser kurz nach der Privatisierung von British Gas eine *monopoly reference*

77 Siehe z.B. Office of Fair Trading, Annual Report 1990, S. 42 zur Vorlage des OFT der Vereinbarung zwischen Race- Course Association Limited und der Satellite Information Services Limited vor den Restrictive Practices Court.

78 Director General of Fair Trading, British Telecommunications (Pricing policy for the placing of advertisements in yellow pages directories), 10. Oktober 1984.

an die MMC richtete. BG wurde anschließend darauf verwiesen, nur bis zu 90 Prozent des Gases von neuen Feldern anzubieten[79].

3. *Europäisches Wettbewerbsrecht*

Von größerer Bedeutung als die Anwendung des allgemeinen nationalen Wettbewerbsrechts waren bislang für die Entwicklung der britischen Telekommunikationsmärkte die kartellrechtlichen Bestimmungen des EG-Vertrages.

a) *Die Anwendungspraxis des europäischen Kartellrechts im Telekommunikationssektor*

Rechtliche Besonderheiten gelten für die Anwendung des EG-Kartellrechts im Fernmeldebereich gegenüber anderen Wirtschaftssektoren nicht. Die wirtschaftlichen Besonderheiten der europäischen Telekommunikationsmärkte, die in weiten Bereichen durch die Übertragung ausschließlicher Rechte an zumeist staatliche Unternehmen geprägt sind, haben die Kommission aber dazu veranlaßt, die Anwendungsvoraussetzungen der Bestimmungen für das Fernmeldewesen näher zu konkretisieren. Hier sind insbesondere die drei gemäß Art. 90 Abs. 3 EG-Vertrag erlassenen Richtlinien betreffend Telekommunikations-Endgeräte und Telekommunikationsdienste[80] zu nennen, die die Mit-

79 Monopolies and Mergers Commission, The Supply of Gas to Contract Customers, Cmnd. 500, 1988; siehe hierzu *Graham/Prosser*, Privatizing Public Enterprises, S. 206, *M. Schmidt*, Die Regulierung der privatisierten Telekommunikations- und Versorgungswirtschaft in Großbritannien, RabelsZ 1994, 636, 653.

80 Richtlinie der Kommission (88/301/EWG) vom 16. Mai 1988 über den Wettbewerb auf dem Markt für Telekommunikations-Endgeräte (ABl. L 131/73 vom 27.05.88); Richtlinie der Kommission (90/388/EWG) vom 28. Juni 1990 über den Wettbewerb auf dem Markt für Telekommunikationsdienste (ABl. L 192/10 vom 24.07.90); Richtlinie der Kommission (94/46/EG) vom 13. Oktober 1994 zur Änderung der Richtlinie 88/301/EWG und 90/388/EWG, insbesondere betreffend die Satellitenkommunikation (ABl L 268/15 vom 19.10.94); durch die Urteile des EuGH Frankreich/Kommission vom 19. März 1991 (Rs. C-202/88, Slg. 1991, I-1223 ff.) sowie Spanien u.a./ Kommission vom 17. November 1992 (Rs. C-271/90, C-281/90, C-289/90, Slg. 1992, I-5833 ff.) wurden die Richtlinien 88/301/EWG und 90/388/EWG, soweit sie besondere Rechte betrafen, aufgehoben; begründet wurde dies damit, daß weder aus den Richtlinien selbst noch aus den Begründungen zu diesen hervorgehe, welche Rechte im einzelnen gemeint seien; die genaue Umschreibung der besonderen Rechte wurde mit der Richtlinie 94/46/EG in den Art. 1 Nr. 1 b), Art. 2 Nr. 1 a) ii) nachgereicht; siehe zu den Richtlinien auch Kommission der Europäischen Gemeinschaften, XXII. Bericht über die Wettbewerbspolitik 1992 Rdn.33, 333; XX. Bericht über die Wettbewerbspolitik 1990, Rdn.54 sowie *Long*, Competition in the Markets for Telecommunications Services: The European Commission's Services Directive and its draft Competition Guidelines, International Business Lawyer 1990, 511 ff.

gliedstaaten außer für den Sprachtelefondienst zur weitgehenden Aufhebung aller besonderen oder ausschließlichen Rechte verpflichten. Daneben hat die Kommission unverbindliche Leitlinien für die Anwendung der Wettbewerbsregeln im Telekommunikationsbereich veröffentlicht[81]. Zu unterscheiden ist die Anwendung der Wettbewerbsregeln von der ebenfalls durch die Kommission verfolgten Politik, in Einzelbereichen den Zugang zu den Netzen der großen Telekommunikationsunternehmen durch Festlegung der sog. *Open Network Provision (ONP)*-Normen zu harmonisieren[82]. Diese Koordinierung des Wettbewerbsverhaltens einiger Unternehmen steht zu der Anwendung der Art. 85 ff EG-Vertrag in einem Spannungsverhältnis.

Verstöße gegen die Wettbewerbsregeln wurden durch die Kommission und den Gerichtshof bislang u.a. in folgenden Bereichen untersucht oder festgestellt[83]:

— Im April 1974 erklärte der EuGH in der *Sacchi*-Entscheidung die Wettbewerbsregeln für anwendbar auf das Verhalten von Fernsehanstalten, die zuvor mit Monopolrechten ausgestattet worden waren[84].
— Im März 1985 stellte der Gerichtshof in Bestätigung einer Kommissionsentscheidung[85] im »*British-Telecommunications*«-Urteil fest, daß das britische Post Office gegen Art. 86 EG-Vertrag verstieß, als es versuchte, Übermittlungsagenturen an der internationalen Tarifarbitrage bei Telexdiensten zu hindern[86].
— Im Oktober 1985 bezeichnete der EuGH es auf Vorlage eines belgischen Gerichts als gegen Art. 86 EG-Vertrag verstoßenden Mißbrauch einer marktbeherrschenden Stellung, wenn ein Fernsehunternehmen zur Bedingung für die Ausstrahlung von Werbesendungen macht, daß sog. »*Télé-*

81 Leitlinien der EG-Kommission für die Anwendung der EG-Wettbewerbsregeln im Telekommunikationsbereich; ABl. C 233/2 vom 6.09.91.

82 Siehe hierzu die Richtlinie des Rates (90/387/EWG) vom 28. Juni 1990 zur Verwirklichung des Binnenmarktes für Telekommunikationsdienste durch Einführung eines offenen Netzzugangs (Open Network Provision-ONP) (ABl. L 192/1 vom 24.07.90) sowie das von der Kommission veröffentlichte Verzeichnis (93/C 219/02) der ONP-Normen (dritte Ausgabe), ABl. C 277/9 vom 13.8.93; zu den ONP auch *Amory*, Telecommunications in the European Communities, EuZW 1992, 75, 82 f.

83 Weitere Fälle nennt *Amory*, a.a.O., S. 75 ff.; siehe im einzelnen zur Anwendung des europäischen Wettbewerbsrechts im Telekommunikationsbereich auch *Coleman*, European Competition Law in the Telecommunications and Broadcasting Sectors, [1990] E.C.L.R. 5 S. 204 ff.

84 EuGH, Urteil vom 30. April 1974 in der Rs. 155/73 - Re Sacchi, Slg. 1974, 409 ff., Rdn. 14.

85 Vgl. 82/861/EWG, ABl. L/360, S.36.

86 EuGH, Urteil vom 30. März 1985 in der Rs. 41/83- Italien/Kommission, Slg. 1985, 873 ff.; siehe hierzu auch unten S. 140 f.

marketing«-Dienstleistungen von einem bestimmten dritten Unternehmen abgenommen werden[87].

— Im April 1989 intervenierte die Kommission bei der Konferenz der Europäischen Post— und Fernmeldeverwaltungen (CEPT) gegen Empfehlungen zur Vergabe von internationalen Mietleitungen, die sie als Tarifabsprache ansah[88].

— Im Mai 1990 intervenierte die Kommission beim Beratenden Ausschuß für Telegraphie und Telephonie (CCITT) der ITU, da sie in vorgeschlagenen »Allgemeinen Grundsätzen und besonderen Bedingungen zur Vermietung internationaler Telekommunikationsnetze« wettbewerbsbeschränkende Vereinbarungen sah[89].

— 1991 erwirkte die Kommission für Mercury gegenüber dem spanischen Fernmeldemonopol *Direcctión General de Correros y Telégrafos (DGCT)* Netzzugang[90].

— Im Dezember 1991 bezeichnete der EuGH in dem im Vorlageverfahren ergangenen Urteil RTT/GB-Inno-BM es als einen nicht durch Art. 90 Abs. 2 EG-Vertrag zu rechtfertigenden Verstoß gegen Art. 86, 90 Abs. 1 EG-Vertrag, wenn durch eine staatliche Maßnahme die Stellung des Netzmonopolisten auf den Markt für Telekommunikationsgeräte ausgedehnt wird[91].

— Im August 1990 notifizierten u.a. einige große europäische Telekommunikationsunternehmen, denen besondere oder ausschließliche Rechte übertragen worden waren, der Kommission Vereinbarungen, nach denen sie beabsichtigten, durch Gründung eines Gemeinschaftsunternehmens (Infonet) bei der Erbringung hochwertiger Telekommunikationsdienste zu kooperieren. Erst nachdem die Unternehmen durch unterschiedliche Verpflichtungserklärungen sichergestellt hatten, daß das Gemeinschaftsunternehmen weder aus den Monopolbereichen unterstützt wird, noch daß es von den nationalen Monopolen gegenüber seinen Konkurrenten Sonder-

---

87 EuGH, Urteil vom 3. Oktober 1985 in der Rs. 311/84 - CBEM/CLT und IPB (»Télémarketing«), Slg. 1985, 3261 ff.

88 Kommission der Europäischen Gemeinschaften, XX. Bericht über die Wettbewerbspolitik 1990, S. 59.

89 Kommission der Europäischen Gemeinschaften, XX. Bericht über die Wettbewerbspolitik 1990, S. 59.

90 Kommission der Europäischen Gemeinschaften, XXI. Bericht über die Wettbewerbspolitik 1991, Anhang III, S. 377.

91 EuGH, Urteil vom 13. Dezember 1991 in der Rs. C-18/88, RTT/GB-Inno-BM, Slg. 1991, I-5941 ff.

konditionen erhält, wurde das Verfahren im Januar 1992 durch ein Verwaltungsschreiben *(»comfort letter«)* eingestellt[92].

— Im Dezember 1992 entschied die Kommission, daß eine Vereinbarung zwischen BT und der Betreibergesellschaft der ASTRA-Satelliten *Société Européenne des Satellites (SES)*, nach der britischen Programmanbietern Zugang zu den Astra-Satelliten nur über eine gemeinsame Tochtergesellschaft gewährt werden sollte, gegen Art. 85 EG-Vertrag verstieß[93].

— Im Juni 1993 qualifizierte die Kommission die Arrangements der in der *European Broadcasting Union (EBU)* zusammengeschlossenen Fernsehveranstalter für die gemeinsame Aushandlung, den gemeinsamen Erwerb und die gemeinsame Nutzung von Fernsehrechten für Sportveranstaltungen als wettbewerbsbeschränkende Vereinbarungen i.S.d. Art. 85 Abs. 1 EG-Vertrag. Soweit die Unternehmen mit besonderen Rechten i.S.d. Art. 90 Abs. 2 EG-Vertrag ausgestattet seien, bestehe die Gefahr, daß die Anwendung der Wettbewerbsregeln die Erfüllung der damit verbundenen besonderen Aufgaben verhindere. Unter Auflagen erklärte die Kommission Art. 85 Abs. 1 EG-Vertrag gemäß Art. 85 Abs. 3 EG-Vertrag für einen Zeitraum von fünf Jahren für nicht anwendbar[94].

— Im November 1993 gestattete die Kommission durch einen *comfort letter* die Zusammenarbeit 12 führender, zum Teil in Staatsbesitz befindlicher Telekommunikationsunternehmen. Diese beabsichtigten durch ein Gemeinschaftsunternehmen spezielle Telekommunikationsdienste für Banken und Versicherungen zu entwickeln, die durch die einzelnen Unternehmen vermarktet werden sollten. Die Kommission versuchte zuvor, durch einige Auflagen sicherzustellen, daß die neuen Dienste keine Quersubventionen aus Monopolbereichen erhalten, sowie ähnlich wie im Infonet-Fall[95], daß Wettbewerber nicht diskriminiert werden[96].

— Im Juli 1994 stellte die Kommission Wettbewerbsbeschränkungen gemäß Art. 85 Abs. 3 EG-Vertrag frei, die in einer Vereinbarung zwischen BT und dem US-amerikanischen Unternehmen MCI über die Erbringung von Telekommunikationsdiensten an multinationale Unternehmen und die Gründung eines Gemeinschaftsunternehmens zu diesem Zweck enthalten waren. Als räumlich relevanten Markt bezeichnete sie hierbei den welt-

---

92 Siehe hierzu ABl. C 7/3 vom 11.01.92.

93 Entscheidung der Kommission (93/50/EWG) vom 23.12.1992, ABl. L 20/23; siehe hierzu auch unten S. 185 f.

94 Entscheidung der Kommission (93/403/EWG) vom 11. Juni 1993, ABl. L 179/23 vom 22.7.93.

95 Siehe hierzu bereits oben S. 61 f.

96 Fall »Financial Network Association«, [1994] 4 C.M.L.R. S. 22 ff.

weiten Markt für entsprechende Dienste, da in den Vereinbarungen einer zukünftigen Marktlage vorgegriffen werde, in der es nationale Grenzen praktisch nicht mehr gebe[97].

Daneben ist das EG-Wettbewerbsrecht im Telekommunikationssektor in mehreren Entscheidungen zur Anwendung gekommen, die auf Grundlage der Fusionskontrollverordnung[98] ergingen. Von großer Bedeutung ist hier die Untersagung eines Gemeinschaftsunternehmens der Konzerne Bertelsmann, Kirch und der damaligen Deutschen Bundespost Telekom zur Erbringung von Dienstleistungen für Pay-TV-Anbieter. Die Kommission befürchtete hier insbesondere aufgrund der Marktstärke der beteiligten Unternehmen und der besonderen Rechte der Deutschen Bundespost Telekom durch den Zusammenschluß eine auf Dauer angelegte beherrschende Stellung von Bertelsmann und Kirch auf dem Markt für Pay-TV in Deutschland sowie eine Stärkung der beherrschenden Stellung der Deutschen Bundespost Telekom als Kabelnetzbetreiber[99].

Auch die Vereinbarung zwischen BT und MCI wurde zunächst aufgrund dieser Verordnung angemeldet. Da das in diesem Rahmen gegründete Gemeinschaftsunternehmen seine Dienste ausschließlich über BT und MCI vertreiben sollte, entschied die Kommission aber, daß die Zusammenarbeit der Unternehmen weitgehend kooperativer Natur sei und daher keinen Zusammenschluß im Anwendungsbereich der Fusionskontrollverordnung darstelle[100].

b) *Bindung britischer Regulierungsorgane an das europäische Kartellrecht*

Begrenzt der Secretary of State für bestimmte Dienste die Anzahl der nach Sec. 7 Telecommunications Act 1984 vergebenen Lizenzen ohne sich dabei an

97 Entscheidung der Kommission (94/579/EG) vom 27. Juli 1994 (ABl. L 233/36 vom 27.8.94), Rdn. 15.

98 Verordnung (EWG) Nr. 4064/09 (ABl. L 395 vom 30.12.89, S. 1 ff.) des Rates vom 21. Dezember 1989.

99 MSG Media Service, Entscheidung vom 9. November 1994, insbesondere Rdn. 91, 93; siehe daneben die Entscheidungen Alcatel/Telettra, Entscheidungen vom 21. Januar 1991 und 12. April 1991; Alcatel/AEG Kabel, Entscheidung vom 18. Dezember 1991; Eucom/Digital, Entscheidung vom 18. Mai 1992; Northern Telecom/Matra Communications, Entscheidung vom 10. August 1992; Siemens/Phillips, Entscheidung vom 23. Dezember 1992; Ericson/Kolbe, Entscheidung vom 22. Januar 1993; Ericsson/Hewlett Packard, Entscheidung vom 12. März 1992; Alcatel/STC, Entscheidung vom 13. September 1993; BT/MCI, Entscheidung vom 13. September 1993; Mannesmann/RWE/Deutsche Bank, Entscheidung vom 22. Dezember 1993; Kirch/Richemont/Telepiù, Entscheidung vom 1. Juli 1994; Bertelsmann/News International/Vox, Entscheidung vom 6. September 1994.

100 Fall Nummer IV/M.353; siehe Rdn. 14 der Entscheidung.

objektive, angemessene und nichtdiskriminierende Kriterien zu halten oder verschafft er auf andere Weise Netzbetreibern besondere Wettbewerbsvorteile, so räumt er den Begünstigten besondere oder ausschließliche Rechte ein[101]. Von besonderer Bedeutung für die Regulierungspraxis der britischen Behörden ist daher Art. 90 Abs. 1 EG-Vertrag. Zwar stellt im allgemeinen die Einräumung besonderer Rechte als solche keinen Verstoß gegen Art. 86 EG-Vertrag dar[102]. In besonders gelagerten Fällen kann nach der Rechtsprechung des Europäischen Gerichtshofs jedoch bereits dies den Mißbrauch der Marktstellung implizieren, wenn das Unternehmen, dem die Rechte übertragen wurden, offensichtlich nicht in der Lage ist, die entsprechende Nachfrage zu befriedigen[103]. In der ERT-Entscheidung hat der Gerichtshof des weiteren festgestellt, daß auch dann in der bloßen Übertragung eines ausschließlichen Rechts ein Verstoß gegen Art. 90 EG-Vertrag liegen kann, wenn hierdurch eine Lage geschaffen wird, in der ein Fernsehunternehmen durch eine seine eigenen Programme bevorzugende diskriminierende Sendepolitik gegen Art. 86 EG-Vertrag verstößt[104].

Beide Gesichtspunkte sind auch für die Vergabe von Lizenzen nach Sec. 7 Telecommunications Act 1984 von Bedeutung. Entscheidet sich der Secretary of State, für bestimmte Telekommunikationsdienste nur einzelnen Unternehmen Lizenzen zu erteilen, so ist dies nach dieser Rechtsprechung nur mit den Wettbewerbsregeln vereinbar, wenn durch die Empfänger der Lizenzen alle in diesem Bereich in einem ausreichenden Maße nachgefragten Dienste erbracht werden können. Für den Fall, daß durch die Erteilung einer solchen Lizenz, einem Unternehmen eine marktbeherrschende Stellung eingeräumt wird, hat er durch geeignete Maßnahmen sicherzustellen, daß es zu keinem Mißbrauch dieser Stellung kommt. Auch auf das Verhalten von Unternehmen, denen durch fernmelderechtliche Lizenzen besondere Rechte eingeräumt werden, bleiben die Art. 85 ff EG-Vertrag anwendbar.

Auch für die sonstige Regulierungspraxis der britischen Behörden enthält das europäische Kartellrecht wichtige Vorgaben, die sich für die Maßnahmen gegenüber Unternehmen mit ausschließlichen oder besonderen Rechten aus Art. 90 Abs. 1 EG-Vertrag, ansonsten aus dem allgemeinen Verbot von Maß-

---

101 Siehe die Konkretisierung des Begriffs der besonderen Rechte in Art. 2 Nr. 1 a) ii) der Richtlinie 94/46/EG (ABl. L 268/15 vom 19.10.94).

102 EuGH, Urteil vom 10. Dezember 1991 in der Rs. C-179/90, Merci Conventionali di Genova/Siderurgica, Slg. 1991, I-5889 ff., Rdn. 35; für Telekommunikationsdienste bestätigt in EuGH, Urteil vom 17. November 1992 in den Rs. C-271/90, C-281/90, C-289/90, Spanien u.a./Kommission, Slg. 1992, I-5833 ff.

103 EuGH, Urteil vom 23. April 1991 in der Rs. C-41/90, Höfner und Elser/Macroton, Slg. 1991, I-1979 ff., Rdn. 31.

104 EuGH, Urteil vom 18. Juni 1991 in der Rs. C-260/89, ERT, Slg. 1991, I-2925 ff.

nahmen, die die praktische Wirksamkeit der Wettbewerbsregeln beeinträchtigen (Art. 5 Abs. 2 i.V.m. Art. 3 (g), 85 f EG-Vertrag) herleiten. Hieraus ergibt sich zunächst, daß die Behörden den regulierten Unternehmen nicht z.B. durch entsprechende Lizenzbedingungen ein Verhalten aufzwingen dürfen, das gegen die Art. 85, 86 EG-Vertrag verstößt[105]. Auch die Genehmigung von Tarifen, die im Widerspruch zu den Wettbewerbsregeln stehen, ist nach diesen Bestimmungen ihrerseits unzulässig[106].

Eine Rechtfertigung für ein kartellrechtswidriges Verhalten kann sich bezüglich eines Unternehmens, dem besondere Rechte übertragen wurden, aus Art. 90 Abs. 2 EG-Vertrag ergeben, wenn die Anwendung der Wettbewerbsregeln mit der Erfüllung der übertragenen Aufgaben nachweislich unvereinbar ist[107]. Hieran kann zu denken sein, wenn ein Mitgliedstaat die flächendeckende Versorgung mit bestimmten Telekommunikationsdiensten sicherstellen will.

Ob und inwieweit eine solche Unvereinbarkeit der Aufgaben mit der Anwendung der Wettbewerbsregeln vorliegt, ist im Einzelfall zu ermitteln. Noch im Jahre 1991 sah der Gerichtshof »beim gegenwärtigen Stand der Entwicklung der Gemeinschaft« den durch eine gesetzlich gesicherte Monopolstellung geschützten Betrieb eines landesweiten Telefonnetzes durch die belgische *Régie des Télégraphes et des Téléphones* als durch Art. 90 Abs. 2 EG-Vertrag gedeckt an[108]. Durch das Unternehmen veranlaßte Beschränkungen auf dem Markt für Fernsprechgeräte könnten hingegen nicht durch öffentliche Dienstleistungsaufgaben gerechtfertigt werden[109]. Nach Auffassung der Kommission ist heute »für alle anderen Dienste außerhalb der Sprachtelefondienste ... keine Sonderbehandlung auf der Grundlage des Art. 90 Absatz 2 (EG-Ver-

---

105 EuGH, Urteil vom 4. Mai 1988 in der Rs. 30/87- Bodson/Pompes Funèbres des Régions Libérées, Slg. 1988, 2479, 2516, Rdn. 34.

106 EuGH, Urteil vom 11. April 1989 in der Rs. 66/86 - Ahmed Saeed Flugreisen u.a./ Zentrale zur Bekämpfung des unlauteren Wettbewerbs, Slg. 1989, 803, 852, Rdn. 49; EuGH, Urteil vom 17. Mai 1994 in der Rs. C-18/93 - Corsica Ferries, Slg. 1994, I-1783, 1825, Rdn. 43; zu dieser Rechtsprechung im einzelnen *Ehricke*, Staatliche Eingriffe in den Wettbewerb - Kontrolle durch Gemeinschaftsrecht, Baden-Baden 1994, insbes. S. 155 ff.

107 Vgl. EuGH, Urteil vom 30. April 1974 in der Rs. 155/73 - Re Sacchi, Slg. 1974, 409 ff., Rdn. 15; zu den Anwendungsvoraussetzungen im einzelnen siehe *Mestmäcker*, Staat und Unternehmen im europäischen Gemeinschaftsrecht, Zur Bedeutung von Art. 90 EWGV, RabelsZ 52 (1988), 526, 558 ff.

108 EuGH, Urteil vom 13. Dezember 1991 in der Rs. C-18/88, RTT/GB-Inno-BM, Slg. 1991, I-5941 ff., Rdn. 16.

109 A.a.O. Rdn. 22.

trag) gerechtfertigt, insbesondere wenn man den unerheblichen Beitrag dieser Dienste zum Umsatz der Fernmeldeorganisationen berücksichtigt«[110]. Aufschlußreich zur Haltung des EuGH in dieser Frage ist des weiteren die Entscheidung in der Sache *Paul Corbeau*. Hier sah er den Ausschluß des Wettbewerbs durch das Briefmonopol der belgischen Régie des Postes generell als durch Art. 90 Abs. 2 EG-Vertrag gerechtfertigt an. Eine solche Rechtfertigung sei aber ausgeschlossen, wenn bestimmte Dienste einerseits trennbar seien von solchen Diensten, die im Allgemeininteresse erbracht werden, und sie andererseits besonderen Bedürfnissen von Wirtschaftsteilnehmern entsprächen und besondere Leistungen erforderten, die der herkömmliche Postdienst nicht erbringe[111]. Soweit der Secretary of State zur flächendeckenden Versorgung der Allgemeinheit mit bestimmten Telekommunikationsdiensten lediglich einigen Unternehmen Einzellizenzen erteilt, ist unter Zugrundelegung eines entsprechenden Maßstabes jeweils zu prüfen, ob durch die Reichweite der diesen Unternehmen vorbehaltenen Rechte die Erbringung von Telekommunikationsdiensten in anderen abgrenzbaren Märkten unterbunden wird[112].

III. *Nicht spezifisch fernmelderechtliche Genehmigungserfordernisse*

Einige weitere Bestimmungen der britischen Rechtsordnung haben für den Telekommunikationssektor besondere Bedeutung.

1. *Nutzung terrestrischer Frequenzen*

Ein großer Teil moderner Fernmeldeanlagen arbeitet mit »drahtlosen« Übertragungstechniken. Zwar erlauben heute die Möglichkeiten der digitalen Datenkompression, das Funkfrequenzspektrum in effizienterer Weise zu nutzen. Um den Rahmen für eine geordnete Nachrichtenübermittlung zu schaffen, muß die Rechtsordung aber nach wie vor sicherstellen, daß die Kommu-

---

110 Richtlinie der Kommission (94/46/EG) vom 13. Oktober 1994 zur Änderung der Richtlinie 88/301/EWG und 90/388/EWG, insbesondere betreffend die Satellitenkommunikation (ABl L 268/15 vom 19.10.94), Erwägungsgrund Nr. 16.

111 EuGH, Urteil vom 19. Mai 1993 in der Rs. C-320/91, Re Paul Corbeau, (Slg. 1993, I-2533), Rdn. 18.

112 Siehe zu den Implikationen von Art. 90 EG-Vertrag auf ausschließliche Rechte im Telekommunikationssektor auch *Baggehufwudt*, Dienstleistungsmonopole in der Telekommunikation unter EG-rechtlichen Aspekten, ArchivPT 1993, 174 ff., *Ehlermann*, Telekommunikation und Europäisches Wettbewerbsrecht, Europarecht 1993, 134, sowie *ders.*, Die Wettbewerbspolitik der Europäischen Gemeinschaften und die öffentlichen und gemeinwirtschaftlichen Unternehmen, ZögU, 1992, 377, 386 ff.

nikation nicht durch Interferenzen zwischen den von unterschiedlichen Sendern ausgestrahlten elektromagnetischen Wellen erschwert wird. Hierzu müssen einzelnen Betreibern von Fernmeldeanlagen Nutzungsrechte am Funkfrequenzspektrum eingeräumt werden. Ist die Telekommunikationsverfassung in einem Staat durch ein Postunternehmen geprägt, so kann dieses nach seinen Zielsetzungen die Allokation des Spektrums zentral steuern. In einem marktwirtschaftlichen System steht die Rechtsordnung hingegen vor der Aufgabe, einen institutionellen Rahmen für den Ausgleich der unterschiedlichen Nutzungsinteressen zu gewährleisten.

In Großbritannien werden die Fragen der Frequenzallokation generell getrennt von den Fragen der fernmelderechtlichen Zulassung entschieden. Soweit der Betrieb eines Telekommunikationssystems mit der Nutzung terrestrischer Frequenzen verbunden ist, ist neben der fernmelderechtlichen Lizenz in der Regel auch eine Genehmigung nach dem Wireless Telegraphy Act 1949 erforderlich. Sec. 1 Wireless Telegraphy Act 1949 untersagt, Geräte für Funkübertragung in Betrieb zu nehmen, die nicht durch eine Lizenz genehmigt wurden. Gemäß Sec. 1 (1) Wireless Telegraphy Act 1949 kann der Secretary of State bestimmte Gerätekategorien von einer solchen Genehmigung freistellen. Dies ist für eine Reihe von Geräten geschehen, von denen keine Störung anderer erwartet wird.

Nach dem Wireless Telegraphy Act 1949 obliegt es zunächst dem Secretary of State for Trade and Industry die Lizenzen zu erteilen[113]. Die mit den Aufgaben der Frequenzallokation anfangs befaßte *DTI Radiocommunications Division* wurde im April 1990 in die organisatorisch verselbständigte Vollzugsbehörde *Radiocommunications Agency* umgewandelt. Dieser wurden die Funktionen des DTI nach dem Wireless Telegraphy Act 1949 weitgehend übertragen[114]. Sie verlangt für die Zuteilung von Frequenzen für i.d.R. jeweils ein Jahr eine Gebühr, die die Kosten der Regulierung decken soll. Daneben wurden Befugnisse zu bestimmten Allokationsentscheidungen an andere Ministerien delegiert, so insbesondere die Einzelzuteilung der für militärische Nutzung vorgesehenen Frequenzen an das Verteidigungsministerium, sowie die Verantwortung für die Verwaltung einzelner Frequenzblöcke an das *Home*

113 Sec. 1 Wireless Telegraphy Act.

114 Den Antrag auf Erteilung einer fernmelderechtlichen Lizenz für einen Dienst, der auch die genehmigungspflichtige Nutzung von Funkfrequenzen erfordert, betrachtet der Secretary of State gleichzeitig als Antrag nach dem Wireless Telegraphy Act 1949 und schaltet entsprechend die Radiocommunications Agency ein (Department of Trade and Industry, Notes for the Guidance of applicants for a licence to run a telecommunication system, September 1993, Rdn. 14).

Office (Innenministerium) sowie das *Scottish Office* (Ministerium für Schottland)[115].

Bei der Allokation der Frequenzen sind eine Reihe internationaler Vereinbarungen zu beachten. Von besonderer Bedeutung ist der Internationale Frequenzbereichsplan der ITU, der Bestandteil der für die Mitgliedstaaten verbindlichen VO Funk ist. Die Zuteilung der Senderechte erfolgt innerhalb der ITU größtenteils durch ein einfaches Registrierungsverfahren, zum Teil aber auch durch die Aufstellung von Allokationsplänen[116]. Innerhalb Europas koordinieren 35 Staaten die Frequenzverwaltung durch das *European Radio Committee (ERC)*. Ansonsten hat die *Radiocommunications Agency* die Verpflichtungen Großbritanniens in der *North Atlantic Treaty Organization (NATO)*, der *International Civil Aviation Organization (ICAO)* sowie der *International Maritime Organization (IMO)* zu beachten[117].

Der *Wireless Telegraphy Act 1949* beschränkt die Gesichtspunkte, die bei der Ermessensausübung zur Frequenzverteilung zu beachten sind in keiner Weise. Dies hat zu dem Bemühen der *Radiocommunications Agency* geführt, im Zuteilungsverfahren eine Vielzahl unterschiedlicher Interessen zum Ausgleich zu bringen. Von besonderer Bedeutung waren hierbei in den letzten Jahren drei Berichte unabhängiger Kommissionen, die in unterschiedlichen Frequenzbändern Neuallokationen empfahlen[118]. Unternehmen wie BT, Mercury und den Mobilfunkbetreibern wurden bestimmte umfangreiche Frequenzbänder zugeteilt über deren Nutzung sie im einzelnen selbst entscheiden können[119]. Daneben wurde die Verwaltung einzelner Frequenzen für bestimmte Nutzergruppen auf andere Organisationen übertragen, so auf Vereinigungen einiger Rundfunkveranstalter und Produktionsgesellschaften sowie auf Versorgungsunternehmen[120].

Im März 1994 stellte die *Radiocommunications Agency* Vorschläge zu einer Reform dieser Arrangements zur Diskussion. Angesichts des steigenden Bedarfs an Funkfrequenzen sei zu fragen, wie in Zukunft eine effektive und

115 Department of Trade and Industry, Radiocommunications Agency, The future management of the radio spectrum, Consultative Document, März 1994, 4.3.

116 Siehe hierzu *Tegge*, Die Internationale Telekommunikations-Union, (Wirtschaftsrecht der internationalen Telekommunikation, Band 21), S. 242 ff.

117 Department of Trade and Industry, Radiocommunications Agency, The future management of the radio spectrum, Consultative Document, März 1994, 4.8 ff.

118 Ein erster Bericht behandelte den Bereich 470-3400 MHz, ein zweiter 3400 MHz-30 GHz, ein dritter 28-470 MHz; Radiocommunications Agency, Report of the Radio Spectrum Review Committee, Stage 3, Jan 1994.

119 *Millard*, Telecommunication Policy 1992, Spectrum management, The legal implications of reform in the UK, 657, 660.

120 Department of Trade and Industry, Radiocommunications Agency, The future management of the radio spectrum, Consultative Document, März 1994, 5.11.

nichtdiskriminierende Vergabe von Nutzungsrechten sichergestellt werden könne. Hierzu könnten zum einen Frequenzgebühren so festgesetzt werden, daß sie nicht mehr nur die Verwaltungskosten, sondern den Marktpreis der jeweiligen Nutzung widerspiegeln. Zum anderen könne den Nutzern in weiten Bereichen gestattet werden, ihre Nutzungsrechte an Dritte zu übertragen. Dies könne wiederum weitgehende institutionelle Reformen ermöglichen. Während der *Radiocommunications Agency* insbesondere zur Sicherstellung der internationalen Verpflichtungen des Vereinigten Königreichs ein Kernbereich an Funktionen verbleiben müsse, solle die Frequenzverteilung im einzelnen durch sog. »*Spectrum Management Organizations*« (SMO) erfolgen. Diese könnten die Nutzungsrechte für bestimmte Frequenzbänder für einen längeren Zeitraum von der *Radiocommunications Agency* erwerben und diese zu Marktpreisen weiterübertragen[121].
Die Vorschläge würden der Radiocommunications Agency ermöglichen, zum Ausgleich der bislang lediglich im Rahmen administrativer Verfahren berücksichtigten Interessen, Marktmechanismen nutzbar zu machen[122].

2. *Medienrechtliche Genehmigung*

a) *Genehmigungserfordernisse nach dem Broadcasting Act 1990*

In geringerem Maße als die sonstige Telekommunikation wurde in Großbritannien bislang die Übertragung von Fernseh- und Radiosendungen für die Öffentlichkeit liberalisiert. Dies äußert sich bereits darin, daß unabhängig von den ebenfalls notwendigen fernmelderechtlichen Lizenzen durch den Broadcasting Act 1990 hier generell zusätzliche Genehmigungserfordernisse bestehen.
Der Broadcasting Act 1990 löste den Cable and Broadcasting Act 1984 ab. Während es nach letzterem der Cable Authority oblegen hatte, Kabelfernsehnetze zu regulieren, wurde nun die Lizenzierung des nichtstaatlichen Fernsehens einheitlich der Independent Television Commission (ITC) übertragen. Die Mitglieder der ITC werden vom Innenministerium (Home Office) ernannt. Zur Genehmigung privater Radioveranstalter wurde eine besondere

---

121 Department of Trade and Industry, Radiocommunications Agency, The future management of the radio spectrum, Consultative Document, März 1994; ein solches Modell wird auf S. 44 ff. zur Diskussion gestellt.

122 Siehe zu solchen Ansätzen auch *Kruse*, Zugang zum elektromagnetischen Spektrum, in *Mestmäcker* (Hrsg.), Ordnungsprinzipien im Wirtschaftsrecht der Telekommunikation (Wirtschaftsrecht der internationalen Telekommunikation, Band 23).

Radio Authority errichtet, deren Mitglieder ebenfalls durch den Secretary of State des Home Office bestimmt werden[123].

Die ITC hat zum einen weitgehende Befugnisse zur Regulierung der nichtstaatlichen terrestrisch ausgestrahlten Fernsehsender[124]. Für sog. *licensable programme services* kann sie dagegen nur bestimmte Verhaltenskodizes zur Programmerstellung, zur Werbung sowie zur Finanzierung durch Sponsoren aufstellen[125]. Während sie mit den BBC-Kanälen 1 und 2 nicht befaßt ist, vergibt die ITC für die im Frequenzspektrum reservierten Kanäle 3, 4 und 5 erneuerbare Lizenzen mit zehnjähriger Laufzeit. Die Lizenzen für die Kanäle 4 und 5 werden für das gesamte Vereinigte Königreich vergeben, diejenigen für Kanal 3 nur für einzelne Regionen[126]. Auf diesem Kanal senden heute die ITV-Stationen, die zuvor nach Sec. 38 Broadcasting Act 1984 in Vertragsbeziehungen mit der Independent Broadcasting Authority zum Ausstrahlen von Fernsehprogrammen standen[127].

Auch Satellitenfernsehdienste, die in Großbritannien empfangen werden, bedürfen einer medienrechtlichen Lizenz[128]. Inländische Dienste unterliegen dabei ähnlichen Anforderungen für den Programminhalt wie die terrestrisch über Kanal 3 ausgestrahlten Programme[129]. »Nicht-inländische« Satellitenfernsehdienste bedürfen hingegen nur einer Lizenz als *licensable programme service*[130]. Als inländischer Dienst gelten nach Sec. 43 (1) (a) Broadcasting Act 1990 aber nur solche Satellitendienste, die auf einer Frequenz senden, die nach den ITU-Bestimmungen Fernsehsatelliten vorbehalten wurde. Da in Großbritannien alle Satellitenfernsehprogramme von Satelliten ausgestrahlt werden, die diese Voraussetzung nicht erfüllen, gelten für sie die Vorschriften über »nicht-inländische« Satellitenfernsehdienste[131].

Neben diesen Funktionen obliegt der ITC nach Sec. 72 Broadcasting Act 1990 die Zulassung von Betreibern sog. lokaler Verteildienste (»*local delivery services operators* - LDO«). Hierunter sind Telekommunikationssysteme zu verstehen, die Fernseh- und Radiosendungen sowie von Satelliten empfangene

---

123 Vgl. Sec. 83 Broadcasting Act 1990.

124 Vgl. Sec. 2 Broadcasting Act 1990.

125 Sec. 44, 47 Broadcasting Act 1990; vgl auch Oftel, Annual Report 1993, Rdn. 2.91 ff.

126 Vgl. Sec. 14 (2) Broadcasting Act 1990.

127 Siehe zu den Rechtsbeziehungen unter den ITV-Stationen die nach Schedule 4 Broadcasting Act 1990 vorgenommene Untersuchung der MMC, Channel 3 Networking Arrangements, A report on whether the arrangements satisfy the competition test contained in the Broadcasting Act 1990, London, April 1993.

128 Vgl. Sec. 43 ff. Broadcasting Act 1990.

129 Sec. 44 (3) Broadcasting Act 1990.

130 Sec. 45 Broadcasting Act 1990.

131 *White/Bate/Johnson*, Satellite Communications in Europe, S. 227 ff.

Signale an mindestens zwei Haushalte verbreiten[132]. Anders als im Cable and Broadcasting Act 1984 ist hier nicht mehr lediglich von Kabeldiensten die Rede, da auch andere Wege zur lokalen Übertragung der Signale, wie insbesondere die Übertragung durch terrestrischen Funk im Mikrowellenbereich, erfaßt werden sollen[133]. Die Beschränkung des Erfordernisses einer LDO-Lizenz auf Dienste, die simultan an mindestens zwei Haushalte erbracht werden, führt dazu, daß sog. »*video-on-demand*«-Dienste keiner solchen Lizenz bedürfen. Sie unterliegen lediglich als *licensable programme service*[134] gemäß Sec. 9 Broadcasting Act 1990 den Verhaltenskodizes der ITC betreffend Werbung, Sponsoren und Programmerstellung und den allgemeinen Anforderungen an lizenzierte Dienste (kein Widerspruch zu »gutem Geschmack« und Schicklichkeit, Unparteilichkeit und Genauigkeit der Berichterstattung inbesondere betreffend politischer und religiöser Themen etc.). Ausgenommen vom Erfordernis einer medienrechtlichen Lizenz sind auch vor Inkrafttreten des Broadcasting Act 1990 in Betrieb genommene Verteilnetze für gemeinschaftliche Satellitenantennen (Satellite Master Antenna TV - SMATV), an denen weniger als 1000 Haushalte angeschlossen sind[135].

Das Vergabeverfahren für LDO-Lizenzen ist in Sec. 74 ff Broadcasting Act 1990 geregelt. Auf eine Anzeige der ITC, in der sie bekanntgibt, für eine bestimmte Region eine Lizenz unter näher spezifizierten Bedingungen zu erteilen, können die Betreiber ein beziffertes Angebot abgeben. Die ITC hat die Lizenz grundsätzlich dem Bewerber, dessen Angebot am höchsten liegt, zuzusprechen[136].

Anders als ihre Vorläuferorganisationen IBA und Cable Authority ist die ITC nicht mit der Genehmigung der von den Anbietern zusammengestellten Fernsehprogramme befaßt. Sie hat bei Lizenzierungsentscheidungen jedoch darauf zu achten, daß die strikten Anforderungen eingehalten werden, die an die Betreiber von Fernsehdiensten gestellt werden. Diese umfassen unter anderem den Ausschluß nicht EG-angehöriger Ausländer, religiöser oder politischer Organisationen sowie von Werbeagenturen von der Innehabung von Lizenzen[137]. Darüber hinaus stellt ein umfangreicher Katalog detaillierte Verbote

132 Vgl. Sec. 72 Broadcasting Act 1990.
133 *Gibbons*, Regulating the Media, S. 71.
134 Siehe Sec. 46 ff. Broadcasting Act 1990.
135 Broadcasting (Local Delivery Services) Order 1990, SI 1990/2389; siehe näher hierzu unten S. 168.
136 Vgl. Sec. 76 (1), (3) Broadcasting Act 1990.
137 Schedule 2 Part II 1.(a) Broadcasting Act 1990.

bezüglich des gleichzeitigen Besitzes von Anteilen an Fernsehsendern, Radiosendern und sonstigen Medienunternehmen auf[138].

b) *Verhältnis zwischen fernmelderechtlicher und medienrechtlicher Zulassung*

Den PTO wird durch den Broadcasting Act 1990 zunächst nicht untersagt, sich um medienrechtliche Lizenzen zu bewerben. So erwarb auch BT mehrere LDO-Lizenzen, in denen dem Unternehmen lediglich auferlegt wurde, die Systeme über Tochtergesellschaften zu betreiben[139]. Schedule 2 Part V Broadcasting Act 1990 behielt dem Secretary of State aber das Recht vor, durch Anordnung Kategorien von medienrechtlichen Lizenzen zu bestimmen, die nicht durch PTO erworben werden dürfen.
Die medienrechtliche Genehmigung betrifft nach Sec. 2 (1) Broadcasting Act 1990 die Bereitstellung (»*provision*«) der Dienste. Zu dieser gehört in erster Linie die Zusammenstellung von Programmen. Die telekommunikationsrechtliche Genehmigung regelt nach Sec. 4 (1) Telecommunications Act 1984 die Übertragung (»*conveyance*«). Diese Trennung darf nicht zu dem Schluß verleiten, das britische Medienrecht lasse sich vom Fernmelderecht im Sinne einer Trennung inhaltlicher Vorgaben (»*content*«) von Fragen der Netzfunktionen (»*conduit*«) abgrenzen. So hat die exklusive Lizenzierung der LDO vor allem zum Ziel, den Aufbau von Übertragungskapazitäten sicherzustellen[140]. Dennoch wird, wenn die Vergabe von solchen Lizenzen in Rede steht, auch eine Lizenz nach dem Telecommunications Act 1984 notwendig sein, soweit nicht die Ausnahmebestimmung in Sec. 6 (1), (6) Telecommunications Act 1984 bezüglich des terrestrisch ausgestrahlten Rundfunks greift.
Über die Abstimmung der medienrechtlichen mit den fernmelderechtlichen Vorgaben geben die Gesetze jedoch keine Auskunft. Die von der Regierung zurückgewiesenen Vorschläge des Peacock Committee, im Interesse eines forcierten Ausbaus der Kabelnetze auf die Fernmeldegesellschaften als »common carrier« zurückzugreifen, zeigen das sich hieraus ergebende Konfliktpotential auf[141]. Wie die Bereitstellung von Fernsprechdiensten durch die Kabelgesellschaften und das Engagement von BT und Mercury in den Kabel-

138 Schedule 2 Part III Broadcasting Act 1990.
139 Hierzu *Wiedemann*, Law of International Telecommunications in the United Kingdom (Wirtschaftsrecht der internationalen Telekommunikation, Band 8) S. 207; zur beschränkten Zulassungspraxis in bezug auf Unterhaltungsdienste näher unten S. 167 ff.
140 Department of Trade and Industry, Competition and Choice: Telecommunications Policy for the 1990s (White Paper), März 1991, Rdn. 5. 4.
141 Siehe zur Regulierungspraxis im Markt für Kabelfernsehdienste näher unten S. 167 ff.

gesellschaften gezeigt haben, gilt dies insbesondere für solche Bereiche, die sowohl für die Entwicklung des Wettbewerbs in der Telekommunikation als auch im Hinblick auf die Verbreitung neuer Übertragungstechniken für das Fernsehen von Bedeutung sind. Anders als in den USA, wo die Kompetenzen der FCC sich auch auf das Medienrecht erstrecken, besteht hier für die zuständigen Behörden die Notwendigkeit einer intensiven Abstimmung[142].

3. *Sonstige Genehmigungserfordernisse für die Errichtung von Telekommunikationsanlagen*

Werden Telekommunikationssysteme installiert, so kann sich hieraus die Notwendigkeit ergeben, Sendeanlagen zu errichten, Kabel zu verlegen oder sonstige bauliche Maßnahmen durchzuführen. Bezüglich der hierfür erforderlichen Genehmigungen kommen heute den Betreibergesellschaften viele der Sonderrechte zu, die zuvor zu den Privilegien des Post Office gehörten. So unterstanden Anlagen des Post Office, die nach dem Telegraph Act 1863 oder dem Telegraph Act 1916 errichtet wurden, keiner bauplanungsrechtlicher Kontrolle[143]. Bezüglich einiger Anlagen, für die diese Bestimmungen nicht einschlägig sind, erteilt Class XVIII der Town and Country Planning General Development Order 1977 pauschal die planungsrechtliche Genehmigung.

Mit der Privatisierung entfiel zwar die Grundlage, einzelnen Betreibergesellschaften generell solche Privilegien zukommen zu lassen. Allerdings wurde es für nötig befunden, die Errichtung von Fernmeldeanlagen durch eine Fülle von Sonderrechten zu erleichtern, die PTO eingeräumt werden können. Die meisten dieser Rechte sind im Telecommunications Code zusammengefaßt, der als Schedule 2 dem Telecommunications Act 1984 angefügt wurde und im Einzelfall in den Lizenzen für anwendbar erklärt werden kann[144]. Zu ihnen gehören u.a. das Recht in Abstimmung mit anderen Unternehmen Straßenarbeiten durchzuführen (Sec. 5 Telecommunications Code), das Recht zur Führung eines Kabels über ein fremdes Grundstück (Sec. 10 Telecommunications Code), das Fällen von Bäumen die eine Fernmeldeanlage behindern (Sec. 19 Telecommunications Code) sowie eine teilweise Freistellung von bauplanungsrechtlichen Bestimmungen (Part 24 Town and Country Planning General Development Order[145]).

---

142 Hierzu auch *Wiedemann*, a.a.O., S. 202; *Scherer*, Nachrichtenübertragung und Datenverarbeitung im Telekommunikationsrecht (Wirtschaftsrecht der internationalen Telekommunikation, Band 11) S. 118 f.

143 *Long*, Telecommunications Law and Practice, London 1988, S. 152.

144 Siehe hierzu oben S. 73 f.

145 SI 1988/1813.

Die Übertragung solcher Befugnisse kann die Verpflichtung der Mitgliedstaaten berühren, gemäß Art. 2 der Diensterichtlinie[146] ausschließliche oder besondere Rechte im Bereich der Telekommunikation zu beseitigen[147].

IV. *Gerichtlicher Rechtsschutz*

Für die Frage, die Erbringung welcher Dienste durch welche Betreiber gestattet werden soll, bindet der Telecommunications Act 1984 die Regulierungsorgane - wie oben im einzelnen dargelegt - lediglich an einige allgemeine Zielvorgaben. Für die einzelnen Betreiber ist so von Bedeutung, inwieweit die Ermessensentscheidungen der Behörden gerichtlich überprüfbar sind.

Anordnungen des Secretary of State und Verpflichtungserklärungen, die Unternehmen zur Sicherstellung ihrer sich aus den Lizenzen ergebenden Auflagen abgeben können, sind von betroffenen Dritten gerichtlich durchsetzbar[148]. Die Möglichkeit einer gerichtlichen Nachprüfung der in den unterschiedlichen Regulierungsinstanzen zuvor getroffenen Entscheidungen besteht dagegen nur in eingeschränktem Maße. So sind weder zur gerichtlichen Überprüfung von Entscheidungen des DGT, des DGFT, der MMC noch des Secretary of State besondere Verfahren vorgesehen. Die Kontrolle der Rechtmäßigkeit von Maßnahmen dieser Organe erfolgt so lediglich durch das allgemein bezüglich administrativer Entscheidungen zur Verfügung stehende Rechtsmittel des *»judicial review«*.

Die Herausbildung eines Verwaltungsrechts ist in Großbritannien jüngeren Datums. Ursprünglich unterlagen Entscheidungen der Verwaltung nur dann der gerichtlichen Überprüfung, wenn befunden wurde, daß sie in ihrer Substanz bereits judizielle Entscheidungen seien. Erst 1977 wurde dieses System durch Einfügung der *order Nr. 53* der *Rules of the Supreme Court* reformiert. In England konnte vor dem *High Court of Justice* nun der einheitliche Rechts-

---

146 Richtlinie der Kommission (90/388/EWG) vom 28. Juni 1990 über den Wettbewerb auf dem Markt für Telekommunikationsdienste (ABl. L 192/10 vom 24.07.90).

147 Siehe hierzu Erwägungsgrund Nr. 11 der Richtlinie der Kommission (94/46/EG) vom 13. Oktober 1994 zur Änderung der Richtlinie 88/301/EWG und 90/388/EWG, insbesondere betreffend die Satellitenkommunikation (ABl L 268/15 vom 19.10.94): »Im Bereich der Telekommunikation können diese durch Rechts- und Verwaltungsvorschriften eingeräumten (und so besondere Rechte begründenden M.B.) Vorteile u.a. darin bestehen, daß der Betreiber das Recht erhält, Enteignungen im allgemeinen Interesse zu betreiben, nicht an städtisches Baurecht gebunden ist oder eine Genehmigung erhält, ohne das übliche Verfahren durchlaufen zu müssen.«

148 Sec. 93 Fair Trading Act 1973; bezüglich von Verpflichtungserklärungen der Unternehmen wurde erst durch Sec. 148 Companies Act 1989 eine Möglichkeit für Dritte eingeführt, sich vor Gericht auf solche Anordnungen zu berufen.

behelf des *judicial review* erhoben werden, der insofern die bis dahin gebräuchlichen Rechtsmittel (*certiorari*, *prohibition* und *mandamus*) ablöste. In Schottland ist die Rechtslage ähnlich. Dort sind die Klagen allerdings vor dem schottischen Obergericht, dem *Court of Sessions*, zu erheben[149].
Die Gesichtspunkte, unter denen administrative Entscheidungen durch diesen Rechtsbehelf überprüft werden können, sind aber sehr begrenzt[150]. Für möglich erachtet wurde die Gewährung von *judicial review* zum einen in Fällen, in denen eine Behörde ihre Kompetenzen überschreitet, zum anderen soweit eine falsche Würdigung der Rechtslage sich bereits aus der Ausfertigung einer Entscheidung ergibt. Daneben wurde durch den Fall *Associated Provincial Picture Houses Limited v. Wednesbury Corporation*[151] der Grundsatz aufgestellt, daß Entscheidungen aufgehoben werden können, wenn diese dergestalt sind, daß keine Person oder Organisation, die vernünftig auf der Grundlage des geltenden Rechts entscheidet, zu einem solchen Urteil hätte kommen können. Dieses als »*Wednesbury Unreasonableness*« bekannt gewordene Prinzip wird von den englischen Gerichten aber nur bei besonders krassen Rechtsverstößen herangezogen. Vierter und wohl wichtigster Grund, aus dem *judicial review* gewährt werden kann, ist eine Verletzung des durch den Begriff *natural justice* bezeichneten Gebotes eines fairen Verfahrens. Dieses kann z.B. durch die Nichtgewährung rechtlichen Gehörs oder durch die Nichtbeteiligung Betroffener an einer Entscheidung verletzt werden[152]. In den Fällen, in denen solche Rechtsverstöße festgestellt werden, liegt es im Ermessen des Gerichts, ob es hierauf die angegriffene Maßnahme aufhebt. Außerhalb dieser vier Kategorien liegende Rechtsverstöße sind durch judicial review nicht angreifbar. So spielt die gerichtliche Kontrolle administrativer Entscheidungen zwar eine wachsende, jedoch noch immer geringe Rolle.
Während im Fernmelderecht bislang nur in einer unabhängig vom Grad der Rechtsschutzgewährung wenig aussichtsreichen Sache der Versuch unternommen wurde, regulative Entscheidungen einer gerichtlichen Überprüfung durch *judicial review* zu unterziehen[153], zeigen die Versuche gegen die aufgrund

---

149 *Smith* (Hrsg.), The Laws of Scotland, Stair Memorial Encyclopedia, Band 1, Edinburgh 1987, 203.

150 Siehe hierzu insgesamt: Sir Jacob/Adams u.a. (Hrsg.), The Supreme Court Practice 1993, 53/1-14/3.

151 [1948] K.B. 223; [1947] All.E.R. 680 per Lord Green M.R.

152 Grundlegend Ridge v. Baldwin [1964] A.C. 40; [1963] 2 All E.R. 66, H.L.

153 Maystart Limited v. DGT, Court of Appeals 17. Februar 1994, erhältlich über Legal Information Network; der Court of Appeals bestätigte hier die Entscheidung des DGT, nicht gegen BT vorzugehen, nachdem das Unternehmen für Betreiber von sexuell expliziten Ansagediensten es zu einer Netzzugangsbedingung machte, daß diese den Zugang zu den Diensten mittels persönlicher Identifikationsnummern der Kunden schützen.

eines ähnlichen Verfahrens getroffenen Entscheidungen der Behörden in Wettbewerbssachen vorzugehen, daß hierfür nur wenig Raum bestehen dürfte. Es entspricht der Tradition etwa des deutschen oder europäischen Wettbewerbsrechts, daß auch Verstöße gegen kartellrechtliche Vorschriften in weiten Bereichen die Nichtigkeit der betroffenen Rechtsgeschäfte zur Folge haben können. Im britischen Wettbewerbsrecht bilden Tatbestände, die typischerweise Anlaß zu Störungen der Marktfunktionen sein können, dagegen lediglich Anknüpfungspunkte für administrative Eingriffsrechte gegenüber den Unternehmen[154]. Daß die Ermittlung, welche Maßnahmen getroffen werden sollen, eher als politische Frage denn als Rechtfrage aufgefaßt wird, wird dadurch deutlich, daß die Entscheidung darüber, ob und gegebenenfalls welche Eingriffsrechte ausgeübt werden, nicht bei den organisatorisch verselbständigten Regulierungsinstanzen sondern beim parlamentarisch verantwortlichen Minister liegen[155].

Aufgrund der Weite des dem DGFT übertragenen Ermessens wird es daher auch als beinahe unmöglich angesehen, daß eine durch diesen erlassene Anordnung in einem *review*-Verfahren aufgehoben wird[156]. So konzentrieren sich die Verfahren auf die zwei sonstigen Möglichkeiten: den Angriff einer Untersuchung der MMC[157] oder der Anordnungen des Secretary of State[158]. Doch auch diese Anträge führten bislang in keinem Fall zu der Aufhebung

154 Siehe hierzu bereits oben S. 49 ff.

155 Dieser Zusammenhang wird deutlich in einem Verfahren, in dem sich der Kläger gegen die Entscheidung des Secretary of State wandte, eine Fusion nicht der MMC vorzulegen; der Richter Lord Keith of Kinkel führte hier in seinem zu einer Zurückweisung der Klage führenden Votum aus: »Es ist klar erkennbar, daß die Frage, ob eine wirtschaftliche Aktivität mit dem public interest in Einklang steht, eine politische Entscheidung ist und das Gesetz so strukturiert ist, daß es jeden Eingriff des Secretary of State in eine wirtschaftliche Aktivität, die dieser für dem public interest zuwiderlaufend ansieht, parlamentarischer Kontrolle unterzieht. ... Die Gerichte müssen darauf achten, daß sie nicht in das politische Feld eindringen und ihre eigene Meinung an die Stelle der des Secretary of State setzen. Die Gerichte haben über die Rechtmäßigkeit, nicht über die Weisheit der Entscheidung zu befinden« (Lonrho plc. v. Secretary of State [1989] 2 All. E. R. 609, 617; Übers. M.B.).

156 *Merkin/Williams*, Competition Law: Antitrust Policy in the United Kingdom and the EC, S. 460.

157 R. v. Monopolies and Mergers Commission, Ex parte Argyll Group plc. [1986] W.L.R 763; R. v. Monopolies and Merger Commission, Ex parte Elders IXL LTD. [1987] W.L.R. 1221; R. v. Monopolies and Merger Commission Ex parte Matthew Brown plc. [1987] W.L.R. 1235; R. v. Monopolies and Merger Commission Ex parte Air Europe (1988) 4 BCC 182.

158 F. Hoffmann-La Roche & Co AG and others v. Secretary of State for Trade and Industry [1974] 2 All ER 1128 H.L.; R. v. Secretary of State for Trade and Industry ex parte Anderson Strathclyde plc. [1983] All ELR 233.

einer Entscheidung. In einer ein Übernahmeangebot für das Unternehmen *Anderson Strathclyde*[159] betreffenden Sache, richtete sich der Antrag auf *judicial review* gegen eine in Vertretung des befangenen Secretary of State durch den *Minister of State* erlassene Entscheidung, in der dieser entgegen dem Votum der MMC befunden hatte, daß die angestrebte Fusion keine negativen Auswirkungen auf den Wettbewerb habe und daher keine Anordnung zu erlassen sei. Der *High Court* befand hierauf, der Secretary of State könne nach seinem Ermessen von der Ansicht der MMC abweichen. Da nichts darauf hindeute, daß der *Minister of State* die Grundlagen des Gutachtens der MMC verkannt habe, sei hier das *Wednesbury*-Prinzip nicht anwendbar. Ähnlich endeten die sich direkt gegen Entscheidungen der MMC richtenden Verfahren[160].

Anderes gilt bei dem justizförmig ausgestalteten, nur für bestimmte wettbewerbsbeschränkende Vereinbarungen nach dem Restrictive Practices Court Act 1976 anwendbaren Verfahren. Die strikte Regelung, mangels der Erfüllung im einzelnen aufgeführter Bedingungen solche Absprachen für dem public interest widersprechend und daher unwirksam zu halten, ermöglicht es hier, die Entscheidungen Gerichten anzuvertrauen. Doch gerade dieses System wird in Großbritannien als Fremdkörper empfunden[161].

Entscheidungen des DGT, der MMC oder des Secretary of State im fernmelderechtlichen Lizenzierungsverfahren sind in der Regel nur in den oben dar-

---

159 R. v. Secretary of State for Trade and Industry ex parte Anderson Strathclyde plc. [1983] All ELR 233; siehe hier insbesonder Dunn L.J. S.242.

160 Interessant ist hier ein zwei konkurrierende Übernahmeangebote betreffender Fall (R. v. Monopolies and Mergers Commission Ex parte Argyll Group plc. [1986] W.L.R. 1 763 [CA]), da in diesem der MMC ein eklatanter Verfahrensfehler unterlaufen war. Der Vorsitzende der MMC hatte, nachdem der MMC die Fusion zur Begutachtung durch den DGFT vorgelegt worden war und das an der Übernahme interessierte Unternehmen hierauf eine Änderung der Übernahmebedingungen angeboten hatte, ohne eine Entscheidung des gesamten Gremiums herbeizuführen, alleine nach Art. 75 (5) Fair Trading Act 1973 festgestellt, daß die Bedingungen, die Grund für die Vorlage vor die MMC gewesen waren, beseitigt worden seien. Obwohl auch der Court of Appeal feststellte, daß dies einen Verfahrensfehler bedeute, sah er davon ab, die Entscheidung für unwirksam zu erklären. Der Richter Sir John Donaldson M.R. hob hingegen hervor, daß gute Verwaltung sich eher mit Substanz und der Schnelligkeit einer Entscheidungen als mit deren Form befassen müsse. Da er wenig Zweifel habe, daß die Kommission in diesem Falle genauso entschieden hätte, wies er den Antrag, die Entscheidung aufzuheben, zurück (R. v. Monopolies and Mergers Commission Ex parte Argyll Group plc. [1986] W.L.R. 1 763, 774).

161 So plant die Regierung auch eine Revision des Resale Prices Act 1976, nach der es dem DGFT zugestanden würde, wettbewerbsbeschränkende Absprachen freizustellen, und nach der - soweit eine Freistellung nicht möglich sein sollte - ein »Restrictive Trade Practices Tribunal«, welches sich aus Mitgliedern der MMC zusammensetzten würde, verbindliche Entscheidungen treffen könnte (Department of Trade and Industry, White Paper, Opening Markets: New Policy on Restrictive Trade Practices Cm 727, 1989).

gelegten engen Grenzen des *judicial review* angreifbar[162]. Besonderheiten bestehen in bezug auf Anordnungen des DGT nach Sec. 17 Telecommunications Act 1984. Gegen diese kann der Adressat der Anordnung nach Sec. 18 Subsec. (1), (2) Telecommunications Act 1984 vorgehen, soweit der DGT durch den Erlaß seine Befugnisse überschritten hat oder Verfahrensvorschriften verletzt wurden und hierdurch die Interessen des Adressaten erheblich beeinträchtigt werden. Diese Gesichtspunkte könnten aber bereits einen *judicial review* begründen. Subsec. (3) bestimmt, daß Anordnungen nach Sec. 17 Telecommunications Act 1984 ausschließlich durch dieses Verfahren angreifbar sind. Da so insbesondere Klagerechte Dritter gegen die Anordnungen ausgeschlossen werden, bewirken diese Vorschriften eine weitere Einschränkung des gerichtlichen Rechtsschutzes.

Nachdem eine Anordnung ergangen ist, können die Gerichte in mehrerlei Hinsicht mit ihrer Durchsetzung befaßt werden. Oben wurde bereits die Möglichkeit des DGT erwähnt, durch Erwirken des jeweils geeigneten Titels (»... *injunction or interdict or for any other appropriate relief*«) die Bedingungen einer Anordnung mit Hilfe des Gerichtes durchzusetzen[163]. Hier würde auch bedeutsam, daß aufgrund der in einer Anordnung festgestellten Verpflichtungen eines Betreibers auch Dritten Rechte zustehen können, die gegebenenfalls gerichtlich durchsetzbar sind. Subsec. (5) (b) ordnet an, daß die Pflicht sich einer Anordnung gemäß zu verhalten, jedermann geschuldet wird und Dritten daher im Falle des Verstoßes gegen Bedingungen der Anordnung Schadensersatz zu leisten sein kann.

Im zivilrechtlichen Verfahren bestehen derartige Einschränkungen der Rechtsschutzmöglichkeiten nicht. Dies macht die Frage äußerst bedeutsam, ob jeweils über die regulativen Auflagen eines Unternehmens zu entscheiden ist, oder ob das Rechtsverhältnis zwischen den unterschiedlichen Betreibergesellschaften in Rede steht. Zweifel können hier insbesondere bei Netzzugangsvereinbarungen entstehen, die dem DGT die Funktion der Konkretisierung bestimmter Vertragsbedingungen vor dem Hintergrund der Vorgaben der Lizenz übertragen. Mercury greift zur Zeit eine solche Konkretisierung durch den DGT im Zivilrechtsweg an. BT und Oftel hielten hier zunächst daran fest, daß dem Streit eine Regulierungsmaßnahme zugrunde liege, woraus sich die Einschlägigkeit des judicial-review-Verfahrens ergebe. In seinem Urteil vom

162 *Long*, Telecommunications Law and Practice, S. 19 f.
163 Siehe oben S. 68.

9. Februar 1995 betonte das House of Lords hingegen die privatrechtliche Natur der Vereinbarung und entschied, daß der Zivilrechtsweg gegeben sei[164].

164 Mercury Communications Limited v. The Director General of Telecommunications, House of Lords, 9. Februar 1995, erhältlich über Legal Information Network; zum Urteil des erstinstanzlichen Commercial Court Financial Times - Telecom Markets, Nr. 239 vom 3. Februar 1994, S. 1, »BT and Oftel try to stop Mercury legal action«.

C. Die Regulierung der nationalen öffentlichen Fernmeldenetze

In der nicht grenzüberschreitenden Telekommunikation stellen auch heute noch öffentliche vermittelte Sprachdienste den wichtigsten Umsatzträger dar. In noch weiterem Maße galt dies zu den Zeiten, in denen diese Dienste durch das Post Office als Monopolist erbracht wurden. Dies erklärt zum einen die zunächst nur zögerliche Freigabepolitik in diesem Bereich. Direkt hiermit korrespondieren die besonderen Regelungen, denen diese Märkte innerhalb des regulatorischen Regimes unterliegen.

I. *Die schrittweise Zulassung von Wettbewerb*

1. *Die Duopolpolitik*

a) *Rechtfertigung und Reichweite*

Die Grundzüge der bezüglich der öffentlichen Fernmeldenetze in der Anfangsphase des Liberalisierungsprozesses verfolgten Politik legte der Minister für Informationstechnologie *Kenneth Baker* im November 1983 in einer Stellungnahme dar[1]. Für einen Zeitraum von sieben Jahren beabsichtige die Regierung neben BT und Mercury in einem Kernbereich von Basisdiensten keine anderen Netzbetreiber zuzulassen. Hierunter sollten alle Einrichtungen zu fassen sein, die der Übertragung von Nachrichten über nichtmobile Verbindungen dienen, gleichgültig ob diese über Kabel, Funk oder Satelliten bereitgestellt werden. Die Sondersituation von Kingston Communications[2] bleibe erhalten. Nicht in den dem Duopol vorbehaltenen Bereich fallen sollten dagegen die Mobilfunkbetreiber. Neben den bereits lizenzierten Gesellschaften sollten auch für andere Frequenzbereiche zusätzliche Betriebserlaubnisse erteilt werden. Auch plane die Regierung Lizenzen für Breitbanddienste zu vergeben. Kabelgesellschaften solle zwar gestattet werden, eine Reihe zusätzlicher Dienste anzubieten. Hiervon werde aber der Fernsprechsektor ausge-

1 Government Statement of 17th November 1983 to the Standing Committee on the Telecommunications Bill, abgedruckt in Department of Trade and Industry, Competition and Choice: Telecommunications Policy for the 1990s (Consultative Document), November 1990, Appendix 1, S. 82.

2 Siehe hierzu oben S. 21.

nommen, es sei denn, die Kabelgesellschaften würden diese Dienste in Kooperation mit einem der Duopolunternehmen erbringen. Des weiteren behalte sich die Regierung vor, Lizenzen zur Erbringung spezialisierter Satellitendienste zu erteilen. Untereinander sollten die unabhängigen Systeme allerdings nur über Mercury und BT (bzw. Hull) verbunden werden können.

In der Stellungnahme wurden unterschiedliche Begründungen dieser Beschränkungen gegeben. Zum einen sei der Aufbau eines unabhängigen Netzes äußerst kapitalaufwendig. Daher solle Mercury Zeit gegeben werden, ein nationales Netz zu errichten. Das Netz von BT sei dagegen als integriertes nationales System ausgelegt. Das Unternehmen müsse sich so erst auf wettbewerbliche Strukturen einstellen. Des weiteren wurde angeführt, daß durch die Zulassung von lediglich zwei Wettbewerbern das Funkfrequenzspektrum geschont werden könne, sowie daß unerwünschte Effekte ausgeschlossen werden sollten, die aus der Installation zusätzlicher Kabel resultieren könnten.

Ob die Umstellung von BT auf die geänderten Anforderungen einer wettbewerblichen Ordnung durch die Duopolpolitik tatsächlich erleichtert wurde, erscheint in der Rückschau fraglich. Eine auf eine schnelle Anpassung des Unternehmens an wettbewerbliche Strukturen ausgerichtete Ordnung hätte Klarheit über den Liberalisierungsgrad nach dem Übergangszeitraum erfordert, doch auch die angeführte Stellungnahme enthielt keine Aussage darüber, ob weitergehender Wettbewerb nach Ablauf der sieben Jahre zugelassen werden sollte. Eher scheint hier die Absicht von Bedeutung gewesen zu sein, mit Mercury einem zweiten Wettbewerber die Möglichkeit zu geben, ein nationales Netz aufzubauen. Des weiteren ist die Stellungnahme im Zusammenhang mit der ein Jahr später beginnenden Privatisierung von BT zu sehen. Im Interesse einer erfolgreichen Emission der Aktien sollte dem Markt eine gewisse Sicherheit gegeben werden.

b) *Sicherung*

Aus der Duopolkonzeption folgten nicht nur die angeführten Beschränkungen bei der Lizenzierung von Kabelgesellschaften, Satellitendiensten und Mobilfunkbetreibern. Neben dem Wettbewerb durch solche besonderen Übertragungswege ist als eine weniger weitgehende Form der wettbewerblichen Erbringung von Fernmeldediensten möglich, daß Diensteanbieter ihre Leistungen auf der Grundlage angemieteter Übertragungskapazitäten ausführen. In einer Vielzahl von Bereichen hatte BT bereits seit langer Zeit Übertragungskapazitäten zur Verfügung gestellt, so für die Datenübertragung zwischen Unternehmen, für Alarmsysteme und Kabelfernsehen. Die Umgehung der BT-Vermittlungseinrichtungen wurde hier ausgeschlossen, indem den Diensteanbietern auferlegt wurde, keine Vermittlungsleistungen zwischen unabhängigen Parteien auszuführen[3]. Die Beschränkungen, die dies für die Bereitstellung höherentwickelter Telekommunikationsdienste, die BT nicht allein bereitstellen konnte, insbesondere im Bereich der Datenverarbeitung bedeutete, hatten zu der Initiierung der Beesley-Studie geführt[4]. Dieses Gutachten hatte jedoch insbesondere unter Berücksichtigung der amerikanischen Erfahrungen ein Sonderregime für bestimmte Dienste für unpraktikabel gehalten und daher für den nationalen Bereich die generelle Freigabe des Wiederverkaufs angemieteter Leitungskapazitäten vorgeschlagen[5]. Ein solches Vorgehen hätte in einem erheblichen Umfang Wettbewerb im Bereich der Sprachdienste ermöglicht und Druck auf BT ausgeübt, die Preise den Kostenstrukturen anzupassen.

Daß die Duopolpolitik die Umsetzung dieses Vorschlags für den avisierten Zeitraum ausschloß, stellte die Stellungnahme von Kenneth Baker zu ihrer Bekanntgabe klar. Er betonte, daß Dienste auf der Basis des Wiederverkaufs angemieteter Kapazität ebenso wie Satellitendienste die Charakteristiken eines zusätzlichen Netzes annehmen könnten. Die Regierung werde daher sicherstellen, daß alle Entwicklungen im Bereich des Wiederverkaufs im Einklang mit der Duopol-Politik stehen[6]. Dies hat in zahlreichen Bereichen seinen Niederschlag gefunden.

Da zum einen die Einführung von Daten- und Mehrwertdiensten nicht über Gebühr behindert werden sollte, wurde es nun notwendig, solche Leistungen entgegen der Vorstellung von Beesley vom einfachen Wiederverkauf abzugrenzen und diese Abgrenzung zu überwachen[7]. Andererseits widersprach dem Regulierungsziel aber nicht, private Netze für geschlossene Benutzer-Gruppen zuzulassen. Dies führte zu schwierigen Abgrenzungsfragen. So wurde in der damaligen Bedingung 46.3 der BT-Lizenz - entsprechend der Zielrichtung die Umgehung einzelner Abschnitte des Netzes der Duopolisten zu verhindern - einfacher Wiederverkauf als ein Dienst definiert, bei dem Nachrichten von einem öffentlichen Netz über private Leitungen wiederum in ein öffentliches Netz transportiert werden. Dem entsprach auch die Definition

---

3 *Beesley*, Liberalisation of the use of British Telecommunications Network, S. 6; siehe hierzu näher unten S. 147 ff.

4 Siehe die Stellungnahme des Industrieministers Sir Keith Joseph vom 21. Juli 1980 zitiert in *Beesley*, a.a.O., S. iii.

5 »...in the home market there should be no restriction to offer services to third parties over BT's network...«, *Beesley*, a.a.O., S. 26.

6 Department of Trade and Industry, Competition and Choice: Telecommunications Policy for the 1990s (Consultative Document), November 1990, Appendix 1, S. 84.

7 Siehe hier z.B. Cond. 2.1 (a) der Value Added and Data Service Licence.

des einfachen Wiederverkaufs in der Allgemeinlizenz für Nebenstellenanlagen von 1987[8]. Geändert werden mußte diese Definition als BT den Centrex-Dienst einführte, der die Funktionen einer privaten Nebenstellenanlage ausführt, ohne daß entsprechende Geräte bei dem Nutzer postiert werden müssen. Dadurch, daß Leitungen, die unterschiedliche Gebäude eines Centrex-Kunden verbinden, als private Leitungen galten, wäre BT durch Bereitstellung des Dienstes selbst als »Wiederverkäufer« aufgetreten. Da solche Dienste aber nicht ausgeschlossen werden sollten, wurde die BT-Lizenz geändert. Übertragungsleistungen, die wie die des Centrex-Dienstes auf besonderen Tarifen beruhen, wurden nun von der Definition des einfachen Wiederverkaufs ausgenommen[9].

2. *Aufgabe der Duopolkonzeption*

a) *Marktentwicklung*

Entsprechend der Stellungnahme von Kenneth Baker überprüfte die Regierung nach einem Zeitraum von sieben Jahren die Duopolkonzeption. Zwischenzeitlich hatten schon unterschiedliche Entwicklungen zu einer Stärkung wettbewerblicher Strukturen beigetragen.

Zum einen wurde bereits 1989 das Wiederverkaufsverbot in Teilbereichen gelockert. Nicht mehr enthalten war es für den Betrieb von Nebenstellenanlagen in der *Branch System Class Licence*[10] aus jenem Jahr, welche die Vorläuferversion von 1987 ersetzte.

Ferner begann sich auch von Bereichen, die nicht von der Duopolpolitik erfaßt wurden, ein wettbewerblicher Druck durch mögliche Substitutkonkurrenz auf BT und Mercury zu entwickeln. Dies galt insbesondere für die Mobilkommunikation. Noch 1985 hatte lediglich ein Autotelefonnetz mit ca. 20.000 Anschlüssen bestanden[11]. Die aufgrund im Jahre 1983 erteilter Lizenzen seit 1985 von den Unternehmen Racal Vodafon und Cellnet angebotenen zellularen[12] Netze wurden bereits im Frühjahr 1989 von 630.000 Teilnehmern genutzt[13]. Hinzu kam, daß die Duopol-Unternehmen nicht in der Lage waren, die gestiegene Nachfrage nach Mietleitungen zu befriedigen. Hierauf wurde

8 Condition 12 Branch System General Licence vom 25. Feb 1987.

9 *Long*, Telecommunications Law and Practice, S. 112.

10 Class Licence for the running of Branch Telecommunications System, November 1989.

11 *Heuermann/Neumann*, Die Liberalisierung des britischen Telekommunikationsmarktes, S. 141.

12 In Deutschland wird diese Kompressionstechnik in den D-Netzen verwandt.

13 *Arzt/Bach/Schüler*, Telekommunikationspolitik in Großbritannien, S. 98.

den Mobilfunkbetreibern mit zeitlicher Beschränkung gestattet, unter besonderen Bedingungen eigene Fernleitungen zu errichten[14]. Eher zurückhaltend war die Lizenzierungspraxis dagegen in der Satellitenkommunikation. Der Vorbehalt in der Duopol-Stellungnahme bezüglich spezialisierter Satellitendienste führte erst 1988 zu der Lizenzierung von sieben sog. *Specialised Satellite Service Operator (SSSO)*. Diesen wurde gestattet, für geschlossene Benutzergruppen Satellitendienste anzubieten. Die Systeme durften jedoch einerseits nicht mit dem öffentlichen Netz verbunden werden, andererseits untersagten die Lizenzen Zwei-Wege-Kommunikation. Unter diesen Umständen erfüllte sich die Hoffnung zunächst nicht, die Satellitenbetreiber würden sog. *Very Small Aperature Terminal (VSAT)*-Systeme anbieten, mittels derer von einer Unternehmenszentrale an z.B. in Niederlassungen aufgestellte Stationen Informationen weitergegeben werden können[15].
Eine weitere Entwicklung, die eine Neubewertung der Duopolpolitik notwendig machte, war im Bereich des Kabelfernsehens zu verzeichnen. Nachdem der Ausbau solcher Netze recht schleppend begann, schlug das zur Ausarbeitung neuer Konzepte zur Finanzierung der audiovisuellen Medien eingesetzte *Peacock Committee* vor, den Fernmeldeunternehmen generell zu gestatten, über ihre Systeme als *»common carrier«* auch Fernsehprogramme zu übertragen[16]. Andererseits empfahl das Komitee, ihnen zu untersagen, selbst unter einer Lizenz der (damals noch bestehenden) Cable Authority als Betreiber von Kabelfranchisen aufzutreten. In einem White Paper von November 1988[17] hielt die Regierung diese Vorschläge zwar für nicht praktikabel. Sie stellte aber in Aussicht, bei der bevorstehenden Überprüfung des Duopol-Regimes erneut zu untersuchen, wie sich das Verhältnis zwischen Kabelfernseh- und Fernmeldegesellschaften in Zukunft gestalten solle.

b) *Konsequenzen*

Im November 1990 publizierte der Industrieminister ein Consultative Document, in dem er detaillierte Vorschläge zu einer Ersetzung der Duopol-Politik

14 Department of Trade and Industry, Competition and Choice: Telecommunications Policy for the 1990s (Consultative Document), November 1990, 12.48; siehe zur Liberalisierung des Mobilfunks näher unten S. 162 ff.
15 Department of Trade and Industry, a.a.O. 10.23; siehe zu der Liberalisierung der Satellitenkommunikation näher unten S. 173 ff.
16 Financing the BBC, July 1986, Cmd. 9824, insoweit abgedruckt in Department of Trade and Industry, Competition and Choice: Telecommunications Policy for the 1990s (Consultative Document), November 1990, als Appendix 2.
17 Home Office, Broadcasting for the 90's: Competition, Choice and Quality Cmd. 517.

durch ein liberaleres Regime machte[18]. Nach mehr als 200 Einlassungen hierzu gab er im März 1991 in einem White Paper die Grundzüge der von ihm beabsichtigten zukünftigen Regulierung bekannt. Die Duopolpolitik erklärte er für beendet[19]. Sowohl auf lokaler Ebene wie auch in bezug auf Fernleitungen solle durch zusätzliche Betreiber Wettbewerb ermöglicht werden. Hiermit wurde eine sehr weitgehende Freigabe des Fernmeldewesens eingeleitet, die bereits in den drei Jahren seit Beendigung der Duopolpolitik zu wettbewerblichen Strukturen auf zahlreichen Märkten des Telekommunikationssektors geführt hat.

Welche Art von Systemen zugelassen werden sollen, legte der Secretary of State nun nicht mehr von vornherein fest. Zunächst wurde in der Stellungnahme des Department of Trade and Industry zur Beendigung der Duopolpolitik bekanntgegeben, daß allgemein die Errichtung von nichtmobilen Verbindungen für den eigenen Gebrauch gestattet werden solle[20]. Dieses Vorhaben ist mittlerweile durch den Erlaß einer Gruppenlizenz umgesetzt worden[21]. Im übrigen solle über jeden Antrag auf Lizenzerteilung gesondert entschieden werden, generell jedoch von einer Vermutung für die Zulassungsfähigkeit ausgegangen werden[22]. Als Zulassungskriterien nennt das DTI die Art der angebotenen Dienste, die Auswirkungen auf den Wettbewerb, sowie das Ausmaß der Straßenarbeiten, die zur Errichtung des Netzes notwendig sind[23]. Angesichts der hohen Kosten und besonderen Schwierigkeiten, die mit der Errichtung zusätzlicher lokaler Netze verbunden sind, wurden durch das DTI zwei Bereiche herausgehoben, durch die eine Konkurrenz zu den Ortsnetzen von BT erwartet wurde. Zum einen könne damit gerechnet werden, daß sowohl die bereits betriebenen als auch die geplanten auf dem PCN-Konzept[24] beruhenden Mobilnetze in bestimmten Marktsegmenten auch preislich mit Festleitungen konkurrieren können, da die Anschlußkosten für mobile Geräte geringer als für feste Verbindungen seien. Gleiches gelte für sog. *telepoint-*

---

18 Department of Trade and Industry, Competition and Choice: Telecommunications Policy for the 1990s (Consultative Document), November 1990.

19 Department of Trade and Industry, Competition and Choice: Telecommunications Policy for the 1990s (White Paper), März 1991, S. iii.

20 A.a.O. 3.28 ff.

21 Class Licence for the Running of Self Provided Telecommunication Systems granted by the Secretary of State under Section 7 of the Telecommunications Act 1984; diese gestattet die Errichtung solcher Systeme sowie ihre Verbindung mit dem öffentlichen Netz oder anderen privaten Netzen, untersagt aber den Weiterverkauf dieser Netzkapazität.

22 Department of Trade and Industry, Competition and Choice: Telecommunications Policy for the 1990s (White Paper), März 1991, S. iii.

23 Consultative Document 7.20, White Paper 3.1 ff.

24 Siehe hierzu unten S. 163 f.

Dienste, die mittels eines speziellen Apparates in einem Umkreis von 200 Metern um eine Basisstation den Zugang zum Netz herstellen. Auch könne es für Betreiber von Mobilfunksystemen interessant werden, auch Festleitungen zu betreiben[25].
Zum anderen wurde die Entscheidung verkündet, den Kabelgesellschaften zu gestatten, unter Nutzung ihrer Netzinfrastruktur selbst Fernsprechdienste anzubieten[26]. Die bereits zuvor bestehende Option in Kooperation mit BT oder Mercury Ortsnetze zur Verfügung zu stellen, hatte bei BT wenig Widerhall gefunden, da das Unternehmen über ein gut ausgebautes eigenes Netz verfügte. Eine Kooperation mit Mercury war auch nur in eingeschränktem Maße möglich, da die Lizenz der Kabelbetreiber eine Bedingung enthielt, nach der diese durch den DGT zum Angebot von Sprachdiensten bestimmt werden mußten. Gleichzeitig wurde durch diese Bestimmung der Kabelgesellschaft aufgegeben, die Dienste in dem betreffenden Gebiet jedermann anzubieten[27]. Die somit erfolgende Verpflichtung der Kabelgesellschaften, ihre Dienste bereits als *universal service* auf den Markt zu bringen, stellte sich für diese als wenig attraktiv dar. Auf das White Paper wurde durch Lizenzänderung nun einerseits den Kabelbetreibern gestattet, Fernsprechdienste anzubieten, ohne daß hierzu eine vorherige Einigung mit BT oder Mercury nachzuweisen ist[28]. Andererseits wurde das Erfordernis der gesonderten Bestimmung der Kabelgesellschaft durch den DGT zum Anbieter von Sprachdiensten und damit die universal-service-Verpflichtung aufgegeben.
In ähnlicher Weise wie im Bereich der Ortsnetze sollten mit Beendigung des Duopols auch bezüglich der Fernnetze eine nicht beschränkte Anzahl von Betreibern zugelassen werden. Bis zur Revision der Duopolpolitik hatte sich auch hier nur in beschränktem Maße Wettbewerb entwickeln können. Im Bereich vermittelter Gesprächsverbindungen besaß Mercury einen Marktanteil von 3%, bei der Vermietung von Leitungskapazität lag er bei 5%. Durch die Vergabe neuer Lizenzen beabsichtigte das DTI zum einen, den Mobilfunkbetreibern, die nicht wie die BT-Tochter Cellnet und Mercury PCN über Mutterunternehmen mit eigenen Festnetzen verfügen, zu ermöglichen, eben-

---

25 Einschränkungen sind hier nur bezüglich der Verbindung von Basisstationen der Betreiber herkömmlicher zellularer Netze vorgesehen, um so die Betreiber von PCN-Netzen in einer Aufbauphase zu schützen; Consultative Document 7.45; siehe hierzu näher unten S. 164 ff.

26 Department of Trade and Industry, Competition and Choice: Telecommunications Policy for the 1990s (White Paper), März 1991, 4.1 ff.

27 Department of Trade and Industry, Competition and Choice: Telecommunications Policy for the 1990s (Consultative Document), November 1990, 7.25.

28 Zur Gewährung von Zugang zu seinem Netz ist BT gegenüber solchen Betreibern nach Cond. 13 bzw. 15 der Lizenz verpflichtet; siehe hierzu näher unten S. 106 ff.

falls auf eigene Festleitungen zurückzugreifen[29]. Mit einer Belebung des Wettbewerbs rechnete die Regierung zum anderen insbesondere von Seiten der Unternehmen, die wie die Versorgungsunternehmen und British Rail bereits über interne Kommunikationsnetze verfügen, und deren überschüssige Kapazität nutzbar gemacht werden könne. Hier sei aber, soweit sich die Unternehmen noch im Eigentum der öffentlichen Hände befinden, sicherzustellen, daß die Telekommunikationsaktivitäten nicht durch Quersubventionen aus dem jeweiligen Hauptgeschäft unterstützt werden[30]. Während Rundfunkunternehmen im allgemeinen gestattet werden solle, freie Kapazitäten in den ihnen zugeteilten Frequenzbändern zur Ausstrahlung von Signalen zu nutzen, die für geschlossene Benutzergruppen bestimmt sind, müsse die BBC als öffentliches Unternehmen hier Beschränkungen unterworfen bleiben[31].

Die Aufgabe der Duopolpolitik hat zur Zulassung einer großen Anzahl neuer Betreiber und einer deutlichen Belebung des Wettbewerbs geführt. Bis Ende 1993 beantragten 73 Betreiber die Erteilung einer Lizenz, 30 Lizenzen wurden bereits erteilt. Im Bereich der Basisdienste sind hier insbesondere zu nennen[32]:

— Ionica L3 Ltd. erhielt am 2. April 1993 eine Lizenz für »nichtmobile« Telefondienste, bei denen die letzte Verbindung zum Nutzer über Funkverbindungen im Mikrowellenbereich hergestellt werden sollen.
— Im Oktober 1994 wurden bereits 500.000 Teilnehmer durch ein Kabelfernsehunternehmen mit Fernsprechdiensten versorgt[33].
— Dem Mobilfunkbetreiber Vodafon Ltd. wurde am 9. Dezember 1993 eine erweiterte Lizenz erteilt, die dem Unternehmen auch ermöglicht, Festanschlüsse anzubieten.
— Mit Energis Communications Ltd. (Energis) und NTL, dem privatisierten Zweig der Independent Broadcasting Authority (IBA) bieten seit September 1994 zwei starke neue Wettbewerber Betreibern von Ortsnetzen und großen Unternehmen Fernmeldedienste innerhalb Großbritanniens an. Energis errichtete hierfür ein kapazitätsstarkes nationales Glasfasernetz, bei dem die Kabel über die Masten von Hochspannungsleitungen geführt werden[34].

29 Department of Trade and Industry, Competition and Choice: Telecommunications Policy for the 1990s (Consultative Document), November 1990, 9.31.
30 A.a.O. 9.15, White Paper 8.1 ff.
31 White Paper 4.28.
32 Siehe hierzu näher Oftel, Annual Report 1993, Rdn. 2.66 ff.
33 *Adonis*, »Contest for your conversation«, Financial Times vom 3.10.1994, S. 18.
34 A.a.O., *Adonis/Snoddy*, »IBA sets up telecoms network arm, Financial Times 1./2.10.1994, S. 4.

— Mercury, City of London Telecommunications Ltd. (COLT) und MFS Communications Ltd. haben sich bereits auf dem wichtigen Markt der Versorgung der Londoner City mit Telekommunikationsdiensten fest etabliert; der Marktanteil von BT wurde hier im Mai 1994 auf 30% geschätzt[35].

Von ebenfalls großer Bedeutung ist, daß mit der Aufgabe der Duopolpolitik die Notwendigkeit entfiel, zur Definition des den Duopolisten vorbehaltenen Bereichs Basisdienste von sonstigen Diensten regulativ abzugrenzen. Dies ermöglichte eine liberalere Zulassungspolitik u.a. in den Märkten für Satellitendienste, für Mobilkommunikationsdienste sowie für über Fernmeldeleitungen erbrachte Dienstleistungen[36].

Im Gegensatz zu der mit der Aufgabe der Duopolkonzeption im März 1991 beginnenden weitgehenden Liberalisierung des nationalen Fernmeldewesens, wurde die Zulassung von Anbietern internationaler Dienste in der Folgezeit restriktiver gehandhabt. Die im internationalen Telekommunikationsrecht liegenden Gründe hierfür werden unten näher behandelt[37].

II. *Infrastrukturaufgaben, gemeinnützige Verpflichtungen*

Während die Duopolpolitik nach der Erklärung der Regierung in erster Linie zum Ziel hatte, Mercury und BT für einen Übergangszeitraum zu schützen, erscheint interessant, daß ein anderes für das Verbot des Wiederverkaufs von Mietleitungen oftmals genanntes Argument hier nicht zur Begründung herangezogen wurde: die Sicherung gemeinnütziger Verpflichtungen der Unternehmen, wie sie in Sec. 3 (1) Telecommunications Act 1984 enthalten sind und deren Aufrechterhaltung durch »Tarifarbitrage« unmöglich gemacht werden könnte[38]. Dies ist darauf zurückzuführen, daß die britische Regierung nicht beabsichtigte, die Finanzierung solcher Auflagen, durch Quersubventionen der verpflichteten Betreiber aus den ihnen vorbehaltenen Bereichen sicherzustellen. Ein solches Vorgehen hätte auch das Verfahren zur Regulierung der Preise in den Duopolbereichen großen zusätzlichen Belastungen ausgesetzt. Stattdessen wurden andere Finanzierungsmechanismen hierfür vorgesehen.

---

35 *Adonis*, »City dials outside lines to cheaper telecoms«, Financial Times vom 24.5.1994, S. 8.

36 Siehe hierzu näher unten S. 145 ff.

37 Siehe hierzu S. 130 ff ff.

38 Diesen Aspekt stellen dagegen *Heuermann/Neumann*, Die Liberalisierung des britischen Telekommunikationsmarktes, S. 119 ff in den Mittelpunkt ihrer Überlegungen.

1. *Bereitstellungsverpflichtungen*

Verpflichtungen zur Erbringung bestimmter Dienste sind in allen PTO-Lizenzen enthalten[39]. Die umfassendsten Verpflichtungen dieser Art enthält die Lizenz von BT. Diese bestimmt in Cond. 1, daß das Unternehmen im Lizenzgebiet jedermann Telekommunikationsdienste bereitzustellen hat, soweit nach der Einschätzung des DGT diese Dienste nicht auch anderweitig erbracht werden können oder eine solche Verpflichtung aus sonstigen Gründen unsachgemäß ist. Hierzu enthält Cond. 53 einzelne Ausnahmeregelungen, die für den Sprachdienst eng ausgestaltet sind. Cond. 46 enthält eine Verpflichtung zur Vermietung von Leitungskapazität für private Netze. Hiervon konnte der DGT BT bislang nur in Sonderfällen freistellen. Bezüglich anderer Dienste kann BT den Anschluß bereits dann verweigern, wenn dieser für das Unternehmen nicht kostendeckend zu erbringen ist. Die Bereitstellungsverpflichtungen bildeten z.B. im Bereich der Sprachdienste die Grundlage von Interventionen des DGT, als BT zeitweise in London Telefonanschlüsse nur mit einer Verzögerung von mehreren Wochen installierte[40].

Die Reichweite der Verpflichtungen stand daneben vorwiegend in bezug auf höher entwickelte Dienste in Frage. So wurde BT verpflichtet, Glasfaserverbindungen herzustellen[41], sowie sog. »Linklines«[42]. Von großer Bedeutung für die Entwicklung der Satellitenkommunikation in Großbritannien ist eine noch weitergehende Entscheidung des DGT. Im Jahre 1987 kam es zwischen dem amerikanischen Unternehmen PanAmSat und BT zum Streit, da PanAmSat plante, über den Satelliten PAS-1 eine transatlantische Verbindung für private Leitungen, die nicht mit dem öffentlichen Netz verbunden werden sollten, herzustellen. Wie oben dargestellt, war nach der Duopol-Politik aber nur BT befugt, die Verbindungen zum Raumsegment herzustellen. BT weigerte sich, diesem Wunsch nachzukommen. Das Unternehmen stellte zur Begründung darauf ab, daß es selbst durch die INTELSAT-Satelliten über ausreichende Kapazität für private transatlantische Leitungen verfüge. Nach einer Untersuchung verfügte jedoch der DGT unter Berufung auf die universal-service-Verpflichtung, daß BT verpflichtet sei, die Verbindungen herzustellen[43]. So wurde Cond. 1 der BT-Lizenz hier dazu genutzt, zu verhindern,

39 Siehe bereits Sec. 8 (1) Telecommunications Act 1984 bezüglich der Definition »besonderer Dienste«; siehe hierzu auch oben S. 43 f.
40 Oftel, Annual Report 1988, 2.43.
41 Oftel, Annual Report 1988, 2.45.
42 Oftel, Annual Report 1989, 2.73.
43 Statement of Director General, Representations on Behalf of PanAmSat, March 18 th, 1988.

daß BT die nach der Duopol-Politik dem Unternehmen zunächst vorbehaltenen Privilegien zu einer Monopolisierung angrenzender Märkte mißbraucht[44]. Weniger weitreichend sind die Bereitstellungsverpflichtungen anderer Netzbetreiber. Mercury wurde durch Cond. 1 seiner Lizenz verpflichtet, in einem Zeitraum von zwei bzw. vier Jahren nach Lizenzerteilung bestimmte Knotenpunkte zu errichten und von diesen jedermann Dienste anzubieten. Die bis zum Duopoly Review in den Lizenzen des DGT den Kabelfernsehbetreiber aufgegebenen Verpflichtungen hatten sich als dem Ausbau der Netze wenig förderlich erwiesen. Mit der Aufgabe der Duopol-Politik erhielten solche Verpflichtungen nun einen geringeren Stellenwert. Im White Paper zum Duopoly Review wurde daher klargestellt, daß in die Lizenzen keine neuen Anschlußverpflichtungen aufgenommen werden sollen. Lediglich von solchen Anbietern, die einen »ausgedehnten Dienst gegenüber der Allgemeinheit« anbieten, solle normalerweise erwartet werden, daß sie keinen Nachfrager zurückweisen[45]. Dies zeigt eine neue Zielrichtung der diesen Anbietern aufgegebenen Anschlußverpflichtungen. Es wurde keine Notwendigkeit mehr gesehen, durch neue Anschlußverpflichtungen eine »Grundversorgung« zu sichern. Dies soll bereits das wettbewerbliche Umfeld leisten.

Ist aber ein gewisser Ausbaustand eines Netzes erreicht, so liegt bei einer gleichfalls erfolgenden Weigerung, einen Anschluß bereitzustellen, der Rückschluß nahe, dies erfolge zur Verfolgung wettbewerbswidriger Motive. In der Stellungnahme zum *duopoly review* behielt sich der Secretary of State daher vor, Betreibern von Kabelfernsehnetzen weitergehende Verpflichtungen aufzuerlegen, sobald diese in einem bestimmten Gebiet einen Marktanteil von 25% erreicht haben[46]. Die im Consultative Document erwogene Möglichkeit, solchen Betreibern lediglich unsachgemäße Diskriminierungen zu untersagen[47], wurde damit verworfen.

2. *Sonstige gemeinnützige Verpflichtungen*

Die BT-Lizenz enthält zahlreiche Verpflichtungen bezüglich besonderer Dienste, deren Bereitstellung die Regulierungsbehörden nach Sec. 3 (1) (a)

---

44 Siehe zur Politik der Regulierungsbehörde zur Verhinderung solcher Verhaltensweisen näher unten S. 145 ff.

45 Department of Trade and Industry, Competition and Choice: Telecommunications Policy for the 1990s (White Paper), März 1991, Rdn. 3.7; siehe hierzu auch *Hiester* in, Butterworth, Competition Law, IX [1963].

46 Department of Trade and Industry a.a.O. 3.7.

47 Department of Trade and Industry, Competition and Choice: Telecommunications Policy for the 1990s (Consultative Document), November 1990, Rdn. 7.27.

Telecommunications Act 1984 sicherzustellen haben. So dürfen bereits aufgestellte öffentliche Fernsprecher nur unter eingeschränkten Bedingungen entfernt werden[48]. Auch muß eine Telefonauskunft eingerichtet werden, über die auch Informationen über Anschlüsse anderer Betreiber, die mit dem BT-System verbunden sind, weiterzugeben sind[49]. Ferner muß ein Notrufdienst sowie nach Vereinbarung mit der Regierung ein Seenotrufdienst zur Verfügung gestellt werden[50]. Zu den gemeinnützigen Verpflichtungen sind auch die Verpflichtungen zur Bereitstellung von speziellen Apparaten und öffentlichen Fernsprechern für Behinderte und Schwerhörige zu rechnen[51].

Die genannten Verpflichtungen haben zum Ziel, auch nach der Privatisierung von BT die flächendeckende Versorgung der Bevölkerung mit wichtigen Telekommunikationsdiensten zumindest insoweit zu garantieren, wie sie zuvor durch das öffentliche Unternehmen BT als public service sichergestellt werden konnte. Dies klingt an, wenn in der britischen Literatur in diesem Zusammenhang von *universal service*-Verpflichtungen die Rede ist[52].

3. *Finanzierung der gemeinnützigen Aufgaben*

Zu unterscheiden ist dies von der politischen Forderung, die Telekommunikationsunternehmen zu Quersubventionen zugunsten weniger profitabler Dienste zu verpflichten[53]. Diese hat in den Lizenzen nur in geringem Maße ihren Niederschlag gefunden. Als Beispiel könnte man Cond. 26 der BT-Lizenz ansehen, die das Unternehmen vom 31. Juli 1993 an verpflichtete, gewöhnliche Hausanschlüsse nach einheitlichen Tarifen herzustellen[54].

Die Lizenz von BT sieht ansonsten vor, daß die Finanzierung der aufgrund besonderer Verpflichtungen bereitzustellenden Dienste durch spezielle Gebühren sicherzustellen ist, die durch BT für den Anschluß an das Netz unabhängig von sonstigen hierfür zu leistenden Zahlungen erhoben werden dürfen (sog. *access charges*). Um zu gewährleisten, daß dies auf nichtdiskriminierender Basis geschieht, ist das Verfahren, nach dem access charges festgelegt

48 Cond. 11 BT-Lizenz.

49 Cond. 3. 1 (a) BT-Lizenz.

50 Cond. 6, 8 BT-Lizenz; ein Notrufdienst muß auch von den Netzen anderer Betreiber unter den Nummern 999 (traditionelle britische Notrufnummer) und 112 (EG-einheitliche Notrufnummer) erreichbar sein, siehe z.B. Cond. 6, 8 Mercury-Lizenz sowie Telecommunications (Single Emergency Call Number) Regulations 1992, SI 1992/2875.

51 Cond. 31-33 BT-Lizenz.

52 Z.B. *Long*, Telecommunications Law and Practice, S. 48 f.

53 Hierzu ausführlich *Hills*, Universal Service - Liberalization and privatization of telecommunications, Telecommunications Policy 1989, 129.

54 Zuvor hatte BT die Festlegung der Anschlußgebühren den Niederlassungsleitern überlassen, *Hills*, a.a.O., S. 138.

werden, in der Lizenz näher ausgestaltet. BT hat dem DGT einen Plan zur Bestimmung dieser Aufschläge zur Genehmigung vorzulegen. Hierbei dürfen die Einnahmen nicht die Gesamtkosten übersteigen, mit denen BT durch die gemeinnützigen Verpflichtungen belastet wird[55]. Ähnliche Bedingungen sind auch in anderen PTO-Lizenzen enthalten[56].

Dieses Arrangement hat zunächst gegenüber sonstigen Modellen Vorteile, da es nicht die volle Finanzierung der Auflagen durch Einnahmen aus anderen, evtl. wettbewerblich geprägten Bereichen impliziert. Es verpflichtet BT dazu, die Kosten für die besonderen Verpflichtungen aufzudecken, soweit diese die Preisgestaltung gegenüber Wettbewerbern beeinflussen dürfen. Nach der Grundkonzeption soll damit kein Bedürfnis mehr bestehen, die Auflagen darüber hinaus im Regulierungsverfahren zu berücksichtigen und so die Grundlage für eine gleiche Behandlung der Wettbewerber durch die Behörden zu schaffen.

Bislang hat jedoch BT davon abgesehen, eine access charge zu erheben. Unter den gemeinnützigen Verpflichtungen findet lediglich die Bindung der Anschluß- und Grundgebühren im Rahmen der Netzzugangstarife Berücksichtigung, indem durch den Aufschlag der sog. *access deficit contribution (ADC)* ein teilweiser Ausgleich für hierdurch erlittene Gewinneinbußen erfolgt[57]. Die beschränkte Berücksichtigung der besonderen Auflagen von BT im Rahmen der Netzzugangstarife mag auch darauf zurückzuführen sein, daß es äußerst schwierig ist, einen evtl. Gewinnausfall, der aus den Verpflichtungen resultiert, zu beziffern[58]. Des weiteren erscheint auch die Frage berechtigt, wieso lediglich die Systeme, die an das BT-Netz angeschlossen werden, über access charges für die gemeinnützigen Verpflichtungen herangezogen werden sollen. Dies kann auch als Wettbewerbsverzerrung zugungsten der Systeme, die unabhängig vom BT-Netz arbeiten, angesehen werden. So wurde im Consultative Document des Duopoly-Reviews als »Weiterentwicklung« dieses Modells vorgeschlagen, einen Fond zu errichten, aus dem die Kosten der

---

55 Cond. 19 BT-Lizenz.

56 So in der Mercury-Lizenz Cond. 18.

57 Siehe hierzu unten S. 110 f.

58 Department of Trade and Industry, Competition and Choice: Telecommunications Policy for the 1990s (Consultative Document), November 1990, 11.24; einen ersten Versuch der Bestimmung der Belastung von BT durch die allgemeine Bereitstellungsverpflichtung (universal service obligation - USO) unternimmt das jüngste Consultative Document des Oftel, A Framework for Effective Competition, December 1994, S. 46; die Belastung des Unternehmens durch die USO betrage danach unter Zugrundelegung der BT-Angaben zwischen £ 90 m und £ 160 m jährlich; das Oftel betont, daß diese Berechnung lediglich auf die Belastung durch die geringere Profitabilität der Dienste abstelle; Vorteile wie die Bindung zunächst unprofitabler Kunden oder positive Auswirkungen auf den »goodwill« und die Marken des Unternehmens seien nicht gegengerechnet.

Sonderverpflichtungen entsprechend ihren Marktanteilen von allen Betreibern getragen werden[59]. Weiter geht noch der Vorschlag, für bestimmte Leistungen wie Auskunfts- und Notrufdienste zentralisierte Einrichtungen zu schaffen[60]. Dann wäre es konsequent, solche zentralen Einrichtungen durch direkte Zuwendungen zu finanzieren, wie es traditionell bei den maritimen Notrufdiensten geschieht. Eine solche Möglichkeit ist in Ansätzen auch bereits im Telecommunications Act 1984 angelegt. Sec. 93 (2) gibt dem Secretary of State die Möglichkeit, durch Zuschüsse Fernmeldeanlagen für Behinderte zu fördern. Nach Sec. 97 können auf lokaler Ebene durch die Gemeinden an Betreiber von Anlagen, die von besonderer Bedeutung für die Region sind, Zahlungen geleistet werden.

III. *Schutz der Nutzer vor Mißbrauchspraktiken der Betreibergesellschaften*

1. *Preiskontrolle*

Die in der Duopolpolitik begründete beschränkte Zulassung von Wettbewerb sowie die Struktur der Märkte im Telekommunikationssektor hätten insbesondere BT zunächst einen Anreiz geben können, für einige Telekommunikationsdienste hohe Preise zu verlangen, die den politischen und ökonomischen Zielen der Reform widersprochen hätten. Mit der durch Cond. 24 der BT-Lizenz eingeführten price-cap-Regulierung geht die britische Regulierung zur Verhinderung einer solchen Verhaltensweise einen eigenständigen Weg.

a) *Unterschiedliche Regulierungsmodelle*

Die ersten durch eine interministerielle Arbeitsgruppe erarbeiteten Überlegungen zur Regulierung von BT sahen noch vor, ähnlich der Regulierung der amerikanischen Versorgungsbetriebe das Mißbrauchspotential des Unternehmens zu beschränken, indem ihm eine maximale Verzinsung des eingesetzten Kapitals vorgeschrieben wird (*rate of return*-Regulierung). Neben einer insgesamt für das Unternehmen festgesetzten Rendite, sollten für Teilbereiche (Nah- und Fernnetz, internationaler Verkehr) einzelne Werte bestimmt werden. Soweit diese Renditen überschritten werden, sollte der überschüssige

59 A.a.O. 11.25.
60 A.a.O. 12.26.

Gewinn wieder an die Konsumenten zurückfließen, indem der DGT die Preise in dem jeweiligen Bereich begrenzt[61].

Ein anderes regulatorisches Modell schlug *Walters*, der ökonomische Chefberater der Regierung, vor. Er kritisierte die herkömmliche Rentabilitätsregulierung, da ein Unternehmen, dessen Gewinne auf diese Weise festgesetzt werden, einen geringen Anreiz habe, effizient und innovativ zu arbeiten. Er entwickelte ein Gegenmodell, nach dem die Regulierung typisches monopolistisches Verhalten bestrafen solle, indem die Höhe der Steuerbelastung von der Gesamtleistung des Unternehmens abhängig gemacht wird. Hierzu solle für einen Zeitraum von fünf Jahren ein prognostiziertes Mengenwachstum festgelegt werden. Der Steuersatz wäre bei Überschreitung dieser Norm geringer, bei Unterschreitung höher ausgefallen. Diese Konzeption wurde als mengenabhängige Gewinnabgabe *(output related profit levy - ORPL)* bezeichnet[62].

Als weiterer Gutachter wurde 1983 *Stephen Littlechild* beauftragt, ein praktikables ORPL-Schema zu entwerfen und die Stärken und Schwächen einer hierauf basierenden Regulierung aufzuzeigen. *Littlechild* kritisierte jedoch in seinem Gutachten den Ansatz von *Walters* und stellte ein weiteres Regulierungsmodell zur Diskussion[63]. Littlechild schlug vor, ein begrenztes Regulierungsschema einzuführen, das lediglich die Tarife im Ortsnetzbereich einer direkten Kontrolle unterwirft *(local tariff reduction scheme)*. Ein solches erlaube es, die Regulierung auf die Bereiche zu konzentrieren, in denen tatsächlich Mißbräuche zu erwarten seien[64]. Dies sei im Bereich der Fernleitungen aufgrund der möglichen Konkurrenz durch Mercury nur in geringerem Maße der Fall[65]. Zu begrenzen seien hingegen die Ortstarife durch die jeweiligen inflationsbereinigten Preise des Vorjahres, von denen ein Wert von X Prozent abzuziehen sei. Letzterer solle dem zwischenzeitlich erzielten Produktivitätsfortschritt Rechnung tragen, sei aber letztlich zwischen BT und dem Industrieministerium auszuhandeln[66]. Den für einen Anfangszeitraum festgelegten Wert solle die MMC jeweils nach einem im Vorhinein bestimmten Zeitraum überprüfen[67]. Um dem Unternehmen Anpassungen in seiner Preis-

---

61 Wiedergegeben nach *Heuermann/Neumann*, Die Liberalisierung des britischen Telekommunikationsmarktes, S. 203; siehe hierzu insbesondere die eingehende Analyse bei *Littlechild*, Regulation of British Telecommunications' Profitability, Report to The Secretary of State, Feb 1983, S. 24 ff.

62 Siehe hierzu auch Littlechild a.a.O. S. 24 ff.; kritisch hierzu auch *Noam*, Telecommunications in Europe, S. 108.

63 *Littlechild*, Regulation of British Telecommunications' Profitability, Report to The Secretary of State, Feb 1983.

64 A.a.O. Rdn. 13.4.

65 A.a.O. Rdn. 13.7.

66 A.a.O. Rdn. 13.9.

67 A.a.O. Rdn. 13.14.

struktur zu erlauben, seien die jeweiligen Tarife wie die Grundgebühr für die Bereitstellung der Leitung oder Gesprächsgebühren für private Anschlüsse und Telefonzellen nicht einzeln zu bewerten, sondern zu einem Index für Ortsgespräche *(Local Tariff Index)* zusammenzufassen, für den insgesamt ein Anpassungssatz festgelegt werden solle. Da zur Ermittlung der Inflation nach dem Modell von *Littlechild* auf den Index der Einzelhandelspreise *(Retail Prices Index - RPI)* zurückzugreifen ist, ist dieses Verfahren als *»RPI minus X-Methode«* bekannt geworden.
Im Vergleich zur Rentabilitätsregulierung hat der Grundansatz von *Littlechild*, direkte Preisobergrenzen festzusetzen, weitgehende Zustimmung erfahren. Bezüglich der Rentabilitätsregulierung wird zum einen vorgebracht, daß sie zur Verursachung überzogener Kosten führe, da bei regulatorisch begrenzter Kapitalverzinsung gegenüber unregulierten Bereichen ein stärkerer Anreiz zum Kapitaleinsatz bestehe (sog. *gold-plating*)[68]. Noch augenfälliger ist ein anderer Vorteil der direkten Preisregulierung. Sie beläßt dem regulierten Unternehmen die Möglichkeit, durch Innovation und gesteigerte Effizienz einen höheren Gewinn zu erzielen. Anreize zu einem solchen Verhalten lassen sich Unternehmen, deren Profitabilität regulatorischer Begrenzung unterliegt, nur durch zusätzliche Vorgaben geben, deren Erfüllung durch Sanktionen erzwungen werden muß *(incentive regulation)*[69]. Dies belastet das Verfahren aber erheblich. Ein weiterer Vorteil der Einführung einzelner *price-caps* ist darin zu sehen, daß in einem Liberalisierungsprozeß eine Regulierung, die sich nur auf solche Dienste bezieht, bei denen aufgrund der Marktstruktur Ausbeutungsmißbrauch erwartet werden kann, leichter als eine indirekte Verhaltenskontrolle gewandelten Rahmenbedingungen anzupassen ist.

b) *Entwicklung*

So entschied sich auch die britische Regierung, in der BT-Lizenz keine Beschränkung der Verzinsung des eingesetzten Kapitals vorzugeben, sondern direkte Preisobergrenzen festzusetzen. In ihrer Wirkungsweise unterscheidet sich diese durch die BT-Lizenz in Cond. 24 und später Cond. 24 A implementierte Regulierung allerdings stark von den Vorschlägen *Littlechilds*.
Hier ist von besonderer Bedeutung, daß das Güterbündel der Dienste, die zusammen einer Tarifobergrenze unterworfen wurden, wesentlich weiter definiert wurde, als dies durch *Littlechild* in seinem Gutachten vorgeschlagen

---

68 *Averch/Johnson*, Behaviour of the Firm under Regulatory Constraint, 52 American Economic Review (1962), 1052.
69 Siehe hierzu *Phillips*, The Regulation of Public Utilities, S. 535.

worden war. Zunächst legte der Secretary of State für einen Zeitraum von drei Jahren fest, daß die regulierten Dienste jährlich jeweils nicht mehr als um einen Wert von *RPI minus 3%* steigen dürfen. Er bezog in diese Preiskontrolle die quartalsweise erhobenen Grundgebühren und die Tarife für selbstgewählte Orts- und Ferngespräche mit Ausnahme derjenigen von öffentlichen Fernsprechern ein. Gewichtet nach den Anteilen, den diese Gebühren am Gesamtumsatz von BT haben, wurden sie in einem »Korb« zusammengefaßt. Während es BT untersagt war, diese Preise um mehr als den vorgegebenen Satz zu erhöhen, blieben Veränderungen der Preis*struktur* generell möglich. BT verpflichtete sich lediglich gegenüber dem DGT die Grundgebühren um nicht mehr als *RPI plus 2%* anzuheben.

Die von *Littlechild* vorgeschlagene regelmäßige Überprüfung des price-cap durch die Monopolies and Mergers Commission sieht die BT-Lizenz nicht vor. Der DGT strengte aber bereits im Januar 1988 eine Änderung des in der Lizenz festgelegten X-Wertes an[70]. Nach intensiven Verhandlungen kamen BT und DGT überein, daß die Preiskontrolle für vier Jahre mit einem price-cap von *RPI minus 4,5%* weitergeführt werden solle, wobei in Zukunft auch handvermittelte Gespräche einzubeziehen seien. Die Verpflichtung von *RPI plus 2%* für Grundgebühren wurde erneuert, wobei in diesen Preiskorb erstmals auch die Gebühren für gewerbliche Anschlüsse einbezogen wurden. Bereits 1990 und somit vor Auslaufen der Regulierungsperiode ergriff der DGT die Initiative, erneut die Formel zu ändern. Dies resultierte aus der außerordentlichen Profitabilität der internationalen Dienste, denn diese erfaßte die Preiskontrolle bislang nicht. So wurde die Lizenz dahingehend abgeändert, daß die durch BT von Kunden in Großbritannien erhobenen internationalen Gebühren in den Gesamtkorb miteinfließen sollten, der Wert für X wurde nun auf den Wert von 6,25 erhöht. Daneben verpflichtete sich BT zu einer nominal geringfügigen einmaligen Senkung der internationalen Erhebungsgebühren[71]. Im Januar 1992 leitete der DGT das dritte Verfahren zu einer Anpassung der Preiskontrolle ein[72]. Nach der am 31. Juli 1997 auslaufenden Preiskontrollformel wird der price-cap nun bei *RPI minus 7,5%* angesetzt. Die

70 Siehe hierzu Oftel, The Regulation of BT's Prices - Consultative Document, January 1988; The Control of British Telecom's Prices, Statement issued by the Direcor General of Telecommunications, July 1988.

71 Aufgrund der beinahe bei 9,8% liegenden Inflationsrate entsprach dies auf das Gesamtjahr bezogen einem Preiscap von RPI minus 10% (siehe hierzu Oftel Annual Report 1990, 3.46.; Oftel, The Regulation of BT's Prices - Consultative Document, January 1992, Rdn. 8).

72 Siehe hierzu Oftel, The Regulation of BT's Prices - Consultative Document, January 1992; Future Controls of British Telecom's Prices, Statement issued by the Direcor General of Telecommunications, June 1992.

Grundgebühren dürfen um nicht mehr als *RPI plus 2%* steigen. Eine Senkung der Anschlußgebühren von £ 152,75 auf £ 99,00 wurde angeordnet, sowie die Einbeziehung auch dieser Preise in den »Korb« der regulierten Preise.
Wie die internationalen Tarife unterlagen auch die Tarife für Mietleitungen zunächst keiner Preiskontrolle. Erst 1989 wurde in der BT-Lizenz für innerhalb Großbritanniens bereitgestellte Mietleitungen eine separate Kontrolle mit einem price-cap von RPI minus 0 festgesetzt. Die Lizenzänderungen von 1991 bezogen die nur in beschränktem Maße bereitgestellten internationalen Mietleitungen in diesen Korb mit ein. Auch diese Kontrolle ist durch den jüngsten review bis 1997 verlängert worden.

c) *Divergierende Zielsetzungen der Preiskontrolle*

Das durch Littlechild entworfene Modell der Preisniveaukontrolle zielte darauf ab, BT daran zu hindern, durch Ausbeutungsmißbrauch seine Monopolstellung auszunutzen, insoweit als wettbewerbliche Strukturen sich noch nicht etablieren konnten. Auch sollte so prohibitiven Wirkungen, die überhöhte Preise insbesondere im Mietleitungsbereich gegenüber Wettbewerbern haben können, begegnet werden.
Die Grundkonzeption, diese Ziele durch die Setzung von Preisobergrenzen zu verfolgen, ist der Vorgabe einer bestimmten Kapitalverzinsung überlegen. Die Unterschiede zur Rentabilitätsregulierung mögen zunächst gering erscheinen. Denn auch nach dieser Konzeption sind, soweit eine bestimmte Kapitalverzinsung überschritten wird, Preisobergrenzen festzusetzen. Andererseits ist auch die Verzinsung des eingesetzten Kapitals bei der Bestimmung des X nach der price-cap-Formel relevant. Dieser Wert soll zwar auch den Produktivitätsfortschritt in dem von der Preisregulierung betroffenen Industriezweig widerspiegeln[73]. Eine Messung dieses Wertes anhand von Kriterien, die sich nicht unmittelbar auf das von dem regulierten Unternehmen eingesetzte Kapital beziehen, hat sich aber als schwierig erwiesen. Zwar betont Oftel, daß bei der Bestimmung des X auch die Entwicklung des Verhältnisses zwischen der Zahl der bereitgestellten Anschlüsse zu der Zahl der Angestellten von BT oder die Entwicklung der realen Kosten in Großbritannien und anderen Staaten in die Überlegungen einbezogen werden[74]. Aus dem Consultative Document, das der DGT vor der letzten Überprüfung veröffentlichte, geht aber in Übereinstimmung mit den ursprünglichen Vorstellungen *Littlechilds* klar hervor, daß der Wert X in erster Linie im Hinblick auf die nach ökonomischen Modellen

73 Oftel, The Regulation of BT's Prices - Consultative Document, January 1992, Rdn. 106.
74 A.a.O. Rdn. 107 ff.

zu erwartende Rentabilität des regulierten Unternehmens ermittelt wird. Wie hoch die gestattete Kapitalverzinsung angesetzt wird, wird wiederum von den Kapitalbeschaffungskosten abhängig gemacht[75].

Wenn somit auch im Rahmen der price-cap-Regulierung ähnliche Aspekte wie im Rahmen der Rentabilitätsregulierung ausschlaggebend sind, so bleiben doch bedeutsame Unterschiede zwischen den Verfahren erhalten, da insbesondere der price-cap für einen Zeitraum von ca. vier Jahren fest vorgegeben wird. Gewinne, die durch zwischenzeitliche Effizienzsteigerungen erzielte wurden, bleiben so dem Unternehmen zunächst erhalten. Dies gilt um so mehr, als auch nach Ablauf des Zeitraums, für den der price-cap festgesetzt wurde, Effizienzsteigerungen nicht durch einen entsprechenden Preisabschlag berücksichtigt werden. Eine solche Methode weist das Oftel zurück, da sie am Ende einer Regulierungsperiode einem Unternehmen einen zu geringen Anreiz zu solchen Maßnahmen geben würde[76]. Neben diesen Unterschieden in der Wirkungsweise ist es als Vorteil der direkten Preisregulierung anzusehen, daß sie klarstellt, daß es nach der Privatisierung von BT nicht darum gehen kann, dem Unternehmen durch die Regulierungsbehörde einen »gerechten« Gewinn zuzuteilen. Ziel der Regulierung war es nach der Konzeption von *Littlechild* hingegen, in den Bereichen, in denen BT nur einem geringen wettbewerblichen Druck ausgesetzt ist, Preisobergrenzen festzusetzen, die die Preise denjenigen annähern, die das Unternehmen in einem wettbewerblichen Umfeld verlangen würde.

In der Regulierungspraxis stand nicht immer diese Zielsetzung im Vordergrund. Zunächst zielte bereits die ursprüngliche Regulierung nicht darauf ab, das Preisniveau, das es BT vor der Privatisierung erlaubt hatte, erhebliche Monopolgewinne zu realisieren, auf ein realistischeres Niveau zurückzuführen. Sofern der Wert X in der RPI-X-Formel Produktivitätssteigerungen widerspiegeln soll, erscheint eine laufende Ausrichtung nur sinnvoll, wenn das anfängliche Preisniveau durch eine einmalige Anpassung auf einen Wert festgesetzt wird, der sich an den zunächst zugrundeliegenden Kosten orientiert. Eine solche Anpassung fand weder für einzelne Dienste, noch für das generelle Preisniveau statt. Des weiteren erscheint die ursprüngliche Festlegung der Dienste, die einer Regulierung unterworfen wurden, fragwürdig. Mietleitungen und internationale Ferngespräche, Bereiche die auch heute noch von einem vergleichsweise geringen Maß an Wettbewerb geprägt sind, wurden aus der Regulierung zunächst ausgenommen, Ferngespräche entgegen den Vorstellungen von *Littlechild* einbezogen. Besondere Probleme ergeben sich

75 Siehe hierzu Oftel, BT's Cost of Capital - Consultative Document, January 1992.

76 Oftel, The Regulation of BT's Prices - Consultative Document, January 1992, Rdn. 99.

auch daraus, daß in dem »Korb« der regulierten Dienste Bereiche zusammengefaßt sind, die in einem höchst unterschiedlichen Maße dem Wettbewerb ausgesetzt sind. Durch den einheitlichen Korb wird das regulierte Unternehmen so nicht daran gehindert, in Bereichen, in denen hohe Marktzugangsschranken bestehen, überhöhte Preise zu verlangen, die durch niedrige Preise in zumindest potentiell wettbewerblich strukturierten Märkten ausgeglichen werden. Dies führt zur zusätzlichen Erschwerung des Marktzugangs für neue Anbieter. Auch diese Schwierigkeiten hätten die Vorschläge *Littlechilds* vermieden, nach denen nur solche Märkte, in denen auf absehbare Zeit kein nennenswerter Wettbewerb abzusehen war, der Regulierung unterworfen werden sollten.

Eine weitere Schwierigkeit bei der Definition des price-cap ergibt sich daraus, daß der DGT durch das Instrument der Preisregulierung neben der Verhinderung des Ausbeutungsmißbrauchs zunehmend eine Vielzahl sonstiger Zielsetzungen verfolgt. Eine Anpassung der Preise an die Kostenstrukturen von BT führt zu geringeren Tarifen für Ferngespräche und internationale Gespräche, andererseits aber evtl. zu höheren Anschlußgebühren oder höheren quartalsweise erhobenen Grundgebühren. Die Anpassung der Tarife könnte so trotz insgesamt sinkendem Preisniveau zu einer stärkeren unmittelbaren Belastung derjenigen führen, die bislang von verdeckten Quersubventionen profitieren konnten. Dies ist möglicherweise bei solchen Kunden der Fall gewesen, die ihr Telefon seltener bzw. bevorzugt im Lokalbereich verwenden. Die erklärte Zielsetzung des Oftel einen solchen Anpassungsprozeß zu verlangsamen[77] steht in direktem Gegensatz zu dem Ziel, durch die Regulierung Preise den Kostenstrukturen anzupassen, in ähnlicher Weise wie dies in einem wettbewerblichen Umfeld geschehen würde.

Die zur Verfolgung dieser weiteren Zielsetzungen eingesetzten Instrumente haben nur zum Teil ihren Niederschlag auch in der Lizenz gefunden, weitgehend beruhen sie auf informellen Übereinkünften zwischen BT und dem Oftel. Angesichts der weitreichenden dem DGT zur Verfügung stehenden Einwirkungsmöglichkeiten beeinträchtigt dies nicht ihre Relevanz. Hier sind zum einen die seit 1989 stattfindenden Überprüfungen der durchschnittlichen Telefonrechnungen privat genutzter Anschlüsse zu nennen *(Median Resi-*

---

77 Oftel, The Regulation of BT's Prices - Consultative Document, January 1992, Rdn. 126; wie stark dennoch bereits die Preisstruktur angepaßt wurde, zeigt ein Vergleich der Tarife von BT mit denen der Deutschen Telekom AG: ein dreiminütiges Ortsgespräch kostete bei BT am 11. Januar 1995 zur Hauptgeschäftszeit 13 Pence bei DT 10 Pence, ein Ferngespräch gleicher Länge bei BT 21 Pence, bei DT 86 Pence (Telecom Markets, 2. März 1995, S. 18).

dential Bill - MRB)[78]. Des weiteren hat BT auf Druck des Oftel einen besonders günstigen Tarif für selten benutzte Telefonanschlüsse eingerichtet, der eine höhere Anschlußrate ermöglichen soll[79].

2. *Regulierung der Dienstequalität*

Um zu verhindern, daß der durch die Preisregulierung gegebene Anreiz, Kosten zu senken, zu einer Beeinträchtigung der Dienstequalität führt, wurden die price-caps durch eine Überwachung der Dienstequalität ergänzt. Die Rechtsgrundlage einer solchen Qualitätsregulierung war zunächst unklar, denn weder gab der Telecommunications Act 1984 dem DGT hierzu besondere Befugnisse, noch enthielt die BT-Lizenz Bestimmungen, die BT verpflichteten, die Dienste in Übereinstimmung mit Vorgaben des DGT zu erbringen. Lediglich in die Allgemeinlizenz für Nebenstellenanlagen wurde die Verpflichtung der Betreiber eingefügt, in einem Code of Practice festgesetzte Qualitätsstandards einzuhalten[80]. Der DGT vertrat jedoch in einer Stellungnahme von November 1986 die Auffassung, daß die Bereitstellungsverpflichtung in Cond. 1 der BT-Lizenz[81] impliziert, daß die Qualität der angebotenen Dienste zufriedenstellend sein muß[82]. In Folge erklärte sich BT bereit, in Abständen von sechs Monaten dem Oftel über die Zuverlässigkeit des Netzes, die Ausführung von Installationen und Reparaturarbeiten sowie über eine Reihe sonstiger Indikatoren zu berichten. Außerdem verpflichtete sich das Unternehmen, in beschränktem Umfang Ausgleichszahlungen zu leisten, wenn bestimmten Standards z.B. bezüglich des Zeitraums, in dem Anschlüsse neuinstalliert werden, nicht entsprochen wird[83]. Daneben läßt der DGT selbst regelmäßig durch Meinungsforschungsinstitute Untersuchungen über die Zufriedenheit der Kunden durchführen[84].

---

78 Dem lag ein Vorschlag von *Beesley, Laidlaw* und *Gist* (Prices and Competition on Voice Telephony in the UK; Telecommunications Policy 1987, 230, 232) zugrunde; dieser Vorschlag wurde von *Carsberg* (Regulation of British Telecom - A reply to Beesley, Laidlaw and Gist, Telecommunications Policy 1987, 237, 241) begrüßt und hat in Cond. 17 BT-Lizenz mittlerweile seinen Niederschlag gefunden.

79 Oftel, Future Controls on British Telecom's Prices, Statement Juni 1992; Oftel, BT's July 1993 Price Changes, Statement 3. Juni 1993.

80 Cond. 4 (b) Branch System General Licence von 1987, siehe hierzu Long S. 131 ff.

81 Hierzu auch oben S. 90.

82 *Long*, Telecommunications Law and Practice S. 23.

83 *Wigglesworth/Barnes*, UK Policies and Regulations, Telecommunications Policy 1992, 721, 725.

84 Oftel - Annual Report 1987 4.13 ff., Oftel - Annual Report 1988 4.11 ff., Oftel - Annual Report 1990 4.12 ff.

Die unterschiedlichen Studien weisen generell auf eine deutliche Verbesserung der Qualität der von BT angebotenen Dienste hin[85]. Dennoch wurden 1992 durch den *Competition and Service (Utilities) Act* die Befugnisse des DGT zur Qualitätsregulierung erheblich erweitert. Die durch dieses Gesetz eingeführten Sec. 27 A, B Telecommunications Act 1984 geben dem DGT die Befugnis, gegenüber Betreibern, die in bezug auf bestimmte Dienste in einzelnen Gebieten einen Marktanteil von mindestens 25% haben[86], einseitig Qualitätsstandards festzusetzen. Diese können gemäß Sec. 27 K Telecommunications Act 1984 in gleicher Weise wie Lizenzbedingungen durchgesetzt werden.

Nur für BT und Kingston Communications hat der DGT bislang festgestellt, daß sie bezüglich der durch die Qualitätsregulierung erfaßten Dienste den erforderlichen Marktanteil besitzen[87]. Im Hinblick auf die diesen Unternehmen gegenüber zu setzenden Standards hat der DGT im Oktober 1992 einen Konsultationsprozeß eingeleitet[88]. Die Bestimmung geeigneter Standards bereitet besondere Schwierigkeiten, denn soweit das Qualitätsniveau bereits hoch ist, verursacht es unverhältnismäßig höhere Kosten, dieses weiter zu steigern[89]. So kann allein die kontinuierliche Anhebung der Qualität kein geeigneter Gesichtspunkt für die Bestimmung von Vorgaben sein[90]. Woran sich die Regulierungsbehörde hier aber orientieren soll, ist im Competition and Service (Utilities) Act 1992 nicht bestimmt. Auch wurde die Anordnungsbefugnis des DGT nicht auf solche Fälle beschränkt, in denen die unzureichende Qualität der angebotenen Dienste auf dem Mißbrauch einer marktbeherrschenden Stellung beruht. Von Seiten des Oftel wird lediglich betont, daß es sich bei der Regulierung der Dienstequalität einerseits um einen evolutionären Prozeß handelt, so daß die Standards je nach Bedarf verändert werden sollen. Andererseits müsse auch sichergestellt werden, daß die Vorgaben

---

85 So betrug der Anteil der Ortsgespräche, bei denen keine Verbindung hergestellt werden konnte 1991/92 0,3% gegenüber 2,0% 1984/85, bei Ferngesprächen 0,5% (1984/85 4,4%), Defekte wurden in 99,0% der Fälle innerhalb von 2 Werktagen beseitigt (1985/86 87,1%), Neuanschlüsse für gewerbliche Kunden in 75,2% der Fälle innerhalb von 6 Werktagen installiert (1985/86 60,8%), für Privatanschlüsse in 83,2% der Fälle innerhalb von 8 Werktagen (1985/86 59,4%); die Ferngesprächsvermittlung war in 90,4% der Fälle innerhalb von 15 Sec. verfügbar (1984/85 84,6%), die Fernsprechauskunft in 94,1% der Fälle im gleichen Zeitraum (1987/88 76,3%), Oftel, The Regulation of BT's Prices - Consultative Document, January 1992, Table 7.

86 Sec. 10 Competition and Service (Utilities) Act 1992.

87 Competition and Services (Utilities) Act 1992 Designation Order 1992, SI 1992/1360.

88 Oftel, Competition and Service (Utilities) Act 1992: Individual and overall standards of performance, October 1992.

89 Oftel, The Regulation of BT's Prices - Consultative Document, January 1992, Rdn. 56.

90 Siehe auch die kritische Beurteilung solcher Qualitätsvorgaben von *Möschel*, Privatisierung, Deregulierung und Wettbewerbsordnung, JZ 1988, 883, 889.

für den Betreiber praktikabel sind[91]. Die konkreten Vorschläge des Oftel orientieren sich an den bislang der Behörde von BT zur Verfügung gestellten Kenndaten und somit am gegenwärtigen status quo.

IV. *Kontrolle des wettbewerblichen Umfelds*

Wie gezeigt haben die Instrumente der Preis- und Qualitätskontrolle zum Ziel, die Verbraucher vor »Ausbeutung« durch Mißbrauch der Machtstellung des dominanten Netzbetreibers zu schützen. Hierbei werden weitgehend nicht Einzelpreise kontrolliert, sondern durch die Zusammenfassung verschiedener Dienste in »Körben« das sich insgesamt ergebende Preisniveau zu einer Entwicklung der Kostensituation in Beziehung gesetzt, um die Möglichkeit des Unternehmens zu einer flexiblen Preisgestaltung nicht über Gebühr zu behindern und ihm seinerseits wettbewerbliches Verhalten zu gestatten. Da hiernach die jeweilige Preisstruktur innerhalb der Körbe keiner Regulierung unterliegt, können sie jedoch nicht die Wettbewerber davor schützen, daß gegenüber neu auf den Markt tretenden Unternehmen für bestimmte Dienste prohibitiv hoch angesetzte Preise verlangt werden oder auf andere Weise versucht wird, angestammte Märkte abzuschotten. Zwischen dem Ziel, prohibitives Verhalten gegenüber anderen Betreibern zu verhindern, und dem Ziel, Verbrauchern kurzfristig niedrige Preise zu gewährleisten, kann hingegen ein Spannungsverhältnis erwachsen, da ein niedriges Niveau der von Endverbrauchern verlangten Preise Wettbewerbern den Marktzutritt erschwert.
Wie oben bereits näher dargestellt bietet das allgemeine britische Wettbewerbsrecht gegen prohibitive Preisfestsetzungen nur geringe Handhabe[92]. Nach *common law* sind solche Verhaltensweisen generell gestattet, wettbewerbswidrige Verhaltensweisen nach dem Restrictive Trade Practices Act 1976 stellen sie nicht dar, zu einer wettbewerbsrechtlichen Vorlage an die MMC werden sie nur selten führen können[93]. Aufgrund des besonderen Diskriminierungspotentials insbesondere von BT sah die Regierung im Telekommunikationssektor aber das Bedürfnis, bestimmte prohibitive Praktiken zu unterbinden. Daher verboten die Lizenzen einzelne Praktiken, so daß der DGT im Falle des Verstoßes gegen diese Bedingungen, von seinem Anord-

---

91 Oftel, Competition and Service (Utilities) Act 1992 - Consultative Document, October 1992, Rdn. 5.2 f.
92 Siehe hierzu oben S. 49 ff.
93 Siehe hierzu oben S. 53 ff.

nungsrecht Gebrauch machen kann[94], ohne daß hierzu ein Vorlageverfahren angestrengt werden muß.

1. *Diskriminierungsverbote*

Große Bedeutung haben hier die in Cond. 17 der BT-Lizenz aufgenommenen einzelnen Diskriminierungsverbote, die dem Unternehmen nicht nur in bestimmten Bereichen eine unsachgemäße Ungleichbehandlung anderer Unternehmen untersagen, sondern BT auch verbieten, eigene Aktivitäten gegenüber denen anderer Unternehmen zu bevorzugen. Die Diskriminierungsverbote betreffen weitgehend Leistungen, zu deren Erbringung BT verpflichtet ist, wie Dienste, die unter die *universal-service*-Verpflichtung in Cond. 1 fallen[95], Wartungsdienste sowie Verpflichtungen zur Gewährung von Netzzugang gegenüber Wettbewerbern[96]. In eingeschränkter Weise gelten sie auch für Mehrwert- und Datendienste[97].

Ein besonderes Diskriminierungspotential könnte für BT bei der Bereitstellung von Mietleitungen gegenüber anderen Netzbetreibern bestehen. Obwohl auch diese Aktivitäten generell einen profitablen Geschäftsbereich für BT darstellen, könnte hier ein Anreiz bestehen, einzelnen Wettbewerbern keine Leitungen zur Verfügung zu stellen[98]. Zwar ist das für Mietleitungen insgesamt verlangte Preisniveau einem gesonderten *price-cap* unterworfen[99]. Dies schränkt die Möglichkeit zur Einführung einer Wettbewerber diskriminierenden Preisstruktur aber nicht ein. BT wurde daher im Anschluß an den Duopoly Review in Cond. 46 der Lizenz dazu verpflichtet, anderen PTO Leitungen zur Verfügung zu stellen. Auf Antrag überprüft der DGT die Angemessenheit der hierfür verlangten Preise.

Ähnlich ist in Cond. 18 auch nur ein partielles Verbot interner Quersubventionen angeordnet. Hier könnte es im Interesse von BT liegen, vorübergehend in Geschäftsbereiche, die bereits starkem Wettbewerb ausgesetzt sind, Gewinne aus den Monopolbereichen fließen zu lassen. Andererseits würde es auch hier dem wettbewerblichen Ordnungsgedanken widersprechen, BT eine umfassende Angleichung der Preise an die zugrundeliegenden Kostenstrukturen vorzuschreiben. So enthält die Lizenz kein umfassendes Verbot von Quer-

94 Siehe zu diesem oben S. 47.
95 Siehe hierzu oben S. 90.
96 Cond. 17.1 (a) (b) (c) (d).
97 Cond. 17.1 (aa), 17.3A.
98 Department of Trade and Industry, Competition and Choice: Telecommunications Policy for the 1990s (White Paper), März 1991, 9.1 ff.
99 Siehe hierzu oben S. 98.

subventionen, sondern identifiziert vier wettbewerblich geprägte Geschäftsbereiche (Versorgung mit und Herstellung von Telekommunikationsgeräten, Mobilfunk, Mehrwert- und Datendienste) und verbietet diese in »unfairer« Weise aus dem sonstigen Geschäftsbetrieb zu unterstützen. Auch hier ist also im Einzelfall durch das Oftel darzulegen, daß die jeweilige Quersubvention wettbewerbswidrig ist.

In mehreren Fällen vertrat der DGT die Auffassung, daß BT Wettbewerber gegenüber dem eigenen Geschäft diskriminiere und so gegen Lizenzauflagen verstoße. So stellte er 1988 fest, daß BT den eigenen Informationsdienst für Pferderennen gegenüber Wettbewerbern durch besonders günstige Tarife bevorzuge[100]. 1990 untersagte er der BT-Tochter Telecom Securicor Cellular Radio Ltd. (Cellnet) im Vertrieb ihrer Dienste das verbundene Unternehmen British Telecom Mobile Communications (BTMC) zu bevorzugen[101]. Die Reichweite des Verbots der Diskriminierung von Unternehmen gegenüber eigenen Geschäftsbereichen stand auch im Vordergrund einer Untersuchung des DGT von 1985[102]. Wettbewerber fühlten sich hier gegenüber BTs eigenen Funkrufdiensten benachteiligt, da BT in seinen Rechnungen einerseits den auf die Bereitstellung des Funkrufdienstes entfallenden Anteil der Grundgebühren nicht gesondert auswies, andererseits keine Gebühr für den Anruf, der das Funkrufgerät aktiviert, verlangte. Entsprechende Angebote wären Unternehmen, die kein öffentliches Festnetz betreiben, nicht möglich gewesen. Der DGT wies die Ansicht zurück, bereits dies konstituierte eine Diskriminierung. Diese Entscheidung zeigt, daß es BT generell auch in Wettbewerbsbereichen nicht untersagt ist, die besonderen Vorteile, die sich aus der Stellung des Unternehmens als Netzbetreiber ergeben, auszunutzen. Im Anwendungsbereich der Diskriminierungsverbote müssen lediglich eigenen Geschäftsbereichen zur Verfügung gestellte Dienste zu gleichen Konditionen auch anderen Unternehmen angeboten werden[103].

---

100 Oftel, William Hill Determination (1988), hierzu Butterworths Competition Law IX [1992], *Long*, Telecommunications Law and Practice, S. 61.

101 Oftel, Annual Report 1990, 2.18; diese Entscheidung erging aufgrund Cond. 10 der Cellnet-Lizenz; zu dem unabhängigen Vertrieb der Mobilfunk-Dienste näher unten S. 165.

102 Oftel, Radiopaging Investigation Report (1985).

103 Auch in anderen Bereichen werden ähnliche Diskriminierungsverbote verwandt; der Betreiber eines PCN-Dienstes (siehe zu diesen unten S. 163) Mercury Public Communications Ltd. (MPC) ist verpflichtet, sein als Mercury One-2-One (MOTO) vermarktetes Netz auch durch unabhängige Vertriebsunternehmer (»Retailer«) zu vermarkten und diesen gegenüber seinem Direct Service Business (DSB) nichtdiskriminierende Konditionen zu gewähren; im August 1993 stellte der DGT fest, daß der Vorwurf nicht gerechtfertigt sei, MPC habe diese Bedingungen verletzt, indem er dem DSB bevorzugt Informationen zugänglich mache und günstige Bedingungen für den Bezug von Handappara-

2. *Sonstige Fair-Trade-Bedingungen*

In der BT-Lizenz werden eine Reihe sonstiger Praktiken benannt, die als wettbewerbswidrige Ausnutzung der Marktstellung untersagt werden und so im Falle der Identifizierung einer solchen Praxis dem Anordnungsrecht des DGT unterfallen. So verbietet Cond. 35 der Lizenz bestimmte Koppelungsgeschäfte, bei denen BT den Zugang zu seinem öffentlichen Netz davon abhängig macht, daß zusätzliche Dienste oder Geräte von BT bezogen werden. Nach Cond. 36 BT-Lizenz werden bestimmte Ausschließlichkeitsvereinbarungen sowie andere Koppelungsgeschäfte von einer schriftlichen Genehmigung des DGT abhängig gemacht. Cond. 23 zielt darauf ab, zu verhindern, daß BT durch technische Änderungen im Netz Wettbewerber benachteiligt. Soweit technische Änderungen vorgenommen werden sollen, die Auswirkungen auf an das BT-Netz angeschlossene Systeme anderer Betreiber haben können, hat BT nach diesen Lizenzbedingungen den DGT hierüber zu informieren, sowie ein Verfahren für die Konsultation solcher Betreiber zu implementieren.

3. *Netzzugang (interconnection)*

a) *Verpflichtung zur Schaffung von Netzzugang als Voraussetzung aktuellen Wettbewerbs*

Obwohl der Telecommunications Act 1984 hierüber keine Bestimmungen enthält, stellt die Festlegung der Bedingungen, unter denen die Betreibergesellschaften einander Zugang zu ihren Netzen gewähren, einen Schwerpunkt der Tätigkeit des Office of Telecommunications dar und ist für die Entwicklung des Wettbewerbs auf der Netzebene von großer Bedeutung.

Dies ergibt sich aus den spezifischen Charakteristiken der Märkte für Kommunikationsleistungen. Welchen Wert der Anschluß an ein Telekommunikationsnetz für einen Kunden hat, hängt maßgeblich davon ab, mit wem er durch dieses verbunden wird. So wird ein Netzbetreiber, der neue Anschlüsse schaltet, aufgrund der zusätzlichen Kommunikationsmöglichkeiten auch von den bereits angeschlossenen Kunden für seine Dienste höhere Preise erzielen können. Der Wert seines Netzes steigt entsprechend[104].

---

ten ausgehandelt habe, die den unabhängigen Retailern nicht offenstehen, Oftel News, September 1993, 6 f.

104 Zu den hieraus resultierenden sog. positiven Netzexternalitäten siehe näher *Mitchell/ Vogelsang*, Telecommunications Pricing - Theory and Practice, S. 11, 55.

Dieser Zusammenhang führt dazu, daß Betreiber unterschiedlicher Netze einen starken Anreiz haben, einander Zugang zu ihren Systemen zu gewähren. Hierzu werden sie eine Vereinbarung treffen, die zunächst vorsehen muß, auf welche Weise die Verbindung zwischen den Netzen hergestellt wird, sowie wie die durch die Herstellung der Verbindungen verursachten Kosten aufgeteilt werden. Überdies haben die Parteien die Möglichkeit, weitere Ausgleichszahlungen vorzusehen. Diese können sich daraus ergeben, daß durch die Weiterleitung der Nachrichten aus dem anderen Netz einer Partei zusätzliche Kosten entstehen. Werden die Zahlungen zwischen den Parteien frei vereinbart, so werden sie es desweiteren widerspiegeln, wenn eine Seite an der Zusammenschaltung ein höheres Interesse als die andere Seite hat. Liegt die Steigerung des Wertes der Netze über den verursachten Kosten, so werden die rational handelnden Betreiber jedoch zu einer solchen Vereinbarung kommen.
Weitere Komplizierungen ergeben sich, wenn die Netzbetreiber auf den gleichen Märkten ihre Dienste anbieten und so in Wettbewerb zueinander stehen. Hier kann es einem Unternehmen, das eine starke Stellung auf dem betreffenden Markt innehat, vorteilhaft erscheinen, dem anderen keinen Zugang zu seinem Netz zu gewähren, oder durch die Ausgestaltung der Zugangsbedingungen sicherzustellen, daß das zweite Unternehmen seine Marktstellung nicht gefährden kann. Soll regulativ sichergestellt werden, daß mehrere Unternehmen bestimmte Kommunikationsdienste zwischen den Nutzern ihrer Netze erbringen, ohne daß separate Netze errichtet werden müssen, so ist es in einer solchen Situation notwendig, sie zu verpflichten, einander Netzzugang anzubieten.

Da BT in fast allen Teilmärkten selbst eine starke Marktstellung innehatte, war von dem Unternehmen eine restriktive Zugangspolitik zu erwarten. Dies zuzulassen hätte der erklärten Zielsetzung der Regierung widersprochen, durch regulatorische Maßnahmen aktiv den Wettbewerb auf der Netzebene zu fördern.

Bereits das Duopoly Statement sah deshalb vor, daß BT, Mercury und Hull verpflichtet werden sollten, ihre Netze sowohl miteinander als auch mit den Netzen anderer Betreiber zusammenzuschalten. Für den Fall, daß keine Übereinkunft zustandekommt, wurde der DGT ermächtigt, auf Antrag eines Betreibers über die einzelnen Bedingungen zu entscheiden. Im Ergebnis solle so jeder Teilnehmer in die Lage versetzt werden, jeden anderen Anschlußinhaber zu erreichen *(»any-to-any-principle«)*[105].

---

105 Duopoly Statement abgedruckt in Competition and Choice: Telecommunications Policy for the 1990s (Consultative Document), November 1990, Appendix 1, S. 83.

b) *Umsetzung der Grundsätze*

Diese Verpflichtung hat in Cond. 12 der Mercury-Lizenz sowie in Cond. 13 der BT-Lizenz ihren Niederschlag gefunden[106]. Nach Cond. 13.1 BT-Lizenz können andere Betreiber, deren Lizenz eine Verbindung mit dem BT-System zuläßt, von BT verlangen, mit ihnen eine Vereinbarung über die Zusammenschaltung ihrer Systeme abzuschließen. Für den Fall, daß eine solche Übereinkunft nicht zustandekommt, sieht Cond. 13.5 der Lizenz vor, daß der DGT die Bedingungen, über die die Parteien nicht übereingekommen sind, festsetzen kann. Mit einer solchen Bestimmung kann die Anordnung verbunden werden, Arbeiten auszuführen, die zur Herstellung der Verbindung notwendig sind (Cond. 13.5 (g) BT-Lizenz)[107]. Der Vorbehalt solcher Anordnungsbefugnisse in Lizenzen ist in Sec. 7 (6) Telecommunications Act 1984 vorgesehen.

Die Gesichtspunkte nach denen die Bestimmung der Bedingungen durch den DGT zu erfolgen hat, sind in der Lizenz näher aufgeführt. Das den Anschluß seines Systems begehrende Unternehmen ist zu verpflichten, sich bezüglich möglicher Schadensersatzansprüche wegen der Beschädigung anderer Systeme zu versichern, die Qualität der durch BT erbrachten Leistungen sowie die Finanzkraft des Betreiberunternehmens sind sicherzustellen.

In Cond. 13.5 (a) wurde der Rahmen der durch den DGT festzusetzenden Netzzugangstarife vorgegeben. Hiernach hat das Betreiberunternehmen an BT einerseits alle Kosten zu erstatten, die der Anschluß des Systems direkt verursacht. Daneben ist der auf die erbrachten Übermittlungsdienste entfallende Anteil der Kosten des BT-Netzes unter Berücksichtigung der relevanten allgemeinen Verwaltungskosten sowie einer Verzinsung des eingesetzten Kapitals zu erstatten. Dies entspricht einer partiellen Rentabilitätsregulierung, wie sie bezüglich der Regulierung des Verhaltens von BT gegenüber den Endverbrauchern zunächst im Gespräch war, durch Einführung der price-cap-Regulierung aber zurückgewiesen wurde[108]. Weitere Ausgleichszahlungen zugun-

---

106 Diese werden bei *Vogelsang*, Interconnection of Telecommunications Networks in the UK (Wissenschaftliches Institut für Kommunikationsdienste Diskussionsbeitrag Nr. 140) Bad Honnef 1995, S. 10 ff. im einzelnen erläutert.

107 Diese Befugnis des DGT wurde angesichts des großen Widerstandes der Gewerkschaften gegen die Zusammenschaltung der Netze (s.o. S. 28) in die Lizenz eingefügt (Interview mit Alan Whitfield, Legal Adviser British Telecom, London, April 1994); während gegen Arbeitskampfmaßnahmen nicht durch Klagen auf Vertragserfüllung geklagt werden kann, würde der Verstoß gegen eine Anordnung des DGT eine Schadensersatzpflicht auslösen (s.o. S. 48).

108 Siehe hierzu oben S. 94 f.

sten von BT wurden - abgesehen von den nicht erhobenen *access charges* nach Cond. 13[109] - in der Lizenz zunächst nicht vorgesehen.

Über die ersten durch BT mit den Betreibern zellularer Mobilfunknetze Racal Vodafon Ltd. und Telecom Securicor Cellular Radio Ltd. (Cellnet) abgeschlossenen Netzzugangsvereinbarungen wurde zwischen den Parteien Einvernehmen erzielt, so daß es keiner Bestimmung von Vertragsbedingungen durch den DGT bedurfte. Die besondere Problematik bei der Zusammenschaltung von Netzen direkter Wettbewerber zeigte sich erstmals in den Verhandlungen zwischen Mercury und BT, die kurz nach der Gründung von Mercury aufgenommen wurden. Im Juni 1984 schlossen die Unternehmen zunächst eine Rahmenvereinbarung. Nachdem die BT-Lizenz vom 22. Juni dem Unternehmen die zuvor geschilderten Verpflichtungen auferlegt hatte, versuchte sich Mercury von dieser Vereinbarung wieder zu lösen, was dem Unternehmen in einer gerichtlichen Auseinandersetzung auch gelang[110]. Da die beiden Betreiber sich anschließend nicht auf die Netzzugangsbedingungen einigen konnten, machte der DGT im Oktober 1985 von seinem Recht Gebrauch, diese insoweit festzusetzen. In der sog. *interconnection determination* bestimmte der DGT, daß Verbindungen auf unterschiedlichen Ebenen hergestellt werden sollten[111]. Die von Mercury für die Weiterleitung von Gesprächen im BT-Netz zu leistenden Zahlungen sollten im Ortsbereich den normalen Gebühren gewerblicher Anschlüsse entsprechen, Zahlungen für internationale Ferngespräche in ähnlicher Weise auf den vollen publizierten Tarifen basieren. Für die Gebühren zur Weiterleitung von Gesprächen im Fernnetz sollten dagegen den zuvor angeführten Lizenzbedingungen entsprechend die Kostenstrukturen von BT zugrundegelegt werden. Da BT trotz einer möglichen Subventionierung des Ortsnetzbereiches aus den Einnahmen des Fernsprechverkehrs an einer schnellen Anpassung der Gebührenstruktur gehindert war, wurde dies allgemein als eine für Mercury vorteilhafte Regelung aufgefaßt[112]. Eine deutliche Steigerung der von Mercury an BT zu zahlenden Zugangsgebühren soll daher auch eintreten, sobald in einem Bereich die Ein-

---

109 Siehe hierzu oben S. 92 ff.

110 *Heuermann/Neumann*, Die Liberalisierung des britischen Telekommunikationsmarktes, S. 150.

111 Oftel - Determination of Terms and Conditions for the Purposes of an Agreement on the Interconnection of the British Telecommunications Telephone System and the Mercury Communications Ltd System under Condition 13 of the Licence granted to British Telecommunications under Section 7 of the Telecommunications Act 1984, October 1985; hierzu im einzelnen *Beesley*, The British Telecom/Mercury interconnect determination: an exposition and commentary, London 1986; siehe auch *Beesley/Laidlaw*, The Future of Telecommunications, S. 27 f.

112 Siehe z.B. *Graham/Prosser*, Privatizing Public Enterprises, S. 198.

nahmen von Mercury 7% der Einnahmen von BT betragen. Unter Zugrundelegung dieser Bestimmungen schloß Mercury im März 1986 mit BT eine Vereinbarung, die bis zum Duopoly Review den Rahmen für die Entwicklung des Unternehmens vorgab.

Mit der Überprüfung der Duopolpolitik ergab sich die Frage, wie in Zukunft der gegenseitige Zugang zu den unterschiedlichen Netzen gesichert werden sollte[113]. Auf der einen Seite hatte bereits das zu der Vereinbarung zwischen BT und Mercury führende Verfahren gezeigt, daß sich die Festlegung der einzelnen Bedingungen für die Regulierungsbehörde als außerordentlich aufwendig darstellte. Daher wies die Regierung Vorschläge zurück, nach denen die interconnection-Bedingungen generell durch den DGT festgelegt werden sollen[114]. Der Befürchtung einer starken Belastung der Regulierungsinstanzen durch die beabsichtigte Zulassung zahlreicher weiterer Systeme wurde dagegen Rechnung getragen, indem BT durch Cond. 13. 8B. 1 der Betriebslizenz verpflichtet wurde, für den Anschluß von Gruppen vergleichbarer Systeme Standardbedingungen vorzusehen. Diese können nach Cond. 13. 8B. 2 auf Antrag eines Betreibers durch den DGT abgeändert werden.

Doch es waren auch Bedenken von BT bezüglich des in der Lizenz vorgesehenen Systems der Kostenverteilung zu begegnen. Diese gründen sich darauf, daß das regulatorische Regime BT bislang daran hindert, Anschluß- und Grundgebühren zu verlangen, die den Kosten der Installation sowie der Aufrechterhaltung der Anschlüsse entsprechen. Die sich hieraus ergebende Deckungslücke wird in der Regulierungspraxis als *»access deficit«* bezeichnet[115]. Wird BT verpflichtet, andere Systeme an sein Netz anzuschließen, würde es eine wettbewerbliche Benachteiligung des Unternehmens darstellen, wenn es das access deficit allein durch höhere Gesprächstarife finanzieren müßte. Daher wurden die Betreiber anzuschließender Systeme verpflichtet, hierzu durch die Zahlung einer sog. *»access deficit contribution« (ADC)* beizutragen[116]. Um auch weiter den Zugang neuer Betreiber zum Markt zu för-

113 Siehe die Diskussion dieser Fragen in Department of Trade and Industry, Competition and Choice: Telecommunications Policy for the 1990s (Consultative Document), November 1990, Rdn. 9.21 ff. sowie Department of Trade and Industry, Competition and Choice: Telecommunications Policy for the 1990s (White Paper), März 1991, Rdn. 7.13 ff.

114 White Paper Rdn. 4.14 (a).

115 Cond. 13.5A.3 Satz 2 der Lizenz.

116 Cond. 13.5A.3 (c) der Lizenz; diese ist von den sog. access charges nach Cond. 19 der Lizenz zu unterscheiden (siehe hierzu oben S. 92 f.); die Höhe der ADC ist erheblich: für die Weiterleitung eines Gespräches zum Standardtarif im Ortsnetzsegment von BT hat MCL nach der Bestimmung des DGT pro Minute ohne ADC 1,16 Pence zu zahlen; wäre die ADC voll zu zahlen, kämen hierzu weitere 0,54 Pence; die nach Nutzung unterschiedlicher Segmente des BT-Netzes aufgeschlüsselten Tarife sind aufgeführt in

dern, steht es nach Cond. 13.5A.5 dem DGT allerdings offen, einem Betreiber die Zahlung der ADC für seine ersten 10% Marktanteil voll oder teilweise zu erlassen. Von dieser Möglichkeit machte der DGT bislang für alle ausschließlich britischen Dienste Gebrauch[117]. Da Mercury im internationalen Verkehr bereits einen Marktanteil von 19% erreicht hat, fällt in diesem Bereich eine ADC für das Unternehmen an[118].

Durch diese Lizenzänderungen wurde die Position von BT weiter gestärkt. Dies führte zu zunehmenden Bedenken von Betreibergesellschaften, daß es dem Unternehmen trotz der regulatorischen Maßnahmen möglich sein könnte, durch prohibitive Netzzugangstarife den Marktzutritt neuer Wettbewerber zu verhindern. Gestützt wurden diese auf die starke Position von BT in den Netzzugangsverhandlungen. Zum anderen hatte der Duopoly Review BT die Möglichkeit einer zunehmenden Flexibilisierung seiner Preise gegeben, so daß Großkunden ein Rabatt gewährt werden konnte. In Verbindung mit den Tarifsenkungen, die durch den price-cap verlangt wurden, führte dies zu einer Verringerung der Spanne zwischen den Tarifen, die BT von Wettbewerbern für die Weiterleitung ihrer Gespräche verlangte, und den von Kunden verlangten Gesprächstarifen. Im Juni 1992 nahm der DGT zu dieser Problematik Stellung[119]. Einerseits wies er das Verlangen der Wettbewerber zurück, durch die *interconnection charges* lediglich für die auf Seiten von BT durch die Weiterleitung unmittelbar verursachten Mehrkosten aufzukommen[120]. Auch die Kosten des für die Weiterleitung genutzten Netzes müßten

---

Oftel - Determination of Terms and Conditions for the Purpose of an Agreement on the Interconnection of the British Telecommunications Telephone System and the Mercury Communications Ltd. System under Condition 13 of the Licence granted to British Telecommunications under Section 7 of the Telecommunications Act 1984, Interconnection Charges and Explanatory Document (Interconnection Charges), 1993, 5.3.4.2.

117 Information aus Interview mit Alan Whitfield, Legal Adviser British Telecom, London, April 1994.

118 Determination of terms and conditions for the purpose of an agreement on the interconnection of the British Telecommunications telephone system and the Mercury Communications Ltd. system under condition 13 of the licence granted to British Telecommunications under Section 7 of the Telecommunications Act 1984, Explanatory Document, 1993, S. 22.

119 Director General of Telecommunications, Statement - Policy on Separation and Interconnection, June 1992.

120 Zur Zeit wird dieses Anliegen von Mercury durch eine Feststellungsklage mit dem Antrag auf eine entsprechende Auslegung der einschlägigen Lizenzbedingung der BT-Lizenz (Cond. 13.5) weiterverfolgt (siehe hierzu Financial Times - Telecom Markets vom 3. Februar 1994, S. 1, »BT and Mercury try to stop Mercury legal action«, sowie oben S. 78 f.), ein Sachurteil ist bislang noch nicht ergangen; der DGT hat aber bereits angekündigt, im Falle eines Erfolges der Klage eine einvernehmliche Lizenzänderung mit BT anzustreben, nach der die bisherige Praxis weiterverfolgt werden kann (Oftel, Discussion on the future of interconnection, Proceedings of an industry workshop held on 25 March 1994, S. 5).

sich in der Tarifstruktur widerspiegeln. Würden diese allein BT aufgebürdet, führe dies dazu, daß auch solche Wettbewerber, deren Kosten über denen von BT liegen, die Preise von BT unterbieten könnten. Die Regulierung müsse hingegen sicherstellen, daß Wettbewerber unter den gleichen Voraussetzungen wie BT ihre Leistungen anbieten können. Dies solle dadurch sichergestellt werden, daß BT zu einer besonderen Rechnungslegung verpflichtet wird.

Zur Umsetzung dieses Ansatzes leitete der DGT im Juni 1993 Konsultationen ein[121], im März 1994 legte er die vorläufigen Ergebnisse in einer Stellungnahme dar[122]. Er schlug vor, BT zu verpflichten, in einer besonderen Rechnungslegung die Vermarktung seiner Netzkapazität (BT-Network), die Vermarktung der Dienste gegenüber den Endverbrauchern (BT-Retail) und die Kosten der Schaffung von Zugang zu dem Netz (BT-Access) aufzuführen[123]. Die für die Vermarktung der Dienste an die Endverbraucher genutzte eigene Netzkapazität solle durch eine Transferzahlung von BT-Network an BT-Retail ausgewiesen werden. BT solle verpflichtet werden, die sich auf diese Weise selbst in Rechnung gestellten Preise auch allen anderen Wettbewerbern anzubieten[124]. Auf dieser Basis könne BT zwar die Höhe der Transfergebühren zunächst selbst bestimmen. Soweit diese aber die auf die angebotenen Dienste entfallenden anteiligen Kosten des Netzes übersteigen, könnten die Wettbewerber den DGT um eine Neufestsetzung nach Cond. 13 der Lizenz ersuchen[125].

Durch die am 31. März 1995 in Kraft getretenen Änderungen der BT-Lizenz wurden diese Vorschläge umgesetzt. Cond. 16B BT-Lizenz errichtet eine Struktur, in der die Tarife für jede Art von interconnection-Dienst, den BT nach Cond. 13.1 erbringen muß, durch den DGT jährlich auf der Basis der einzelnen genutzten Netzkomponenten festgesetzt werden können. Alle Betreiber sind gegenüber BT berechtigt, diese Dienste (»Standard Services«) von BT zu beziehen. Die so bestimmten Tarife werden auch für die Verrechnung zwischen den einzelnen Unternehmensteilen von BT, die nach den Grundsätzen der buchhalterischen Trennung errichtet wurden, nach Cond. 20B BT-Lizenz zugrundegelegt.

---

121 Siehe hierzu Oftel, Interconnection and Accounting Separation, Consultative Document, June 1993.

122 Oftel, Interconnection and Accounting Separation: The Next Steps, Statement Issued by the Director General of Telecommunications, März 1994.

123 A.a.O. Rdn.: 48 ff.

124 A.a.O. Rdn.: 25.

125 Oftel, Interconnection and Accounting Separation, Consultative Document, June 1993 Rdn.: 35.

Die maximalen Tarife für jeden Standarddienst werden jedes Jahr durch den DGT festgelegt, doch BT kann das Einverständnis des DGT einholen, weniger zu verlangen. Der DGT kann auch einen einzelnen Markt für wettbewerblich erklären, worauf BT in bezug auf diesen Markt in seiner Preisgestaltung frei wird. Die Kriterien, um die Wettbewerblichkeit eines Marktes zu bestimmen, werden zur Zeit noch innerhalb des Oftel diskutiert.
BT wurde daneben verpflichtet, eine Liste der Tarife für Standarddienste zu publizieren einschließlich derer, für die bereits eine Festlegung durch den DGT erfolgt ist. Die Tarife für Standarddienste werden für jedes Finanzjahr durch den DGT auf der Basis eines von BT vorgelegten Planes festgelegt. Die Tarife für das jeweils laufende Jahr werden zunächst nur vorläufig festgelegt (»Interim Charges«) und können über Cond. 16B und 24 während des Jahres geändert werden. Geänderte Tarife werden als tatsächliche Tarife (»Actual Charges«) bezeichnet. Am Ende eines Jahres, nachdem die Finanzberichte durch BT vorgelegt wurden, setzt der DGT endgültig die Tarife fest (»Final Charges«), so daß diese in genaue Übereinstimmung mit den auf sie entfallenden Kosten gebracht werden können. Zuviel- und Zuwenigzahlungen werden verzinst ausgeglichen.

c) *Netzzugang im wettbewerblichen Umfeld*

Diese Regelungen stellen eine konsequente Fortentwicklung des Regulierungsansatzes dar, nach dem im Zweifel durch die direkte Bestimmung der Vertragsbeziehungen zwischen den Betreibern sichergestellt werden soll, daß BT seinen Wettbewerbern umfassenden Zugang zu seinem Netz gewährt, ohne diese hierbei gegenüber dem eigenen Vertriebsgeschäft zu diskriminieren.
Diese Form der Regulierung ist mit Schwierigkeiten verbunden. Zum einen wird die Fähigkeit von BT zur flexiblen Gestaltung der gegenüber den Endverbrauchern verlangten Preise erheblich eingeschränkt. Das Oftel betont, daß die aus den unterschiedlichen Aktivitäten resultierenden Verbundvorteile von BT dagegen sprechen, das Unternehmen zu strukturellen Maßnahmen zu verpflichten[126]. Doch durch das konsequent durchgesetzte Prinzip der Nichtdiskriminierung auch gegenüber dem eigenen Vertriebsgeschäft wird BT außerstande gesetzt, diese Verbundvorteile in der eigenen Preisstruktur zu reflektieren und so den Endverbrauchern zugutekommen zu lassen. Zum anderen wird

---

126 A.a.O. Rdn.: 19 ff.

das Oftel mit der schwierigen Aufgabe konfrontiert, die Aufteilung der Kosten durch BT auf die verschiedenen Geschäftsfelder zu überwachen.
Ferner sind die Grundsätze unklar, nach denen die auf die einzelnen Leistungen entfallenden Kosten des Netzes berechnet werden sollen. Eine Orientierung an den jeweils genutzten Komponenten des Netzes weist das Oftel zurück, da eine solche Vorgehensweise BT dazu zwingen würde, auch die Preise der den Endverbrauchern angebotenen Dienste an den Kosten zu orientieren. Hieran sei BT aber durch die Verpflichtung zu einheitlichen Tarifen gehindert. Auf die Verhinderung solcher Verzerrungen müsse das Oftel jedenfalls bei der Bestimmung der Tarife achten[127]. Sonstige Beschränkungen von BT zur vollen Kostenorientierung seiner Preise[128] führen zu entsprechenden Bedenken. Lediglich in bezug auf die Anschlußgebühren wird dem durch die ADC Rechnung getragen. Hierdurch findet sich das Oftel bei der Bestimmung der Netzzugangstarife in der Position wieder, eine Fülle unterschiedlicher Faktoren zu gewichten, darunter die Allokation der Kosten, die Auswirkungen der Preiskontrolle, die Zielsetzung der Förderung des Wettbewerbs sowie die BT obliegenden Verpflichtungen. Die Vorschläge des DGT zeigen noch nicht, wie dies in transparenter und nachvollziehbarer Weise geschehen kann[129].
Hier verdient auch der Gegensatz zwischen der Regulierung der *interconnection*-Tarife mit der Regulierung der gegenüber den Endverbrauchern verlangten Preise Beachtung. Wie oben näher aufgezeigt[130], wurde in letzterer im Ausgangspunkt auf eine Rentabilitätsregulierung, die die Verzinsung des eingesetzten Kapitals begrenzt, vor allem verzichtet, um dadurch dem regulierten Unternehmen einen Anreiz zu geben, durch Innovation und gesteigerte Effizienz einen höheren Gewinn zu erzielen, sowie das eingesetzte Kapital intensiv zu nutzen. Das in der BT-Lizenz angelegte Regulierungsmodell verzichtet für *interconnection*-Dienste auf diese Vorteile, indem es die einzelnen Tarife nicht durch konstante *price-caps* begrenzt, sondern direkt an die im einzelnen bestimmten Kosten anbindet. Ein Beispiel mag verdeutlichen, daß dies auch Rückwirkungen auf die Funktionsweise der Preiskontrolle haben muß. Wird BT verpflichtet, das Ortsnetzsegment des Netzes Wettbewerbern zu kostenorientierten Tarifen anzubieten, muß das Unternehmen, um konkurrenzfähig zu bleiben, auch seine eigenen Endverbrauchertarife entsprechend anpassen. Der Vorteil der direkten Preiskontrolle liegt aber gerade darin, daß durch die

---

127 A.a.O. Rdn.: 51, 54.
128 Siehe hierzu oben S. 100.
129 Ähnlich *Walker/Solomon*, The Interconnection Imperative, Telecommunications Policy 1993, 257, 269.
130 S.o. S. 94 ff.

Begrenzung der Preise auf einen festen Wert dem Unternehmen ein Anreiz gegeben wird, das eingesetzte Kapital effektiv zu nutzen. Die Rückwirkung der regulativen Begrenzung der interconnection-Tarife auf die von eigenen Telefonkunden verlangten Preise führt nun dazu, daß dieser Anreiz nur zu einem geringeren Maße besteht. Die Bekräftigung des Oftel, die Aufteilung der Kosten auf einzelne Netzkomponenten so vornehmen zu wollen, daß solche Rückwirkungen nicht in einem unerwünschten Maß autreten[131], macht das Spannungsverhältnis zwischen dem Grundansatz der price-caps und der interconnection-Regulierung nur noch deutlicher. Erst recht gilt dies, wenn durch price-caps interne Quersubventionen gezielt aufrechterhalten werden. Dieses zeigt auch die schwierige Problematik der ADC. Erst die regulatorische Begrenzung der Anschluß- und Grundgebühren gibt hier eine Rechtfertigung dafür, das angeblich zunächst von BT zu tragende *access deficit* auszugleichen.

Auch bedarf es zunehmend der Klärung, wie weit die *interconnection*-Verpflichtung reicht. So läßt sich bereits fragen, ob ein Netzbetreiber dazu verpflichtet werden sollte, auch Kunden anderer Systeme in sog. »*Virtual Private Networks« (VPN)* miteinzubeziehen, die unter Nutzung der Leitungen des öffentlichen Netzes die Funktionen privater Netze imitieren. Noch weiter würde dies bei sog. »intelligenten Netzen« gehen, die über das öffentliche Netz zahlreiche zusätzliche Funktionen wie automatische Anrufweiterleitung, Konferenzschaltungen etc. ermöglichen. Die BT-Lizenz, in der dem Unternehmen aufgegeben wird, Verbindungen herzustellen, um jede vernünftige Nachfrage zur Übertragung von Nachrichten zwischen dem anzuschließenden System und dem BT-System zu ermöglichen[132], könnte hier als Grundlage für weitreichende Verpflichtungen des Unternehmens dienen, nach denen auch Kunden anderer Betreiber in solche Netze einbezogen werden müssen. Dies würde aber den Anreiz der Netzbetreiber, nicht nur durch niedrige Preise, sondern auch durch innovative Produkte miteinander in Wettbewerb zu treten, deutlich begrenzen.

Diese Beispiele machen deutlich, daß die eigentliche Problematik der *interconnection*-Frage nicht so sehr in der physischen Zusammenschaltung der Systeme zu sehen ist als in der Entscheidung, welche Dienste zu welchen Preisen auch Kunden der Wettbewerber erbracht werden müssen. Von Seiten des Oftel wird bislang versucht, den Kreis dieser Dienste möglichst weit zu ziehen. In unterschiedlichen Listen wurden so durch die Behörde die Dienste

---

131 Oftel, Interconnection and Accounting Separation, Consultative Document, June 1993 Rdn.: 54.

132 Cond. 13.1 (a) BT-Lizenz.

aufgeführt, deren Angebot an andere Betreiber sie für technisch realisierbar und praktikabel hält[133]. Aus den Augen gerät hierbei die Zielsetzung der *interconnection*-Verpflichtung, BT einen Mißbrauch seiner Marktstellung unmöglich zu machen sowie in jedem Fall sicherzustellen, daß zwischen zwei Kunden öffentlicher Fernsprechnetze eine Verbindung hergestellt werden kann. Dieser Ausgangspunkt würde es vielmehr nahelegen, die Reichweite der BT aufgegebenen *interconnection*-Verpflichtungen davon abhängig zu machen, inwieweit diese Dienste auch durch andere Unternehmen erbracht werden könnten. Eine solche Beschränkung der Netzzugangsverpflichtungen würde es ermöglichen, die regulatorische Kontrolle der von BT verlangten Tarife ebenfalls auf diese Dienste einzuengen[134].

Es verbleibt festzustellen, daß heute mit Zulassung zahlreicher neuer Diensteanbieter ein dringendes Bedürfnis besteht, die Regulierungsnotwendigkeiten klar herauszuarbeiten. Gegenüber dem Zustand zur Zeit der ersten interconnection-Vereinbarungen sind die Tarife von BT heute wesentlich weitgehender den Kostenstrukturen angenähert. Durch direkte interconnection-Vereinbarungen zwischen Mobilnetzbetreibern, Kabelunternehmen und anderen neuen Marktteilnehmern kann sich die Bereitstellung solcher Dienste zunehmend wettbewerblich gestalten. Das Interesse der Betreiber, zu einer Einigung über den Zugang zu ihren Netzen zu kommen, wird stärker in den Vordergrund treten. Auch das Oftel erwartet, daß auf diese Weise für BT in Zukunft die übrigen Netzbetreiber als Großkunden von Interesse sein werden[135], und sieht zumindest die Möglichkeit, daß so die Regulierungsnotwendigkeit redu-

---

133 Eine Liste A enthält Dienste, die BT jedenfalls den anderen Betreibergesellschaften anbieten soll, so insbesondere Übermittlungsdienste von verschiedenen Anschlußpunkten sowie eine Reihe von Hilfsdiensten; Liste B enthält Dienste die evtl. kurzfristig noch in diese Liste aufgenommen werden sollen (hierunter insbesondere VPN-Dienste und indirekter Netzzugang von öffentlichen Fernsprechern); Liste C enthält Dienste, über deren Einbeziehung längerfristig verhandelt werden soll (so z.B. sog. »intelligente Netze«), Oftel, Interconnection and Accounting Separation: The Next Steps, Statement Issued by the Director General of Telecommunications, März 1994, Rdn. 60 sowie Annex H.

134 Auf Seiten des Oftel wird lediglich die Möglichkeit anerkannt, daß für einzelne Dienste in Zukunft ein geringeres Maß an Regulierung notwendig werden könnte. Es schlägt daher vor, dem DGT durch Lizenzänderungen die Möglichkeit zu geben, solche Dienste zu bestimmen; auch hier solle BT jedoch verpflichtet werden, diese Dienste durch publizierte Tarife dem eigenen Vertriebsgeschäft sowie sonstigen Unternehmen auf gleicher Basis anzubieten, Oftel, Interconnection and Accounting Separation: The Next Steps, Statement Issued by the Director General of Telecommunications, März 1994, Rdn. 80; weitergehend die Vorschläge von BT in einer Standard Interconnect Price List (SIPL) nur sog. »bottleneck«-Dienste, wie die Verbindung von der letzten Vermittlungsstelle zum Kunden der regulatorischen Kontrolle durch das Oftel zu unterwerfen, British Telecom, Standard Interconnect Charges, S. 3 in Oftel, UK Standard Interconnect Charges, Proceedings of a Workshop held on 11 October 1993.

135 *Wigglesworth/Barnes*, UK Policies and Regulations, Telecommunications Policy 1992, 721, 724.

ziert werden kann[136]. Gleichzeitig faßt es jedoch die Möglichkeit ins Auge, auch anderen Betreibern ähnlich weitgehende Verpflichtungen wie BT aufzuerlegen[137]. Werden die Kompetenzen der Regulierungsbehörden zur Festlegung von *interconnection*-Bedingungen aber ohne Blick auf den Grad festgelegt, in dem die einzelnen Dienste bereits rechtlich und wirtschaftlich von konkurrierenden Anbietern erbracht werden können, so besteht die Gefahr, daß hierdurch eine Überregulierung des gesamten Telekommunikationssektors erfolgt. Eine regulative Struktur, die den Regulierungsbehörden selbst die Festlegung dieser Eingriffsmöglichkeiten anvertraut und die Vorgaben für das beherrschende Unternehmen nicht auf der Basis subjektiver Rechte potentiell benachteiligter Wettbewerber ermittelt, ist dieser Gefahr in besonderer Weise ausgesetzt.

4. *Gleiche Zugangsmöglichkeiten zu Fernleitungen unterschiedlicher Betreiber (equal access)*

Unter gleichberechtigtem Netzzugang (equal access) wird in Großbritannien ein Regulierungskonzept verstanden, nach dem den Endverbrauchern die Benutzung unterschiedlicher Fernnetze in einer Weise eröffnet werden soll, die keinem Betreiber einen Wettbewerbsvorteil aus dem gleichzeitigen Betrieb von lokalen Diensten gewährt[138]. Hierzu müssen die Betreiber von Ortsnetzen verpflichtet werden, zu Fernnetzen gleiche Zugangsbedingungen herzustellen. Dies kann zu einer erheblichen Belebung des Wettbewerbs im Fernsprechverkehr beitragen, da einem dominanten Unternehmen die Möglichkeit genommen wird, über den Zugang zum Ortsnetz auch andere Verbindungen zu kontrollieren. So sah die Regierung zunächst dieses Prinzip als Verwirklichung ihres Regulierungsziels »Wahlmöglichkeit für den Kunden« (»*Customer Choice*«) an[139]. Gleichzeitig können solche Verpflichtungen aber die Entwicklung wettbewerblicher Strukturen im Ortsnetz behindern, da sie für Betreiber von Fernleitungen den Anreiz verringern, selbst bis zu den Endverbrauchern reichende Verbindungen aufzubauen.

---

136 Oftel, Interconnection and Accounting Separation: The Next Steps, Statement Issued by the Director General of Telecommunications, März 1994, S. 3; weitergehend, als Option eine Minimierung der regulatorischen Intervention ins Auge fassend, jüngst erstmals Oftel, A Framework for Effective Competition, Consultative Document, December 1994, S. 21 f.

137 Siehe hierzu Financial Times - Telecom Markets 1994, Nr. 241, S. 5 »UK cable operators will also have to separate accounts«.

138 Siehe z.B. die Definition in Cond. 13A.5 (a) BT-Lizenz.

139 Department of Trade and Industry, Competition and Choice: Telecommunications Policy for the 1990s (Consultative Document), November 1990, Rdn. 9.24.

In Großbritannien wurde bislang für die Kunden von Kingston Communications in der Gegend um Hull *equal access* verwirklicht. Einerseits eröffnete Kingston die Möglichkeit durch die Vorwahl gleichlanger Präfixe für jedes Telefongespräch eine Wahl zwischen den Fernnetzen von BT und Mercury zu treffen. Unter Zugrundelegung des Verhältnisses, in dem die explizit getroffenen Entscheidungen zugunsten der einzelnen Betreiber zueinander stehen, werden dort die Telefongespräche, für die eine solche Wahl nicht getroffen wurde, unter den Betreibern aufgeteilt. Außerhalb des Gebietes um Hull ist Kunden von BT eine Weiterleitung ihres Gespräches über das Netz anderer Betreiber im Einzelfall dagegen nur möglich, soweit spezielle Handapparate verwandt werden (sog. *»blue button phones«*) oder indem eine zusätzliche dreistellige Vorwahlnummer gewählt wird.

Die Möglichkeiten zur Einführung von *equal access* wurden im Duopoly Review erörtert. Im White Paper verkündete die Regierung ihren Entschluß, Ortsnetzbetreiber mit der Erneuerung der lokalen Vermittlungen zu einer allmählichen Einführung von *equal access*-Einrichtungen zu verpflichten[140]. Den Bedenken der Kabelfernsehbetreiber trug die Regierung zum Teil Rechnung, indem sie ihre Bereitschaft erklärte, die Verpflichtung auf Ortsnetzbetreiber mit einem Marktanteil von mehr als 25% zu beschränken. Mobilfunkbetreiber sollen nach diesen Plänen von der Verpflichtung freigestellt werden. Zunächst könne die Wahl mittels spezieller Telefonapparate getroffen werden. Mit Einführung der CLI-Technik[141] werde eine zweite Stufe von *equal access* möglich, bei der der Kunde entweder durch Vorwahl bestimmter Präfixe oder im voraus durch Abschluß einer entsprechenden Vereinbarung bestimmen könne, daß seine Gespräche über einen bestimmten Betreiber weitergeleitet werden.

Angesichts der Kosten, die mit der Umrüstung der Vermittlungsanlagen verbunden sind, sowie angesichts der negativen Auswirkungen, die *equal access*-Auflagen für den lokalen Wettbewerb haben können, wurden die Betreiber bislang noch nicht entsprechend dieser Erklärung zur Einführung von *equal-access*-Einrichtungen verpflichtet. Auch das Interesse von Mercury an der Einführung solcher Maßnahmen dürfte geringer geworden sein, nachdem der

---

140 Department of Trade and Industry, Competition and Choice: Telecommunications Policy for the 1990s (White Paper), März 1991, Appendix 3, S. 74 ff.

141 Calling Line Identification - mit dem Gespräch werden Informationen über den Anrufer übermittelt; dies wirft auch datenschutzrechtliche Probleme auf, da diese Informationen vom Inhaber des Zielanschlusses weitgehend genutzt werden können; siehe hierzu Oftel, Calling Line Identification, Consultative Document, September 1993.

DGT klargestellt hat, daß soweit *equal access*-Verpflichtungen bestehen, die Grundlage für einen Erlaß der ADC[142] entfalle[143].
Durch die Einfügung von Cond. 13 A.3 (a) in die BT-Lizenz wurde dem DGT die Möglichkeit gegeben, BT zu verpflichten, zu Fernleitungen einzelner Betreiber einen solchen gleichberechtigten Zugang zu ermöglichen. Soweit BT und die sonstigen Betreiber keine Einigung über entsprechende Vereinbarungen erzielen, hat der DGT ähnlich wie bei sonstigen Netzzugangsfragen die Möglichkeit, die Bedingungen im einzelnen festzusetzen. Hierbei hat er die Kosten der Errichtung von *equal-access*-Einrichtungen in einer Weise zwischen den Betreibern aufzuteilen, die reflektiert, inwiefern sie jeweils von den Arrangements profitieren. Im November 1993 legte eine Wirtschaftsprüfungsgesellschaft im Auftrag des DGT eine Studie vor, die Vorschläge enthält, wie als Grundlage hierfür eine Kosten-Nutzen-Analyse ausgestaltet werden könnte[144].

5. *Numerierung*

Ein telekommunikationsspezifisches, für den Wettbewerb bedeutsames Regelungsproblem stellt die Frage dar, wer für die Bestimmung von Telefonnummern verantwortlich ist und nach welchen Gesichtspunkten diese erfolgt. Dies wird deutlich, wenn man sich die unterschiedlichen Möglichkeiten vor Augen führt, wie die Numerierung bei mehreren Netzbetreibern, deren Teilnehmer sich untereinander anwählen können sollen, ausgelegt werden kann. Zunächst könnte es den Netzbetreibern offenstehen, ihre eigenen Numerierungsschemata zu entwickeln. Durch Vorwahl bestimmter Präfixe könnten jeweils die Netze anderer Betreiber erreicht werden. Hier wäre aber sicherzustellen, daß dominante Betreiber nicht den Zugang zu anderen Netzen behindern, indem sie diesen nur über die Vorwahl unnötig langer oder unsystematischer Präfixe ermöglichen. Moderne Vermittlungseinrichtungen erlauben zahlreiche weitergehende Möglichkeiten. So kann ein einheitlicher nationaler Numerierungsplan erstellt werden, bei dem die Nummern Informationen über die Art der angewählten Dienste enthalten oder erkennen lassen, wo sich ein Anschluß befindet. Wird auf Informationen über den Betreiber in der Nummer sogar ganz verzichtet, kann Benutzern ermöglicht werden, das System eines anderen Betreibers zu nutzen, ohne daß hierfür ein Wechsel der Anschlußnummern

---

142 Zu dieser oben S. 110 f.
143 Oftel, Annual Report 1991, 1.19.
144 Oftel, Cost benefit analysis of Equal Access, A Consultative Document, November 1993.

notwendig wäre. Dies kann zu einer deutlichen Belebung des Wettbewerbs beitragen, erfordert aber die Übertragung von Entscheidungsbefugnissen, die für die künftige Gestaltung des Netzes von erheblicher Tragweite sein können, auf eine unabhängige Administration.

Die Lizenzen von BT und Mercury sahen zunächst vor, daß die Verantwortung für die Erstellung der Numerierungspläne bei den Betreibern liegen sollte[145], die jedoch einerseits ein durch den DGT berufenes *Telecommunications Numbering and Addressing Board (TNAB)* zu konsultieren hatten, andererseits die Pläne dem DGT vorlegen mußten, der wiederum die Möglichkeit hatte, Veränderungen vorzunehmen. Dieses institutionelle Arrangement wurde bald nicht mehr als befriedigend empfunden. Ende der 80er Jahre begann deutlich zu werden, daß angesichts der Vielzahl der geplanten zusätzlichen Dienste die Notwendigkeit zu einer grundsätzlichen Überarbeitung des Numerierungsplanes bestand. Oftel ließ daher durch ein Beratungsunternehmen hierzu eine Studie anfertigen und stellte die sich hieraus ergebenden Vorschläge in einem Consultative Document zur Diskussion[146]. Im *White Paper* des *Duopoly Review* bekundete der Secretary of State daraufhin seine Absicht, Oftel stärker an der Erstellung der Numerierungspläne zu beteiligen[147]. Dies führte dazu, daß das Oftel gegenüber BT und Mercury eine einvernehmliche Lizenzänderung durchsetzen konnte, nach der die zentrale Verantwortung für die Numerierung nun seit Januar 1994 beim Oftel liegt.

Der Bestand an Telefonnummern wird nun als nationale Ressource betrachtet, deren optimale Allokation in einem mehrstufigen Verfahren gewährleistet werden soll. Der DGT hat nach Konsultation der interessierten Parteien sog. *Numbering Conventions* aufzustellen. Diese legen bereits bestimmte Präfixe fest und beinhalten Kriterien und Verfahren für die Allokation und Neubelegung von Nummern. Insoweit, als die Übertragbarkeit von Nummern auf andere Betreiber bereits gewährleistet ist, enthalten sie Einzelheiten, wie ein solcher Wechsel ausgeführt werden soll[148]. Unter Zugrundelegung dieser Konventionen hat der DGT ein Nummernschema zu erstellen, das im einzelnen festlegt, welche Bereiche für welche Dienste reserviert werden sollen, und den Betreibern entsprechend Nummern zuzuteilen[149]. Für die zugeteilten

145 Cond. 34 BT-Lizenz; Cond. 30 Mercury-Lizenz.

146 Numbering for Telephone Services into the 21st Century - A Report to Oftel by Ovum, March 1991; hierzu auch Oftel Annual Report 1990, 2.43, Annual Report 1991 3.41 ff.

147 Department of Trade and Industry, Competition and Choice: Telecommunications Policy for the 1990s (White Paper), März 1991, Rdn. 8.28 ff.

148 Cond 34B.9 BT-Lizenz; Cond 30B.9 Mercury-Lizenz.

149 Cond 34B.5 BT-Lizenz; Cond 30B.5 Mercury-Lizenz.

Nummern erstellt der Lizenzinhaber anschließend Numerierungspläne, deren Vereinbarkeit mit den Konventionen durch den DGT überwacht wird.

Angesichts der Grundentscheidung der britischen Telekommunikationsordnung, nach der regulatorisch sichergestellt werden soll, daß Teilnehmer jedes öffentlichen Netzes, die Teilnehmer jedes anderen Netzes erreichen können[150], sowie angesichts des Zieles, daß die Anschlußnummern weitgehend unabhängig davon sein sollen, von welchem Ausgangsnetz aus die Anschlüsse angewählt werden, erscheint es folgerichtig, die Nummernkapazität als knappe nationale Ressource anzusehen. Die in der Umsetzung durch das Oftel vorgeschlagene Allokation verdeutlicht die von der Behörde in neue Dienstemerkmale gesetzten hohen Erwartungen[151]. Die sich durch ein solches Schema ergebenden Möglichkeiten dürfen aber nicht darüber hinwegtäuschen, daß die Allokation auch in Zukunft aufgrund wertender Entscheidungen vorgenommen werden muß, die den Wettbewerbern ungleiche Voraussetzungen bieten werden. Ein Beispiel für die involvierten Interessen stellt das Verlangen der PCN-Betreiber[152] dar, Ziffern zu erhalten, die von anderen Mobilfunkbetreibern bereits anhand der zweiten angewählten Ziffer unterscheidbar sind, da das Anwählen ihrer Anschlüsse gegenüber den Netzen der bisherigen Mobilfunkbetreiber deutlich billiger sein wird[153]. Auch kann eine klare, leicht merkbare Nummer für einen Ansagedienst ein entscheidender Wettbewerbsvorteil sein. Solche Interessen können nach dem gegenwärtigen Regime lediglich im administrativen Verfahren berücksichtigt werden. Die sich aufgrund solcher Entscheidungen ergebenden Ungleichgewichte sollen in Großbritannien gemildert werden, indem den Betreibern untersagt wird, ihre Nummern als Markenzeichen zu verwenden. Auch dürfen die Betreiber für die Zuteilung einer Nummer an einen Anschlußinhaber in der Regel keine

---

150 »Any to any-principle«, siehe hierzu bereits oben S. 107.

151 Nach dem Fernwahlpräfix »0« soll für die bislang in weiten Bereichen üblichen geographischen Vorwahlnummern die Ziffer »1« zusätzlich zu den bisherigen Nummern eingefügt werden, so daß sich die Gesamtzahl der anzuwählenden Ziffern von neun auf zehn erhöht; die freiwerdenden Kapazitäten sollen wie folgt verteilt werden: »2« für ein neues geographisches Schema; »3« für Funkdienste wie zellularen Mobilfunk, PCN und Funkruf; »5« für Dienste, die für den Anrufer kostenlos sind; »7« für »persönliche« Nummern, die keine geographische Information enthalten und so innerhalb Großbritanniens oder sogar auch international neu geschaltet werden können; »8« für hochpreisige Mehrwertdienste sowie Ferngespräche, für die vom Anrufer nur der Ortsgesprächstarif zu zahlen ist; »0« für internationale Verbindungen; die Bereiche »4«, »6« und »9« sollen für künftige Entwicklungen freigehalten werden (Oftel, Numbering: Choices for the Future, Consultative Document, June 1993, Zusammenstellung der Vorschläge in Annex B).

152 Siehe zu diesen Diensten näher unten S. 163 f.

153 Oftel, Numbering: Choices for the Future, Consultative Document, June 1993, Rdn. 9.15.

Zahlung verlangen[154]. Im Ausgangspunkt sollte durch die Behandlung der Numerierungskapazität als nationale Ressource sichergestellt werden, daß insbesondere BT sich durch Numerierungsentscheidungen nicht vor dem Marktzutritt von Wettbewerbern schützen kann[155]. Durch das eingeführte Verfahren wird jedoch in Kauf genommen, daß in bezug auf die Allokation der Nummern Marktmechanismen konsequent ausgeblendet werden.

V. *Exkurs: Das Verhältnis der britischen Netzzugangsregulierung zu den Kriterien des Art. 86 EG-Vertrag*

Oben wurde bereits die besondere Bedeutung aufgezeigt, die den kartellrechtlichen Bestimmungen des EG-Vertrages auf den traditionell von einer hohen Konzentration geprägten Telekommunikationsmärkten zukommt. Betreiber, die auf einem wesentlichen Teil des gemeinsamen Marktes eine beherrschende Stellung innehaben, haben neben dem nationalen Telekommunikationsrecht insbesondere das Mißbrauchsverbot des Art. 86 EG-Vertrag zu beachten. Die Zielrichtung dieser beiden Regelungskomplexe erscheint dabei zunächst ähnlich. Wie gezeigt ist die britische Regulierung ebenfalls in erster Linie darauf gerichtet, den dominanten Netzbetreiber auch gegenüber seinen Wettbewerbern von einem Mißbrauch seiner Marktstellung abzuhalten. Der Ermöglichung des Zugangs anderer Betreiber zum Netz von BT kommt hierbei eine zentrale Bedeutung zu. Im folgenden soll daher untersucht werden, inwieweit die Verpflichtungen, die BT durch die britische Netzzugangsregulierung aufgegeben wurden, mit den aus Art. 86 EG-Vertrag resultierenden Vorgaben übereinstimmen. Anschließend wird aufgezeigt, welche Konsequenzen sich aus den abweichenden Kriterien für Betreibergesellschaften und Regulierungsbehörden ergeben.

1. *Art. 86 EG-Vertrag und der Zugang zu den Netzen marktbeherrschender Betreiber*

Für die Frage, wann und unter welchen Bedingungen marktbeherrschende Netzbetreiber anderen Unternehmen durch die Gewährung von Zugang zu ihrem Netz die Weiterübermittlung von Anrufen anbieten müssen, lassen sich Art. 86 EG-Vertrag wichtige Vorgaben entnehmen. So kann hier zunächst an

154 Cond 34B.15 BT-Lizenz; Cond 30B.15 Mercury-Lizenz.

155 Oftel, Numbering: Choices for the Future, Consultative Document, June 1993, Rdn. 2.1.

die gefestigte Rechtsprechung des EuGH zur Geschäftsverweigerung angeknüpft werden, die einem marktbeherrschenden Unternehmen untersagt, seine Stellung zur Ausgrenzung möglicher Wettbewerber einzusetzen und hieraus einen Kontrahierungszwang herleitet[156]. Im Urteil »British Telecommunications« wurde entsprechend ein dominanter Betreiber zur Öffnung seines Netzes gegenüber Erbringern spezieller Übermittlungsdienste verpflichtet[157].

Für seine Leistungen darf das beherrschende Unternehmen grundsätzlich nur angemessene Preise verlangen, wie sie sich bei normalem und hinreichend wirksamem Wettbewerb ergeben würden. Soweit dies in praktikabler Weise möglich ist, hat der EuGH zur Ermittlung dieser Preise die Kosten des beherrschenden Unternehmens herangezogen[158], ansonsten den Vergleich mit den auf ähnlichen Märkten verlangten Preisen[159]. Da BT umfangreichen Rechnungslegungspflichten unterliegt, dürfte bei der Kontrolle der Netzzugangstarife eine Ermittlung der korrespondierenden Kosten in der Regel möglich sein.

Es fragt sich aber, inwieweit bei der hiernach zu ermittelnden Preisobergrenze die Kosten für gemeinnützige Verpflichtungen des Unternehmens miteinzubeziehen sind, so daß diese zum Teil auf andere Betreiber abgewälzt werden könnten. Dies entspräche zwar nicht dem Ausgangsmaßstab, also den Preisen, wie sie das Unternehmen für seine Dienste bei hinreichend wirksamem Wettbewerb verlangen würde. Eine Einbeziehung der Kosten ist jedoch grundsätzlich aus der Rechtsprechung des Europäischen Gerichtshofes zu Art. 90 Abs. 2 EG-Vertrag herzuleiten. Hiernach können an sich wettbewerbswidrige Verhaltensweisen von Unternehmen, die mit Dienstleistungen von allgemeinem wirtschaftlichen Interesse betraut sind, hinzunehmen sein, soweit sie zum Ausgleich der in unrentablen Bereichen entstandenen Verluste durch Gewinne in rentablen Bereichen erforderlich sind[160]. Dies hat jedoch nicht zur Folge,

---

156 EuGH, Urteil vom 22. Januar 1974 in der Rs. 6 und 7/73, Commercial Solvents, Slg. 1974, 223 ff.; EuGH, Urteil vom 2. März 1983 in der Rs. 7/82, Gesellschaft zur Verwertung von Leistungsschutzrechten (GVL), Slg. 1983, 483 ff.; EuGH, Urteil vom 3. Oktober 1985 in der Rs. 311/84, Slg. 1985, 3261 ff.; siehe auch *Schröter* in *von der Groeben/Thiesing/Ehlermann*, Kommentar zum EWG-Vertrag, Art. 86 Rdn.: 201 ff.; *Mestmäcker*, Zum Begriff des Mißbrauchs in Art. 86 des Vertrags über die Europäische Gemeinschaft, in FS Raisch, S. 441, 460 ff.

157 EuGH, Urteil vom 30. März 1985 in der Rs. 41/83- Italien/Kommission, Slg. 1985, 873 ff.; siehe hierzu auch oben S. 60 sowie unten S. 140 f.

158 EuGH, Urteil vom 14. Februar 1978 in der Rs. 27/76, United Brands, Slg. 1978, 207, 305.

159 EuGH, Urteil vom 13. Juli 1989 in Rs. 395/87, Re Tournier (SACEM), Slg. 1989, 2576, 2579.

160 EuGH, Urteil vom 19. Mai 1993 in der Rs. C-320/91, Re Paul Corbeau, (Slg. 1993, I-2533), Rdn. 16 f; ähnlich EuGH, Urteil vom 27. April 1994 in der Rs. C-393/92, Almelo, Slg. 1994, I-1477, 1521.

daß BT bei den Tarifen für alle Dienste die sich aus den besonderen Aufgaben des Unternehmens ergebenden Belastungen berücksichtigen darf. Auch im Urteil *Corbeau* sah der Europäische Gerichtshof bloß für einen Teil der durch die belgische RTT erbrachten Dienste einen solchen Ausgleich als gerechtfertigt an. Die Anwendung der Wettbewerbsregeln auf spezifische, von Dienstleistungen von allgemeinem Interesse trennbare Leistungen stellten die Erfüllung der besonderen Aufgaben nicht in Frage[161]. Wo eine Einschränkung in der Anwendung der Wettbewerbsregeln im Telekommunikationssektor in Frage kommt, hat die Kommission in den gemäß Art. 90 Abs. 3 EG-Vertrag erlassenen Richtlinien konkretisiert[162]. Hiernach sind die Mitgliedstaaten befugt, besondere oder ausschließliche Rechte für die Sprachkommunikation aufrechtzuerhalten. Eine Sonderbehandlung außerhalb dieses Marktes auf der Grundlage des Art. 90 Abs. 2 EG-Vertrag schloß die Kommission hingegen aus[163]. Auch in Netzzugangstarifen können demnach für Nichtsprachdienste neben den Kosten für die konkret erbrachten Übermittlungsdienste nicht die Kosten sonstiger gemeinnütziger Verpflichtungen in Rechnung gestellt werden.

Neben mißbräuchlichen Netzzugangstarifen untersagt Art. 86 EG-Vertrag die Verknüpfung des Netzzugangs mit sonstigen Bedingungen, die ein Betreiber in einem wettbewerblichen Umfeld nicht durchsetzen könnte. Für das Angebot von Mietleitungen hat die Kommission die sich hieraus ergebenden Konsequenzen in den Leitlinien für die Anwendung der Wettbewerbsregeln im Telekommunikationsbereich[164] näher ausgeführt. So muß der Netzzugang insbesondere auch gegenüber potentiellen Wettbewerbern nichtdiskriminierend gewährt werden und darf nicht an die Abnahme vernünftigerweise trennbarer weiterer Dienste gekoppelt werden[165]. Diese Grundsätze sind auch auf die Weiterleitung von Anrufen übertragbar.

---

161 EuGH, Urteil vom 19. Mai 1993 in der Rs. C-320/91, Re Paul Corbeau, (Slg. 1993, I-2533), Rdn. 18.

162 Richtlinie der Kommission (88/301/EWG) vom 16. Mai 1988 über den Wettbewerb auf dem Markt für Telekommunikations-Endgeräte (ABl. L 131/73 vom 27.05.88); Richtlinie der Kommission (90/388/EWG) vom 28. Juni 1990 über den Wettbewerb auf dem Markt für Telekommunikationsdienste (ABl. L 192/10 vom 24.07.90); Richtlinie der Kommission (94/46/EG) vom 13. Oktober 1994 zur Änderung der Richtlinie 88/301/EWG und 90/388/EWG, insbesondere betreffend die Satellitenkommunikation (ABl L 268/15 vom 19.10.94); siehe zu diesen Richtlinien oben S. 59 Fußnote 80.

163 Siehe dazu oben S. 65 f.

164 ABl. C 233/2 vom 6.09.91; siehe zu diesen auch oben S. 60.

165 A.a.O. Rdn. 98.

2. *Vergleich zwischen den Kriterien des Art. 86 EG-Vertrag und der britischen Regulierung*

Ähnlich Art. 86 EG-Vertrag ist auch die britische Regulierung durch das Ziel geprägt, den dominanten Netzbetreiber daran zu hindern, in mißbräuchlicher Ausnutzung seiner Marktstellung neue Betreiber am Zugang zu seinem Netz zu hindern. Hierin unterscheidet sie sich von einer klassischen, in erster Linie am direkten Schutz der Endverbraucher ausgerichteten *utility-regulation*. Dies wird bereits deutlich durch die insbesondere auch für Netzzugangsvereinbarungen bedeutsamen in der Lizenz enthaltenen allgemeinen *fair-trade*-Bedingungen, wie das Verbot bestimmter Koppelungsgeschäfte in Cond. 35 BT-Lizenz oder die Diskriminierungsverbote der Cond. 17 BT-Lizenz.
Unterschiede zu den Verpflichtungen aus Art. 86 EG-Vertrag ergeben sich indes aus den Mitteln, mit denen versucht wurde, dieses Regulierungsziel zu erreichen. Während Art. 86 EG-Vertrag durch seine unmittelbare Anwendbarkeit Betreibern, denen gegenüber ein Unternehmen seine marktbeherrschende Stellung ausnutzt, eine eigene Rechtsposition gewährt, ist die britische fernmelderechtliche Regulierung zunächst auf die Umsetzung der Ziele in den fernmelderechtlichen Lizenzen, sodann auf die Aktualisierung der sich hieraus ergebenden Verpflichtungen durch das Oftel angewiesen. Sie entspricht so in ihrer administrativen Ausrichtung dem allgemeinen britischen Wettbewerbsrecht[166]. Entsprechend wurde BT in der Lizenz auch keinem generellen Mißbrauchsverbot unterworfen. Dem Unternehmen wurde durch sie hingegen ein bestimmtes, im vorhinein als wettbewerbskonform qualifiziertes Verhalten abgefordert.
Dies hat bereits Auswirkungen auf die Reichweite der interconnection-Verpflichtung. So hat BT nach Cond. 13.1 seiner allgemeinen Betriebslizenz überall, wo dies praktikabel ist, anderen Betreibern Zugang zu seinen Diensten zu gewähren, um »jede vernünftige Nachfrage nach der Übermittlung von Nachrichten« zwischen dem System des zugangbegehrenden Betreibers und dem BT-System zu befriedigen[167]. Die in Art. 86 EG-Vertrag geforderte Prüfung, ob BT auf dem jeweils in Rede stehenden Markt eine beherrschende Stellung innehat, entfällt. Dies mag für gewöhnliche Übermittlungsleistungen von geringer Bedeutung sein, da BT hier i.d.R. eine solche Position zukommen wird. Wird diese Verpflichtung aber zur Grundlage genommen, BT zu verpflichten, konkurrierenden Betreibern Zugang zu höher

166 Siehe zu diesem oben S. 49 ff.
167 »... to meet all reasonable demands for the conveyance of Messages between the Relevant Connectable System and any of the Applicable Systems«.

entwickelten Diensten zu gewähren, für deren Entwicklung dem Unternehmen keine beherrschende Stellung zukommt[168], so geht Cond. 13.1 BT-Lizenz über die dem Unternehmen nach Art. 86 EG-Vertrag obliegenden Anschlußverpflichtungen hinaus.

Der nach Cond. 13.5 BT-Lizenz bei der Festsetzung der Netzzugangstarife durch den DGT anzuwendende Maßstab ähnelt hingegen demjenigen, der bei der Ermittlung angemessener Tarife i.S.d. Art. 86 (a) EG-Vertrag zugrundezulegen ist. Bei der Anwendung beider Normen sind zunächst die Kosten der jeweils erbrachten Leistungen anzusetzen, wobei nach einer sinnvollen Aufteilung der mittelbaren Kosten und der allgemeinen Betriebskosten zu suchen ist. Eine ergänzende Heranziehung von Vergleichsmärkten, wie sie der EuGH bei der Anwendung des Art. 86 EG-Vertrag vornimmt, und die zur Aufdeckung von durch die Abwesenheit von Wettbewerb verursachten Ineffizienzen beitragen kann[169], ist hingegen Cond. 13 BT-Lizenz fremd.

Eine teilweise Überwälzung seiner durch gemeinnützige Verpflichtungen verursachten zusätzlichen Kosten ist BT daneben theoretisch durch die Forderung einer *access charge*[170] bzw. der *access deficit contribution (ADC)*[171] möglich. Dies dürfte grundsätzlich dem Ausgleich entsprechen, der mit besonderen Aufgaben betrauten Unternehmen nach der Rechtsprechung des EuGH gemäß Art. 90 Abs. 2 EG-Vertrag zum Ausgleich zwischen Pflichtleistungen und sonstigen Geschäftsfeldern gestattet ist. Differenzen verbleiben hier jedoch bezüglich der Definition der Dienste, die durch entsprechend über den Kosten liegende Tarife zur Finanzierung der gemeinnützigen Verpflichtungen herangezogen werden können. Während nach Cond. 13.5A.3 (c) BT-Lizenz grundsätzlich alle Netzzugangstarife dem ADC-Aufschlag unterliegen, dürfte wie oben dargelegt bei einer Überprüfung anhand Art. 86 EG-Vertrag für Netzzugangstarife außerhalb der Sprachkommunikation lediglich der allgemeine Kostenmaßstab zugrundezulegen sein[172].

3. *Konsequenzen für Betreiber und Regulierungsbehörden*

Das Mißbrauchsverbot des Art. 86 EG-Vertrag ist von marktbeherrschenden Unternehmen unabhängig davon zu beachten, ob ihnen ein entsprechendes

---

168 Siehe hierzu bereits oben S. 115.

169 In diesem Sinne *Mestmäcker*, Über den Einfluß von Recht, Ökonomie und Technik auf Systeme globaler Kommunikation, in *ders.*, Kommunikation ohne Monopole II (Wirtschaftsrecht der internationalen Telekommunikation, 23).

170 Siehe dazu oben S. 92 f.

171 Siehe dazu oben S. 110 f.

172 Siehe oben S. 123.

Verhalten nach ihrem jeweiligen nationalen Recht gestattet wäre. Über Art. 90 Abs. 1, 86 EG-Vertrag bzw. Art. 5 Abs. 2 i.V.m. Art. 3 (g), 86 EG-Vertrag wirkt es sich auch auf die Regulierungsbehörden aus, die weder durch wettbewerbswidrige Auflagen noch durch die Genehmigung mißbräuchlicher Tarife kartellrechtswidrige Maßnahmen fördern dürfen[173]. Bereits dies macht eine Abstimmung der britischen fernmelderechtlichen Regulierung mit Art. 86 EG-Vertrag notwendig. Auch soweit der DGT dies nicht beachtet und er z.B. BT durch die Genehmigung entsprechender standardisierter Netzzugangsvereinbarungen die Forderung von weit über den zugrundeliegenden Kosten liegenden Tarifen gestattet, kann eine solche Regulierungsmaßnahme die unmittelbar aus Art. 86 EG-Vertrag erwachsenen Rechte neuer Betreibergesellschaften nicht beeinträchtigen.

Eine sich hieraus ergebende Neuausrichtung der britischen Regulierung könnte ihrer Leistungsfähigkeit erheblich zugute kommen. Einerseits würde sie die Möglichkeit von BT einschränken, hohe Zugangstarife über die dem Unternehmen aufgegebenen Verpflichtungen zu rechtfertigen. Andererseits könnte sie die Fokussierung der Regulierung auf Bereiche, in denen ein Mißbrauchsverhalten erwartet werden kann, fördern und so auch für den Netzzugang den Weg für eine Ersetzung regulativer Vorgaben durch Marktergebnisse ebnen.

---

173 Siehe oben S. 63 ff.

D. Die Regulierung des internationalen Fernmeldeverkehrs

In der bisherigen Analyse der regulatorischen Anliegen, die sich aus der Umwandlung des staatlichen Fernmeldewesens in eine wettbewerbliche Ordnung ergeben, stand das Mißbrauchspotential des dominanten Netzbetreibers BT im Vordergrund. Weitergehende Konflikte, denen auch die Regulierung Rechnung tragen muß, entstehen auf internationaler Ebene, da in der Vergangenheit grenzüberschreitende Telekommunikation durch Zusammenarbeit der monopolistisch strukturierten staatlichen Fernmeldeverwaltungen ermöglicht wurde. Überwunden werden diese Strukturen bereits weltweit für die Kommunikationsbedürfnisse innerhalb multinationaler Konzerne, denen zunächst gestattet wurde über Mietleitungen eigene grenzüberschreitende Netze zu errichten, und die heute zunehmend auf die Dienste neuerrichteter *outsourcing*-Unternehmen zurückgreifen[1]. Im Bereich der internationalen öffentlichen Kommunikation sind sie dagegen noch weitgehend intakt. Dort können regulatorische Maßnahmen für notwendig erachtet werden, um mögliche Nachteile für inländische Betreiber abzuwenden, die sich daraus ergeben, daß diese evtl. nur durch Vereinbarungen mit einem ausländischen Monopolisten Verbindungen zu Anschlüssen innerhalb eines bestimmten Gebietes herstellen können. Zum anderen stellen wettbewerblich agierende Betreiber aber die zuvor auf internationaler Ebene für die Zusammenarbeit der Fernmeldeverwaltungen getroffenen Ordnungsentscheidungen in Frage, die sich nun als Kartellabsprachen darstellen können. So wurde das in der Vergangenheit innerhalb der ITU den Wettbewerb zwischen den Betreibern ausschließende Verbot der Tarifarbitrage durch die British-Telecom-Entscheidung des EuGH angegriffen. Daneben hat die ITU auch begonnen, ihre institutionelle Ordnung auf wettbewerblich agierende, unabhängige Betreibergesellschaften einzustellen.

---

1 Siehe zu der Entscheidung der Kommission zu der Koordinierung der Aktivitäten von BT und MCI in diesem Bereich sowie die Gründung des »Infonet« durch mehrere große Fernmeldeunternehmen oben S. 61 f.

I. *Zulassung konkurrierender Anbieter in der grenzüberschreitenden Telekommunikation*

1. *Völkerrechtliche Rahmenbedingungen*

Die britische Regulierung kann den internationalen Telekommunikationsverkehr insofern betreffen, als dieser von Großbritannien ausgeht, in Großbritannien endet oder als Transitverkehr durch das Land geführt wird. An der Herstellung der Verbindung wird neben einem britischen Unternehmen in der Regel eine weitere, ausländische Gesellschaft beteiligt sein. Im internationalen Fernmeldeverkehr ist der Rahmen der Rechtsbeziehungen zwischen den hier beteiligten Unternehmen durch die Vollzugsordnung Telekommunikation vorgegeben, die 1988 in Melbourne durch die Weltweite Verwaltungskonferenz für den Telegraphen und Fernsprechdienst *(World Administrative Telegraph and Telephone Conference WATTC-88)* der ITU beschlossen wurde[2]. Nach dieser ist die Bestimmung des von einem Endverbraucher für die Herstellung der Fernsprechverbindung verlangten Preises (den sog. »Erhebungsgebühren«) weitgehend eine Sache der nationalen Rechtsordnungen[3]. Für die Verfahren zur Bestimmung der Preise, die von einem Unternehmen für die Beendigung eines Gespräches oder die Weiterleitung auf einer Zwischenstrecke verlangt werden können, enthält die Vollzugsordnung aber einige Vorgaben. Für die gemeinsam erbrachten Dienste sollen die Fernmeldeunternehmen die einander in Rechung gestellten Preise unter Berücksichtigung der Empfehlungen des Internationalen Beratenden Ausschusses für den Telegraphen und Telefondienst (Comité Consultatif international télégraphique et téléphonique - CCITT) bestimmen[4]. Im einzelnen sind diese Empfehlungen aber nicht verbindlich.

---

2 Die Vollzugsordnung ist nach Art. 4 Nr. 3 der ITU-Konstitution von 1992 für alle Mitgliedstaaten, die die Konstitution ratifiziert haben, verbindlich.

3 Art. 6.1 Vollzugsordnung Telekommunikation bestimmt lediglich, daß die Fernmeldeverwaltungen oder privaten Betreibergesellschaften einerseits versuchen sollen, eine zu große Asymmetrie zwischen den Preisen für den Verkehr in den beiden Richtungen, die in bezug auf eine Verbindung möglich sind, zu vermeiden; andererseits soll vermieden werden, daß die Erhebungsgebühren davon abhängig gemacht werden, über welche Route die Verbindung hergestellt wird.

4 Art. 1, 1.1 Vollzugsordnung Telekommunikation; auf der außerordentlichen Regierungskonferenz wurde 1992 beschlossen, die Aktivitäten des CCITT und des CCIR (Comité Consultatif International des Radiocommunication) in der World Telecommunication Standardization Conference (WTSC) zusammenzufassen, die auch die Aufgabe der Weiterentwicklung dieser Empfehlungen übernommen hat (*Tegge*, Die Internationale TelekommunikationsUnion [Wirtschaftsrecht der internationalen Telekommunikation, Band 21]) S. 115, 184).

Auf der Grundlage der auf diese Weise getroffenen Vereinbarungen haben die Unternehmen monatlich nach einem näher ausgestalteten Verfahren miteinander abzurechnen[5]. Die zwischen den Fernmeldeunternehmen geschlossenen Vereinbarungen sehen für den Fall, daß nur zwei Unternehmen an der Herstellung der Verbindung beteiligt sind, in der Regel vor, daß sog. »Abrechnungsgebühren« für den grenzüberschreitenden Verkehr festgesetzt werden. Der sich unter Zugrundelegung der Abrechnungsgebühr ergebende Ertrag wird in einem in der Vereinbarung festgesetzten Verhältnis, oftmals dem Verhältnis 50:50, zwischen den Unternehmen aufgeteilt[6]. Für Kosten, die sich aus der Nutzung der Netze weiterer Unternehmen in Transitländern ergeben, kommen die Unternehmen, in denen die Gespräche beginnen und enden, in der Regel zu gleichen Teilen auf[7]. Zusätzliche Empfehlungen, die ebenfalls nicht verbindlich sind, werden durch die TEUREM-Gruppe ausgesprochen, einer regionalen Tarifgruppe der ITU[8].

Da die Höhe der Erhebungs- und Abrechnungstarife nach der Vollzugsordnung Telekommunikation im Prinzip frei durch die beteiligten Unternehmen festgelegt werden kann, steht dieser Rahmen einer wettbewerblichen Öffnung der internationalen Telekommunikation rechtlich nicht entgegen. Für die großen britischen Telekommunikationsunternehmen könnte sich eine einseitige Freigabe der internationalen Telekommunikation aber nachteilig auswirken. Denn ein Großteil der Verbindungen mit Teilnehmern in anderen Staaten kann nur hergestellt werden, indem eine Vereinbarung mit einem Unternehmen abgeschlossen wird, das über ein territoriales Monopol verfügt. Wird in einer solchen Situation ohne begleitende regulatorische Vorgaben Wettbewerb ermöglicht, so besteht die Gefahr, daß das ausländische Unternehmen allein den vollen Monopolgewinn realisiert, indem es bei der Bestimmung der Höhe bzw. der Aufteilung der Abrechungsgebühren die Wettbewerber wechselseitig gegeneinander ausspielt. Der Verhinderung dieser anschaulich als *»whipsawing«* bezeichneten Verhaltensweise dient in den USA die International Settlement Policy (ISP) der Federal Communications Commission (FCC)[9].

---

5 Art. 1, 2 ff. Vollzugsordnung Telekommunikation.

6 *Neumann*, The International System of Telecommunications Tariffs, in: *Mestmäcker* (Hrsg.), The Law and Economics of Transborder Telecommunications (Wirtschaftsrecht der internationalen Telekommunikation, Band 1) S. 382.

7 *Neumann* a.a.O., S. 384.

8 *Tegge*, Die Internationale TelekommunikationsUnion (Wirtschaftsrecht der internationalen Telekommunikation, Band 21) S. 187.

9 Hierzu *Barnett/Botein/Noam*, Law of International Telecommunications in the United States (Wirtschaftsrecht der Internationalen Telekommunikation, Band 4) S. 54; *Frieden*, Accounting Rates: The Business of International Telecommunications and the Incentive to Cheat, Federal Communications Law Journal 1991, 111 ff.

2. *Schutz gegen mißbräuchliches Verhalten ausländischer Monopolisten durch Gewährleistung einheitlicher Abrechnungsmodalitäten*

Die britische Regierung befand es aus dem gleichen Grunde bereits während der Geltung der Duopolpolitik für notwendig, zu gewährleisten, daß die zu dieser Zeit für die grenzüberschreitende Telekommunikation allein zugelassenen Unternehmen BT und Mercury einander nicht unterbieten konnten. Hierzu verpflichtete sie die Unternehmen in ihren Lizenzen, miteinander eine durch den DGT zu genehmigende Vereinbarung über die gegenüber anderen Unternehmen für die internationale Telekommunikation befolgten Abrechnungsmodalitäten zu treffen[10]. Für den Fall, daß es zu keiner solchen Vereinbarung kommt, gaben die Lizenzbedingungen dem DGT das Recht, nach Konsultation von BT und Mercury einseitig hierfür einen *Code of Practice* zu erlassen. So geschah es im März 1987[11]. Der *Code of Practice* sieht im Grundsatz vor, daß, soweit bereits eines der beiden Unternehmen mit einem ausländischen Unternehmen eine Abrechnungsvereinbarung getroffen hat, das andere Unternehmen nur unter Zugrundelegung der gleichen Abrechnungsgebühren sowie des gleichen Aufteilungsverhältnisses mit einem Unternehmen jenes Landes ebenfalls den Zugang zu seinem Netz vereinbaren darf. Bezeichnet wird dieses Verfahren als *universal settlements* oder *parallel accounting* (parallele Abrechnung)[12].

Unter bestimmten Umständen kann der DGT jedoch einem Unternehmen gestatten, hiervon abzuweichen. Dies gilt insbesondere, soweit nur ein ausländisches Unternehmen zugelassen ist. Hier wurde befürchtet, daß Mercury nicht in der Lage sein würde, ohne Tarifunterbietung insbesondere bei der Beendigung von außen angewählter Verbindungen nennenswerte Verkehrsströme an sich zu ziehen. Um ein solches Ergebnis zu verhindern, sollte ausländischen Monopolisten nahegebracht werden, ein Verfahren zu vereinbaren, nach dem diese einerseits Mercury, andererseits BT in dem Verhältnis Anrufe zur Weiterübertragung überlassen, in dem Anrufe im Auftrag dieser Gesellschaften bei den ausländischen Unternehmen beendet werden (*proportionate return*-Verfahren). Für den Fall, daß kein solches Verfahren implementiert wird, behielt sich der DGT die Möglichkeit vor, einem Unternehmen eine

10 Cond. 48.1 BT-Lizenz, Cond. 44.1 Mercury-Lizenz.

11 Oftel, Determination of the Terms of the Code of Practice in Respect of international accounting arrangements under Condition 48 of the licence granted to British Telecommunications under Section 7 of the Telecommunications Act 1984, and Condition 44 of the licence granted to Mercury Communications under section 7 of the Telecommunications Act 1984, 1987.

12 Sec. 3 Code of Practice.

Abweichung vom Grundsatz der parallelen Abrechnung zu gestatten, soweit er zusätzlich der Überzeugung ist, daß eine solche Abweichung sowohl mit dem Interesse der britischen Verbraucher als auch mit demjenigen der Anbieter internationaler Dienste in Einklang gebracht werden kann[13].
Für den Fall, daß in dem Land, mit dem das ausländische Unternehmen die Verbindung herstellt, ebenfalls mehrere Unternehmen diesen Dienst anbieten, kann der DGT unabhängig davon, ob *proportionate return* vereinbart wurde, eine Abweichung vom Grundsatz der parallelen Abrechnung gestatten[14]. Von dieser Möglichkeit hat der DGT bislang in bezug auf die wichtigen Verbindungen zwischen dem Vereinigten Königreich und den USA Gebrauch gemacht. 1991 erlaubte der DGT Mercury und BT unterschiedliche Abrechnungsgebühren ihren Vereinbarungen zugrundezulegen, behielt sich aber eine Einzelgenehmigung aller Vereinbarungen vor. Im September 1993 genehmigte er eine 25-prozentige Senkung der von Mercury zugrunde gelegten Abrechnungsgebühr für diese Strecke[15].

3. *Partielle Freigabe der internationalen Telekommunikation*

Mit dem *Duopoly Review* stellte sich die Frage, inwieweit in der grenzüberschreitenden Telekommunikation zusätzliche Wettbewerber zugelassen werden sollen. Auch im internationalen Verkehr war dies im Prinzip auf zweierlei Weise möglich. Zum einen bestand die Möglichkeit, neben BT und Mercury weiteren Anbietern den Betrieb eigener Leitungswege für internationale Verbindungen zu gestatten. Eine begrenztere Liberalisierung würde hingegen die Aufhebung der Wiederverkaufsbeschränkungen für internationale Mietleitungen darstellen. In beiden Bereichen sah sich die britische Regierung bislang außerstande, eine weitgehende Liberalisierung durchzuführen. Im Konsultationspapier wurde noch vorgeschlagen, daß Bewerbungen um Lizenzen für den grenzüberschreitenden Verkehr ebenso wie Bewerbungen um nationale Lizenzen im Einzelfall geprüft werden sollen[16]. Hier wurde aber bereits herausgestellt, daß auch dies angesichts der Notwendigkeit einer Abstimmung der britischen Anbieter untereinander nur zu einem begrenzten Wettbewerb führen könne. Ferner sei zu berücksichtigen, daß auch Mercury trotz des internatio-

13 Sec. 5.1 (a) Code of Practice; siehe hierzu auch Statement des DGT vom 4. März 1987 betreffend den Code of Practice, Rdn. 13 ff.

14 Sec. 5.2 Code of Practice; siehe hierzu auch *Beesley/Laidlaw*, The Future of Telecommunications, S. 30.

15 Oftel, Annual Report 1993, 36 f.

16 Competition and Choice: Telecommunications Policy for the 1990s (Consultative Document), November 1990, Rdn. 10.20.

nalen Engagements der Muttergesellschaft *Cable and Wireless* aufgrund seines beschränkten Verkehrsaufkommens Schwierigkeiten gehabt habe, zu Vereinbarungen mit ausländischen Fernmeldegesellschaften zu gelangen.
Stärker auf den Schutz der etablierten britischen Unternehmen zielen dagegen die Erwägungen des *White Paper*. Bewerber um internationale Dienste sollten darlegen, ob sie auch zur Entwicklung des Wettbewerbs für innerbritische Dienste beitragen. Daneben müsse bei der Lizenzerteilung an ausländische Unternehmen berücksichtigt werden, inwieweit britischen Unternehmen gestattet sei, im Ausland entsprechende Lizenzen zu erwerben[17]. Unter Berücksichtigung dieser Umstände stellte die Regierung in Aussicht, trotz der generellen Beendigung der Duopolpolitik in der nächsten Zeit nur einzelne spezialisierte internationale Dienste zuzulassen[18]. So bieten bis heute nur BT und Mercury eigene internationale Fernsprechverbindungen für das öffentliche Netz an. Zugelassen wurden hingegen internationale Satellitendienste, wobei aber nur an einer Seite eine Verbindung mit dem öffentlichen Netz hergestellt werden darf[19].
Neben der Zulassung der Errichtung neuer internationaler Verbindungen hätte die Möglichkeit bestanden, durch die Gestattung des Wiederverkaufs internationaler Mietleitungskapazität Wettbewerb zu ermöglichen. Die heute gültigen CCITT-Empfehlungen stellen den Fernmeldeverwaltungen frei, auf Nutzungsbeschränkungen für internationale Mietleitungen zu verzichten[20]. Eine solche Gestattung würde einige regulatorische Schwierigkeiten lösen, denn wird ein solcher Wettbewerb unterbunden, so treten zu den Nachteilen der Nichtzulassung zusätzlichen Wettbewerbs die Abgrenzungsprobleme, die mit der Feststellung »einfachen« Wiederverkaufs verbunden sind und die auch zur Unterbindung »höherer« Dienste führen müssen[21].

---

17 Department of Trade and Industry, Competition and Choice: Telecommunications Policy for the 1990s (White Paper), März 1991, Rdn. 3.10.

18 Department of Trade and Industry, Competition and Choice: Telecommunications Policy for the 1990s (White Paper), März 1991, Rdn. 3.12; diese Politik wurde bekräftigt in Department of Trade and Industry, Notes for the Guidance of applicants for a licence to run a telecommunication system, September 1993, Rdn.: 18; dort wird betont, daß neue internationale Betreiber allenfalls eine Lizenz für Dienste auf Mietleitungsbasis erhalten werden.

19 Siehe hierzu näher unten S. 174 f.

20 CCITT-Empfehlung D 1 1991; siehe zu den Nutzungsbeschränkungen der D-Reihe 1988 *Tegge*, Die Internationale Telekommunikations-Union (Wirtschaftsrecht der internationalen Telekommunikation, Band 21) S. 190 ff., *Neumann*, The International System of Telecommunications Tariffs, in: *Mestmäcker* (Hrsg.), The Law and Economics of Transborder Telecommunications (Wirtschaftsrecht der internationalen Telekommunikation, Band, 1) S. 399 ff.

21 Siehe hierzu näher unten S. 146 ff.

Bereits vor Beginn des *Duopoly Review* hatte der DGT den Secretary of State in der Frage der Zulassung des einfachen Wiederverkaufs internationaler Mietleitungskapazität beraten[22]. Der DGT vertrat hier die Auffassung, daß die einseitige Zulassung einfachen Wiederverkaufs Großbritannien erheblichen wirtschaftlichen Schaden zufügen würde. Dieser Stellungnahme entsprechend beschloß die Regierung, einfachen Wiederverkauf nur zu gestatten, soweit der Secretary of State förmlich feststellt, daß die Länder, mit denen die Mietleitungen das britische Netz verbinden, den Wiederverkauf in gleichem Umfang liberalisiert haben[23].

Eine solche Feststellung wurde bis Oktober 1994 nur für Australien, Kanada und Schweden getroffen. Der Secretary of State kündigte jedoch an, daß bereits in Kürze eine entsprechende Freigabe gegenüber den USA und Dänemark erreicht werden könne[24]. Gegenüber Staaten der europäischen Gemeinschaften wurde eine begrenztere Feststellung getroffen, nach der lediglich für die Datenübermittlung einfache Wiederverkaufsdienste für Verbindungen in diese Länder angeboten werden dürfen. Neben einer Aufnahme entsprechender Gestattungen in die PTO-Lizenzen wurden den Unternehmen *ACC Long Distance UK Ltd*, *Worldcom International* sowie *Esprit Telecom of the UK Ltd* bislang spezielle Einzellizenzen für die Erbringung entsprechender Dienste erteilt[25]. Das Oftel beabsichtigt die gegenüber diesen Betreibern verlangten Mietleitungstarife im Rahmen der Netzzugangsregulierung[26] einer besonderen Kontrolle zu unterwerfen[27].

Insgesamt gesehen besteht so das BT/Mercury-Duopol in der internationalen Telekommunikation in wichtigen Bereichen fort. Zwar ist es auch neu auf den Markt tretenden Unternehmen möglich, eigene Dienste zu entwickeln, soweit die Wiederverkaufsbeschränkungen aufgehoben wurden. Da die hierfür notwendigen Mietleitungen aber zumindest mittelbar durch die Duopolisten bereitgestellt werden müssen, können diese nach wie vor das Tarifniveau kontrollieren.

---

22 Oftel, Advice, Submitted by the Director General of Telecommunications to the Secretary of State, International Telephony: Simple Resale and Control of Prices, October 1990.

23 Department of Trade and Industry, Competition and Choice: Telecommunications Policy for the 1990s (White Paper), März 1991, Rdn. 3.25 ff.

24 *Adonis*, »Big cuts likely in cost of transatlantic calls«, Financial Times vom 21.10.94, S. 9.

25 Oftel, Annual Report 1992, 3.7; Oftel, Annual Report 1993, 31; Oftel, List of Licences, April 1994.

26 Siehe zu dieser oben S. 106 ff.

27 *Hanford*, »Oftel tells BT to cut private circuit prices for ISR operators«, Financial Times - Telecom Markets, Nr. 256 vom 13.10.1994, S. 1.

II. *Begrenzung internationaler Tarife*

Die bislang aufrechterhaltenen Beschränkungen in der Zulassung grenzüberschreitender Telekommunikation ermöglicht den hier tätigen Unternehmen, ihre Marktstellung durch Festsetzung überhöhter Tarife zu mißbrauchen. Dies schlägt sich bis heute in einer hohen Profitabilität dieser Dienste nieder. Es hätte den Zielen der Preisregulierung entsprochen, die Verbraucher auch hier vor »Ausbeutungsmißbrauch« zu schützen. Dennoch wurden die regulativen Instrumentarien zunächst gar nicht, später nur zögerlich auf die grenzüberschreitende Telekommunikation angewandt.

Eine Regulierung der internationalen Tarife kann zunächst durch eine direkte Überprüfung der im Inland für grenzüberschreitende Verbindungen verlangten sog. »Erhebungsgebühren« erfolgen[28]. Während *Littlechild* in seinen Vorschlägen für eine Preisregulierung die Möglichkeit einer Überprüfung auch dieser Tarife nicht in seine Betrachtungen miteinbezog[29], wies der DGT die Regulierung der Erhebungsgebühren zunächst explizit zurück[30]. Als Begründung führte der DGT zum einen an, daß ein gewisser Druck auf die Preise bereits durch den Wettbewerb der Duopolisten untereinander ausgeübt werde. Zum anderen könnten Erhebungsgebühren, die durch regulative Maßnahmen unter denjenigen anderer Länder liegen, dazu führen, daß internationale Verbindungen zunehmend vom Vereinigten Königreich aus hergestellt werden, so daß die britischen Betreiber im Abrechnungsverfahren hohe Zahlungen zu leisten haben, was wiederum die britische Zahlungsbilanz verschlechtere[31].

Wenn Verbindungen verstärkt vom Territorium Großbritanniens aus hergestellt werden, erhöht dies den Umsatz der britischen Betreiber, da die von ihnen erhobenen Gebühren über den Abrechnungsgebühren liegen. Werden diese Dienste zu einem großen Teil an britische Kunden vertrieben, kann sich aus den an die ausländischen Telefongesellschaften für die Beendigung der Verbindungen abzuführenden Zahlungen eine negative Wirkung auf die Zahlungsbilanz ergeben. Hiergegen wären jedoch andere Effekte zu rechnen. So könnten sich niedrige internationale Telekommunikationstarife auf Standortentscheidungen von Unternehmen auswirken, was eine erhebliche positive Wirkung auch auf die Zahlungsbilanz zeitigen würde.

In diesem Sinne entschied auch der Secretary of State auf eine entsprechende Empfehlung im Oktober 1990, die Erhebungsgebühren für grenzüberschrei-

28 Siehe zu diesen oben S. 130.

29 *Littlechild*, Regulation of British Telecommunications' Profitability, Report to The Secretary of State, Feb 1983.

30 Oftel, Statement, The Control of British Telecom's, Juli 1988.

31 Oftel a.a.O.

tende Ferngespräche künftig in die Kontrolle der BT-Preise miteinzubeziehen[32]. Da diese Tarife aber lediglich in den »Korb« der regulierten Dienste eingestellt wurden[33], blieb auch hier dem Unternehmen ein erheblicher Spielraum erhalten.

Nicht erfaßt werden durch die Preiskontrolle aber insbesondere solche internationale Ferngespräche, die im Vereinigten Königreich beendet werden, also von einem anderen Staat ausgehen. Für diese erhält der jeweilige britische Betreiber einen Anteil der Abrechnungsgebühr von dem beteiligten ausländischen Telekommunikationsunternehmen[34]. Obwohl britische Betreiber über die Vereinbarung überhöhter Abrechnungsgebühren ihre Marktstellung bei der Beendigung internationaler Ferngespräche mißbrauchen können, wurden diese Tarife bis heute nicht in die Preiskontrolle aufgenommen. Von Seiten des DGT wird dies damit begründet, daß es der britischen Regulierung nicht möglich sei, auf die Tarife einzuwirken, die Betreiber in anderen Ländern für die Beendigung von Ferngesprächen verlangen. Es solle aber vermieden werden, BT einem mißbräuchlichen Verhalten ausländischer Unternehmen auszusetzen, ohne daß das Unternehmen in gleicher Weise reagieren kann[35].

Diese Erwägungen können bei der Beurteilung von Abrechnungsvereinbarungen mit einigen ausländischen Monopolunternehmen von Bedeutung sein. Eine generelle Ausnahme der im Duopol erbrachten Telekommunikationsdienste für eingehende Verbindungen von jeglicher Mißbrauchskontrolle rechtfertigen sie dagegen nicht. Hier scheinen innerhalb der Regulierungsbehörden eher politische Erwägungen ausschlaggebend gewesen zu sein, die dem Schutz ausländischer Nutzer vor mißbräuchlichem Verhalten britischer Unternehmen keine Priorität einräumen.

Die zur Zeit praktizierte Festsetzung der internationalen Abrechnungsgebühren könnte auch gegen die Wettbewerbsregeln des EG-Vertrages verstoßen. In bezug auf Tarifempfehlungen für internationale Mietleitungen, die durch die Konferenz der Europäischen Post- und Fernmeldeverwaltungen (CEPT) und durch den Internationalen Beratenden Ausschuß für Telegraphie und Telephonie (CCITT) vorgeschlagen wurden, intervenierte die Kommission bereits im Vorfeld, um so einen Verstoß gegen Art. 85 Abs. 1 EG-Vertrag zu verhindern[36]. Zur kartellrechtlichen Zulässigkeit der zur Zeit vereinbarten Abrech-

32 Oftel, Advice Submitted by the DGT to the Secretary of State, International Telephony: Simple Resale and Control of Prices, Oct 1990.
33 Siehe hierzu oben S. 97.
34 Siehe zu diesem System oben S. 131.
35 Oftel, Consultative Document, The Regulation of BT's Prices, Jan 1992.
36 Kommission der Europäischen Gemeinschaften, XX. Bericht über die Wettbewerbspolitik 1990, S. 59.; siehe hierzu auch oben S. 130 ff.

nungsgebühren für internationale vermittelte Ferngespräche führt die Kommission bereits seit Juli 1991 eine förmliche Untersuchung durch[37]. Hier könnte insbesondere ein Verstoß gegen Art. 86 EG-Vertrag naheliegen.

III. *Zulassung internationaler Tarifarbitrage*

Die Zulassung konkurrierender Anbieter internationaler Telekommunikationsdienste kann, indem Verkehrsströme unter Ausnutzung der so ermöglichten niedrigeren Tarife über Großbritannien umgeleitet werden, zusätzlichen Wettbewerb auch für ausländische Fernmeldeunternehmen bedeuten. Diese Ausnutzung von Gebührenunterschieden in verschiedenen Ländern, die als »Tarifarbitrage« bezeichnet wird[38], hat sich als wichtiger Motor für Wettbewerb in der internationalen Telekommunikation erwiesen. Zur Sicherung der Auflagen zu »paralleler Abrechnung«[39] versucht die britische Regierung aber weiterhin Arbitrage, die auf die Umgehung der britischen Zugangstarife abzielt, zu beschränken.

1. *Tarifarbitrage zur Umgehung ausländischer Zugangstarife*

Noch vor der grundlegenden Reform der britischen Telekommunikationsordnung stellte sich auch für BT die Frage, ob die monopolistische Struktur des internationalen Fernmeldewesens durch ein Arbitrageverbot rechtlich abgesichert ist. Dies resultierte daraus, daß bereits Mitte der siebziger Jahre ca. 100 private Übermittlungsdienste die relativ günstigen Tarife der britischen Post für internationale Telexdienste ausnutzten, um Telexmitteilungen aus anderen europäischen Ländern nach Nordamerika und Asien weiterzuübertragen. Hiergegen protestierten einige europäische Fernmeldeverwaltungen, die sich auf Art. 6.3 der 1973 auf der WATTC in Genf erlassenen Telegrafenordnung berufen konnten. Die Fernmeldeverwaltungen verpflichten sich in dieser Vorschrift »Annahme, Übermittlung und Aushändigung von Telegrammen einzustellen, die an Telegrammübermittlungsagenturen ...

---

37 *Amory*, Telecommunications in the European Communities, EuZW 1992, 75, 81; *Pastor*, The Problem of International Accounting Rates: The European Commission Steps In, Fed. Com. Law Journal, Vol. 45 [1993] S. 313, *Coleman*, European Competition Law in the Telecommunications and Broadcasting Sectors, [1990] 5 ECLR S. 204, 211.

38 *Tegge*, Die Internationale Telekommunikations-Union (Wirtschaftsrecht der internationalen Telekommunikation, Band 21) S. 194.

39 Siehe hierzu oben S. 132.

gerichtet sind, um die Zahlung der vollen Gebühr für den unmittelbaren Weg zu vermeiden«. Aufgrundder Proteste versuchte die britische Post, die an sich für sie profitable Praxis der Agenturen zu unterbinden, indem sie zunächst für Telexmitteilungen höhere Gebühren verlangte, soweit diese für die Weiterübermittlung bestimmt waren. Nachdem es ihr nicht gelang, diese Bedingungen gegenüber den Agenturen durchzusetzen, verbot sie ihnen in ihrer Tarifordnung generell, Fernschreiben, die bereits zwischen Orten außerhalb Großbritanniens übermittelt wurden, weiterzusenden. Auf entsprechende Beschwerden der Agenturen stellte die Kommission der EG am 10. Dezember 1982 fest, daß diese Tarifordnungen nicht mit Art. 86 EG-Vertrag vereinbar sind und gab der britischen Post auf, diese Kartellrechtsverstöße abzustellen[40]. Während die britische Regierung durch die zwischenzeitlich eingeschlagene liberalere Telekommunikationspolitik keine Veranlassung hatte, gegen die Entscheidung der Kommission vorzugehen, wandte die italienische Regierung sich nun an den Europäischen Gerichtshof (EuGH). Dieser bestätigte jedoch die Auffassung der Kommission und damit die ursprünglich von der britischen Post eingenommene Position, die Praxis der Übermittlungsagenturen zu gestatten[41].
Dieses als »British-Telecom-Entscheidung« bekanntgewordene Urteil leistete zunächst durch die Qualifizierung der angegriffenen Bestimmungen der Tarifordnungen als Unternehmenstätigkeit im Sinne des Art. 86 EG-Vertrag einen wichtigen Beitrag zur Fortentwicklung des europäischen Wettbewerbsrechts. Überdies erlangte es aber auch für das internationale Telekommunikationsrecht große Bedeutung, da es die auf dem Territorialitätsprinzip beruhenden Marktaufteilungen der Fernmeldeverwaltungen in Frage stellte[42]. Denn der EuGH suchte der Frage, ob die Telegrafenordnung nach Art. 234 EG-Vertrag als ältere Verpflichtung Vorrang vor den Normen des EG-Vertrag genießen könne[43], aus dem Weg zu gehen, indem er die Praxis der Übermittlungsagenturen für mit Art. 6.3 Telegrafenordnung vereinbar erklärte. Er begründete dies damit, daß die Bestimmung sich nur gegen Agenturen richte, die bestimmte Meldungen mißbräuchlich der vollen *nach den von ihnen getroffe-*

---

40 Vgl. 82/861/EWG, ABl. L/360, S.36.

41 EuGH, Urteil vom 30. März 1985 in der Rs. 41/83- Italien/Kommission, Slg. 1985, 873 ff.; siehe hierzu auch oben S. 60.

42 Siehe hierzu näher *Mestmäcker*, Staat und Unternehmen im europäischen Gemeinschaftsrecht, Zur Bedeutung von Art. 90 EWGV, RabelsZ 52 (1988), 205, 226.

43 Auch dies war zumindest unklar, da der Internationale Fernmeldevertrag 1973 auf der Regierungskonferenz von Malaga-Torremolinos insgesamt neu beschlossen worden war; diese Praxis wurde hierauf durch die Aufteilung des Internationalen Fernmeldevertrages in Konvention und Konstitution auf der Konferenz der Regierungsbevollmächtigten 1989 in Nizza aufgegeben.

nen Vereinbarungen geschuldeten Gebühr entziehen wollen. Die näherliegende Ansicht, Art. 6.3 Telegrafenordnung verweise auf die vollen Tarife, die von den Fernmeldeverwaltungen im Abgangs- und Zielland für die unmittelbare Verbindung verlangt wird, wies er damit zurück.
Wenn diese Auslegung wohl auch eher der Vorstellung des EuGH von den möglichen Aufgaben internationaler Organisationen im Bereich der Telekommunikation als dem Wortlaut des Art. 6.3 Telegrafenordnung entspricht, so hat sie doch dazu geführt, daß die Mitgliedstaaten des internationalen Fernmeldevertrages das Verbot der internationalen Tarifarbitrage aufgaben. So sind in der 1988 auf der WATTC beschlossenen Telekommunikationsverordnung keine Art. 6.3 Telegrafenordnung entsprechenden Vorschriften mehr enthalten, die den Fernmeldeunternehmen Tarifarbitrage untersagen, so daß Tarifarbitrage heute nach internationalem Telekommunikationsrecht als zulässig anzusehen ist[44].
Auch für die britische Regulierung besteht so keinerlei Anlaß mehr, die Weiterleitung von Gesprächen durch britische Unternehmen zu unterbinden. Entsprechend enthält auch der für BT und Mercury verbindliche Code of Practice für internationale Abrechnungsvereinbarungen[45] keine Bestimmungen, die dies verbieten. Daneben sind Transitdienste im Prinzip aus dem Anwendungsbereich der Verpflichtungen zu paralleler Abrechnung[46] ausgenommen[47], so daß die Unternehmen hier auch miteinander in Wettbewerb treten können. Über Mietleitungen ist auch sonstigen Unternehmen bereits durch die Gruppenlizenz für Telekommunikationsdienste internationale Tarifarbitrage gestattet[48].

2. *Tarifarbitrage zur Umgehung britischer Zugangstarife*

Anderes kann evtl. für Tarifarbitrage gelten, die darauf abzielt, den von den britischen Anbietern verlangten Gebühren auszuweichen. Die Verhinderung solcher Praktiken erweist sich für die Regulierungsbehörden aber als äußerst schwierig. In erster Linie ist den etablierten internationalen Betreibergesellschaften Tarifarbitrage dadurch möglich, daß sie durch Transitvereinbarungen

---

44 So auch *Pastor*, Fed. Com. Law Journal, Vol. 45 [1993] S. 313, 330; ähnlich *Tegge*, Die Internationale Telekommunikations-Union (Wirtschaftsrecht der internationalen Telekommunikation, Band 21) S. 196.
45 Siehe zu diesem oben S. 132.
46 Siehe hierzu oben S. 132.
47 Vgl. Oftel, Determination of the Terms of the Code of Practice in Respect of International Accounting Arrangements, 1987, Cond. 4.1.
48 Siehe Department of Trade and Industry, Guidance for companies wishing to provide international resale services, Juli 1993.

den Auflagen zu »paralleler Abrechnung« ausweichen. Para. 4.3 des durch den DGT festgelegten *Code of Practice on International Accounting Arrangements*[49] bestimmt daher, daß die generell frei vereinbarten Transitvereinbarungen nicht hierzu benutzt werden sollen[50]. Insbesondere sollen keine »Pakete« über verschiedene Transitstrecken vereinbart werden, die zu einer Unterbietung der direkten Tarife führen.

Auch gegen die Umgehung der internationalen Tarife der Duopolisten gerichtet sind einzelne Bedingungen in den Lizenzen, die für den einfachen Wiederverkauf von Mietleitungskapazität für Verbindungen in bestimmte »designierte« Länder erteilt wurden[51]. Gespräche, die durch ISR-Betreiber vom britischen öffentlichen Netz über Mietleitungen in designierte Länder übertragen wurden, dürfen hiernach anschließend nicht erneut über Mietleitungen weiterübertragen werden. Hier zeigen sich aber deutlich die Grenzen der Durchführbarkeit einer wirksamen regulatorischen Kontrolle. Denn sobald die Verbindung auch über das öffentliche Netz in eines der »designierten« Länder führt, ist eine Weiterleitung des Gespräches gestattet[52]. Es muß sich zeigen, wie weit die Möglichkeiten reichen, eine solche Grenzziehung noch zu überwachen.

Insgesamt besteht heute so kein allgemeines Arbitrageverbot. Die britische Regulierung versucht aber für das öffentliche vermittelte Netz sicherzustellen, daß die durch die Duopolgesellschaften ausgeübte Kontrolle über die jeweiligen Tarife für Verbindungen in Länder mit unterschiedlichem Liberalisierungsstand nicht durch Tarifarbitrage außer Kraft gesetzt wird.

IV. *Die Stellung der britischen Betreiber in den Gremien zur Koordination der internationalen Telekommunikation*

Die Privatisierung der Telekommunikationsunternehmen wirft auch institutionelle Fragen im Verhältnis der Betreibergesellschaften zu den bestehenden internationalen Koordinierungsgremien auf. Insbesondere die ITU wurde lange Zeit durch eine Dominanz der staatlichen Fernmeldeverwaltungen geprägt, die in den unterschiedlichen Arbeitsfeldern der Organisation einerseits

---

49 Siehe hierzu näher oben S. 132.
50 Siehe hierzu auch Oftel, Code of Practice on International Accounting Arrangements, Statement from Sir Bryan Carsberg, 4. März 1987, Rdn.: 12.
51 Siehe hierzu näher oben S. 135.
52 Department of Trade and Industry, Guidance for companies wishing to provide international resale services, Juli 1993, zu »transiting« und »hubbing« Spiegelstrich 2 und 3.

ihren technischen Sachverstand einbrachten, andererseits ihre Interessen als Betreiber zum Ausgleich bringen konnten.
Mit der weltweiten Entwicklung der Privatisierung von Fernmeldeunternehmen ging die ITU bislang nicht den Weg, hoheitliche von unternehmerischen Funktionen klar zu trennen, sondern räumte den Mitgliedstaaten die Möglichkeit ein, einzelnen Unternehmen den besonderen Status als »anerkannter« Betreiber zu verleihen, so daß diese an den Arbeiten der einzelnen Sektoren (Sektor für das Funkwesen, Sektor für die Standardisierung im Fernmeldewesen, Sektor für die Entwicklung des Fernmeldewesens) teilnehmen können[53]. Die in dieser Weise anerkannten Unternehmen sind in den Sektoren selbst Mitglied[54] und haben so auch einen eigenen finanziellen Beitrag zur Arbeit der ITU zu leisten[55]. Sie können auch die Mitgliedstaaten auf einer der Funkkonferenzen oder einer Weltweiten Konferenz für Internationale Fernmeldedienste (World Conference of International Telecommunications -WCIT) vertreten[56]. In bezug auf die WCIT erscheint diese Wahrnehmung regulativer Aufgaben durch Unternehmen besonders problematisch, da das Gremium eine Revision der für die Grundsätze der internationalen Tarifierung verbindlichen Vollzugsordung für internationale Fernmeldedienste[57] durchzuführen hat[58].
In Großbritannien wurde von den Möglichkeiten zur Benennung von Betreibergesellschaften bislang Gebrauch gemacht, indem *BT*, *Cable and Wireless* sowie *Mercury* den Status als anerkannte Betriebsunternehmen erhielten. Alle drei Unternehmen sind ebenfalls Mitglieder der drei Sektoren und können so in eigenem Recht diesen Konferenzen beiwohnen. Mercury und BT sind Mitglied der TEUREM-Gruppe[59], einer regionalen Tarifgruppe der ITU, die unverbindliche Empfehlungen insbesondere in bezug auf Transitdienste ausgibt. Bei der Konferenz der Regierungsbevollmächtigten sowie den Zusammenkünften des Rates vertritt hingegen das Department of Trade and Industry die Interessen des Vereinigten Königreichs. Regelmäßig sind aber auch die drei anerkannten Betriebsunternehmen in der Delegation des DTI vertreten.

---

53 Siehe hierzu insgesamt auch *Tegge*, Die Internationale Telekommunikations-Union (Wirtschaftsrecht der internationalen Telekommunikation, Band 21) S. 92 ff.
54 Art. 19 Nr. 8 ITU-Konvention von 1992.
55 Art. 33 ITU-Konvention von 1992.
56 Art. 19 Nr. 9 ITU-Konvention von 1992; zur WCIT siehe Art. 25 ITU-Konstitution von 1992 sowie Art. 3 Nr. 8 (2) ITU-Konvention von 1992.
57 Siehe zu dieser bereits oben S. 130.
58 Art. 25 Nr. 1 ITU-Konstitution von 1992.
59 *Tegge*, Die Internationale Telekommunikations-Union (Wirtschaftsrecht der internationalen Telekommunikation, Band 21) S. 187.

Während innerhalb der ITU auf diese Weise auch Betreiber auf regulatorische Entscheidungen maßgeblichen Einfluß nehmen können, wurde auf europäischer Ebene bereits ein weitergehender Ausschluß dieser Unternehmen von regulatorischen Fragen durchgeführt. Aus der Konferenz der Europäischen Post- und Fernmeldeverwaltungen (CEPT) ging hier das *European Committee for Telecommunications and Regulatory Affairs (ECTRA)* hervor, in dem die Betriebsunternehmen nicht mehr vertreten sind.

Die früher innerhalb des CEPT maßgeblichen Fernmeldeunternehmen haben hierauf durch die Gründung der Organisation ETNO *(European Public Telecommunications Network Operators)* reagiert, in der die Mitgliedschaft auf solche Betreibergesellschaften begrenzt ist, denen besondere Rechte für Basisdienste über Festnetze eingeräumt wurde. In dieser Organisation sind BT und Mercury Mitglied[60].

Sowohl die auf europäischer Ebene, als auch die auf internationaler Ebene bislang gefundenen Lösungen verdeutlichen die besonderen Schwierigkeiten der Umstellung der internationalen Telekommunikation auf ein wettbewerbliches System. Die aus der Zeit der Kooperation territorialer Monopole vorgefundenen Koordinierungsgremien können leicht von deren Nachfolgeunternehmen zur Aufrechterhaltung wettbewerbsbeschränkender Verhaltensweisen mißbraucht werden. Die Beschränkung der Mitgliedschaft in der Organisation ETNO auf solche Betreibergesellschaften, die mit besonderen Rechten ausgestattet sind, könnte durch die Zielsetzung zu erklären sein, neuen Betreibergesellschaften den Marktzugang zu erschweren. Auf internationaler Ebene wird die Anwendung der Wettbewerbsregeln zur Lösung solcher Konfliktlagen dadurch behindert, daß in den Gremien der ITU hoheitliche Funktionen von Betreiberinteressen nicht klar gesondert werden.

60 European Public Telecommunications Network Operators, Introducing ETNO, Bruxelles 1994, siehe hierzu auch Oftel, Annual Report 1992, S. 31.

E. Angrenzende Märkte

Das vermittelte öffentliche Netz, bei dem die Anschlüsse den Teilnehmern über Festleitungen bereitgestellt werden, stellte den traditionellen Kernbereich auch des britischen Fernmeldemonopols dar. Die hier vorgenommenen Liberalisierungsschritte mußten Auswirkungen auf eine Reihe angrenzender Märkte haben, die mit der Vermarktung dieser Kommunikationsleistungen in enger Beziehung stehen. Während hier telekommunikationsrechtliche Normen zunächst insbesondere dazu dienten, die dem Monopolunternehmen vorbehaltenen Leistungen abzugrenzen, rückte mit der Liberalisierung das Anliegen in den Vordergrund, die Strukturen dieser angrenzenden Märkte vor den Auswirkungen der Konzentration im ehemaligen Monopolbereich zu schützen.
Insofern als der Anwendungsbereich der europäischen Wettbewerbsregeln betroffen ist, ist hier zunächst die Rechtsprechung des Europäischen Gerichtshofes zu Art. 86 EG-Vertrag zu beachten. Der EuGH stellte wiederholt - auch in Fällen, die den Telekommunikationssektor betrafen - fest, daß es einen Verstoß gegen diese Vorschrift bedeute, wenn ein Unternehmen, das über eine beherrschende Stellung verfügt, sich ohne objektives Bedürfnis eine Hilfstätigkeit auf einem benachbarten, aber getrennten Markt vorbehält[1].
Auch soweit ein solcher Vorbehalt nicht getroffen wird, verbleiben Möglichkeiten für einen dominanten Netzbetreiber, seine Marktstellung auf angrenzende Märkte auszudehnen. Um dies zu verhindern hätte zum einen die Option bestanden, BT als dominantem Netzbetreiber durch strukturelle Maßnahmen die Betätigung in anderen Geschäftsbereichen zu untersagen. Dieser Weg wurde in Großbritannien weitgehend nicht beschritten, da die britische Regierung befürchtete, daß dies ähnlich künstliche Grenzziehungen mit sich bringen könne, wie sie zuvor zur Abgrenzung des Monopolbereichs notwendig waren. So betonte sie die in einem vertikal integrierten Unternehmen zu erzielenden Verbundvorteile und bekundete im *Duopoly Review* grundsätzlich die Bereitschaft, die Lizenzerteilung nicht durch Unterscheidungen einzelner

1 EuGH, Urteil vom 13. Dezember 1991 in der Rs. C-18/88, RTT/GB-Inno-BM, Slg. 1991, I-5941 ff., Rdn. 18; EuGH, Urteil vom 3.10.1985 in der Rs. 311/84, CBEM/CLT und IPB, Slg. 1985, 3261 ff., Rdn. 19 ff.; siehe hierzu auch Rdn. 86 der Leitlinien der EG-Kommission für die Anwendung der EG-Wettbewerbsregeln im Telekommunikationsbereich (ABl. C 233/2 vom 6.09.91), sowie *Mestmäcker*, Gemeinschaftsrechtliche Schranken für die Begründung und Ausübung besonderer oder ausschließlicher Rechte nach Art. 90 EWG-Vertrag, in *ders.*, Recht in der offenen Gesellschaft, S. 254, 266.

Marktsegmente, die in den Beratungsdokumenten lediglich zu Präsentationszwecken getroffen worden seien, beschränken zu wollen[2]. Abweichend von dieser Politik wurde BT hingegen bei der Erbringung von Kabelfernseh- und Mobilfunkdiensten Tätigkeitsverboten unterworfen. In anderen Bereichen wurde versucht, durch eine Reihe von Auflagen sicherzustellen, daß sich auf diesen angrenzenden Märkten voll wettbewerbliche Strukturen etablieren können. Diese Entwicklung soll hier in unterschiedlichen Sektoren aufgezeigt werden.

I. *Über Telekommunikationsverbindungen erbrachte Dienstleistungen (»Mehrwertdienste«)*

Wenn die herkömmlichen Sprachdienste auch nach wie vor die kommerziell wichtigste Nutzung der britischen Telekommunikationsnetze darstellen, so verdienen doch zunehmend auch andere von den Fernmeldeunternehmen erbrachte Dienstleistungen Aufmerksamkeit. Insbesondere können die Netze Verbindungen zwischen Datenverarbeitungsanlagen herstellen. Eine einfache Anwendung stellt die Verknüpfung zweier PC dar, doch können auch weitergehende Funktionen wie Protokollumwandlungsdienste zentral durch einen Computer vorgenommen und einer Vielzahl angeschlossener Systeme angeboten werden. Ein anderes Beispiel für die Nutzung von Telekommunikationsdiensten in der Datenverarbeitung stellen Branchensysteme wie das System der Banken *(Society for Worldwide Interbank Financial Telecommunications - SWIFT)* dar. Auch außerhalb der Datenverarbeitung gibt es zahlreiche Funktionen, die durch ein Telekommunikationsnetz ausgeführt werden können. Genannt seien hier nur Informations- und Ansagedienste, Konferenzschaltungen sowie die Aufzeichnung und das Abrufen von Nachrichten. BT und Mercury sollten - wie oben näher ausgeführt[3] - für einen Übergangszeitraum einige Dienste als Duopolisten anbieten können. Gleichzeitig gehörte es zu den Grundanliegen der Liberalisierung, höhere Dienste«, die unterschiedlichsten Bedürfnissen gerecht werden müssen und kaum durch die Duopolisten zentral hätten erbracht werden können, möglichst geringen Beschränkungen zu unterwerfen. Sollen bestimmte Dienste einzelnen Unternehmen vorbehalten werden, so ist zu klären, wie angesichts der Vielgestaltigkeit der Funktionen klare Abgrenzungen getroffen werden können. Als Schwierigkeit

---

2 Department of Trade and Industry, Competition and Choice: Telecommunications Policy for the 1990s (White Paper), März 1991, Rdn. 3.38, 3.40, Consultative Document Rdn. 12.3.

3 Siehe hierzu oben S. 81 ff.

ergab sich hierbei des weiteren, daß Unterscheidungen wie diejenige zwischen Sprach- und Datendiensten angesichts der möglichen Übertragung der Sprache durch digitale Codes zumindest für die Kommunikation innerhalb von Unternehmen schwer überwachbar sind.
So ist in Großbritannien wie in anderen Ländern auch die Abgrenzung »freier Dienste« von Diensten, die einer gesonderten Zulassung bedürfen, in den letzten Jahren vielfältigen Änderungen unterworfen gewesen. Diese führten einerseits zu der schrittweisen Freistellung einer immer größeren Bandbreite von Diensten durch Gruppenlizenzen. Gleichzeitig zielen diese aber darauf ab, in einem Kernbereich eine regulatorische Kontrolle aufrechtzuerhalten, indem hier die Betreiber nur durch Einzellizenzen zugelassen werden sollen. Dies hat bis heute zu einer Vielfalt von Einzelbestimmungen geführt, deren Regelungsanliegen sich nur unter Berücksichtigung ihrer Entwicklung erschließt.

1. *Wiederverkaufsverbote und die Abgrenzung sog. »Mehrwertdienste«*

Auch in Großbritannien hatte zunächst das Monopol der nationalen Fernmeldeverwaltung dazu geführt, daß Dienste, die diese nicht selbst anbieten konnte, den Nachfragern in der Regel generell nicht zur Verfügung standen. Dies führte dazu, daß 1980 Michael Beesley durch den *Secretary of State for Industry* Sir Keith Joseph beauftragt wurde, ein Gutachten darüber zu erstellen, welche Auswirkungen es hätte, unabhängigen Anbietern zu gestatten, sog. »Mehrwertdienste« über das Netz von BT zu erbringen.
Das Konzept der Abgrenzung sog. »Mehrwertdienste« von »Basisdiensten« war unter europäischen Fernmeldeverwaltungen lange Zeit gebräuchlich[4]. Hiernach werden Dienste als nicht vom nationalen Telekommunikationsmonopol erfaßt angesehen, wenn sie nicht nur in dem »einfachen Wiederverkauf« von Mietleitungskapazität bestehen, sondern außer der Übertragung eine zusätzliche Leistung erbracht wird. Ähnlichkeiten weist dieser Ansatz mit der US-amerikanischen Unterscheidung zwischen »*basic*« und »*enhanced*« *services* auf, die mit der Computer II-Entscheidung durch die FCC eingeführt wurde[5].

4 Die Diensterichtlinie (Richtlinie der Kommission (90/388/EWG) vom 28. Juni 1990 über den Wettbewerb auf dem Markt für Telekommunikationsdienste, ABl. L 192/10 vom 24.07.90) untersagt heute in ihrem Art. 3 im Bereich der paket- oder leitungsvermittelten Datendiensten den Mitgliedstaaten der EG, Verbote des einfachen Wiederverkaufs von Mietleitungen aufrechtzuerhalten.

5 Siehe hierzu näher *Scherer*, Nachrichtenübertragung und Datenverarbeitung im Telekommunikationsrecht (Wirtschaftsrecht der internationalen Telekommunikation, Band 11) S. 73 ff.

Dort aber hatte dieses Konzept eine andere Funktion. Es diente der Unterscheidung regulierter Dienste, für die dem marktbeherrschenden Unternehmen eine maximale Kapitalrendite vorgegeben wurde, von unregulierten Diensten.
In seinem Gutachten hielt Beesley eine technische Unterscheidung zwischen Mehrwert- und Basisdiensten für undurchführbar. Um die Erbringung zusätzlicher Dienste nicht zu behindern, sei es angezeigt, Wiederverkaufsbeschränkungen generell aufzuheben. Die sich hieraus ergebenden Mindereinnahmen von BT würden durch die Vorteile einer solchen Regelung aufgewogen[6]. Auch BT solle erlaubt werden, sich in den neu entstehenden Märkten zu betätigen[7]. Zu einer solch weitgehenden Liberalisierung war die Regierung aber auch angesichts einer skeptischen Einschätzung dieser Vorschläge auf Seiten von BT[8] nicht bereit. Daher erließ der Secretary of State 1982 lediglich zur Gestattung einiger ausgewählter Dienste auf der Grundlage der Sec. 15 Telecommunications Act 1981 eine general licence, die an Wiederverkaufsbeschränkungen und damit an der Unterscheidung zwischen Mehrwert- und Basisdiensten festhielt (die sog. »*VAN-Lizenz*«)[9]. Die Lizenz enthielt sich aber einer Definition von Mehrwertdiensten und wählte den Weg einer abschließend-enumerativen Nennung der zugelassenen Leistungen. Zur Kontrolle wurde eine Registrierungspflicht der zugelassenen Dienste eingeführt.
Die Privatisierung von BT berührte diese Regelungen zunächst nicht. Bis zum Frühjahr 1985 wurden unter der Lizenz 577 Diensteangebote registriert, darunter solche für Kunden-Datenbanken, zeitversetzte Nachrichtenübermittlung, Mailboxdienste, Protokollumwandlungsdienste sowie Anrufbeantwortungsdienste[10].
Bald zeigte sich jedoch, daß durch diese Regelungen wichtige technische Neuerungen ausgeschlossen wurden. Auch BT entwickelte eine ambivalente Haltung, nachdem das Unternehmen zunehmend selbst Dienste unter der VAN-Lizenz anbot. Im Frühjahr 1984 unterbreiteten BT und IBM der britischen Regierung ihr Vorhaben, über ein gemeinsames Unternehmen unter dem Namen JOVE ein Netz zu errichten, das als sog. »*managed data network*« der Datenübertragung dienen sowie Datenverarbeitungsdienste unter-

6 *Beesley*, Liberalisation of the use of British Telecommunications Network S. 23, Rdn. 91.
7 A.a.O. S. X, Rdn. 14.
8 *Noam*, Telecommunications in Europe, S. 115.
9 General Licence under Sec. 15 (1) for Telecommunications Systems used in Providing Value Added Network Services; siehe hierzu im einzelnen *Bruce/Cunard/Director*, From Telecommunications to Electronic Services, S. 437, *Heuermann/Neumann*, Die Liberalisierung des britischen Telekommunikationsmarktes, S. 108 ff.
10 *Heuermann/Neumann* a.a.O. S. 110.

stützen sollte[11]. Da ein Teil dieser Funktionen in der VAN-Lizenz nicht als »Mehrwert«-dienste qualifiziert wurde, wäre hierfür eine gesonderte Lizenzierung notwendig gewesen. Gegen diesen Vorschlag wandten sich Vertreter der britischen Computerindustrie, insbesondere da das Netz auf dem IBM-Unternehmensstandard *»System Network Architecture«* (SNA) basieren sollte. Dies hätte bei Endgeräteherstellern Anpassungsleistungen notwendig gemacht, die bei Verwendung der *»Open System Interconnection«* (OSI)-Standards der »International Standard Organisation« (ISO) entbehrlich gewesen wären[12]. Insgesamt hätte sich hieraus eine Dominanz des IBM-Standards ergeben können.

Diese auch von den europäischen PTT gestützten Bedenken fanden bei der britischen Regierung Gehör, so daß sie im Herbst 1984 den Vorschlag zurückwies[13]. Gleichzeitig signalisierte sie, daß sie eine Änderung der VAN-Lizenz ins Auge fasse, um Dienste wie die von BT und IBM vorgeschlagenen zu ermöglichen. Sie publizierte im Juni 1985 ein *Consultative Document*, in dem sie vorschlug, die Wiederverkaufsbeschränkungen für die Datenübertragung zu lockern[14]. Zunächst sollten anhand einer abstrakt-generellen Definition Basis- von Mehrwertdiensten unterschieden werden. Bereits diese Definition war darauf zugeschnitten z.B. Protokollumwandlungen für Datenübertragungsdienste nicht in die Kategorie der Basisdienste fallen zu lassen[15]. In Anlehnung an den BT/IBM-Vorschlag wurde daneben zur Diskussion gestellt, innerhalb der Basisdienste eine Sonderkategorie sog. *»managed data network services«* einzuführen, die im Einzelfall genehmigt werden könnten.

Der Vorschlag verschob die Frage der Zulässigkeit von Datenübertragungsdiensten auf ein gesondertes Zulassungsverfahren. Die bereits von Beesley angesprochene Schwierigkeit, mittels einer technischen Grenzziehung die ökonomische Zielsetzung der Abgrenzung umzusetzen, wurde hiermit nicht gelöst. Nach überwiegend negativer Resonanz auf die Vorschläge - auch die

11 *Vickers/Yarrow*, Privatisation: An Economic Analysis, S. 232.

12 *Heuermann/Neumann*, Die Liberalisierung des britischen Telekommunikationsmarktes, S. 113.

13 *Bruce/Cunard/Director*, From Telecommunications to Electronic Services, S. 441 ff.

14 Department of Trade and Industry, Government Proposals for the Future Licensing of Value Added and Data Services: A Consultative Document, June 1985.

15 Basic Conveyance sei hiernach die »Übertragung einer Nachricht mittels eines Telekommunikationssystems an einen bestimmten Empfänger, der sich aus einer in der Nachricht enthaltenen oder mit ihr verbundenen Adresse ergibt, wobei die Nachricht vom System in derselben Form wiedergegeben wird, in der sie eingegeben wurde, ohne daß im Verlauf der Übertragung zusätzliche Dienste bezüglich der Nachricht erbracht werden außer solchen, die ihre genaue zuverlässige und kostensparende Übertragung an den Empfänger ermöglichen oder erleichtern«, Definition bei *Scherer*, Nachrichtenübertragung und Datenverarbeitung im Telekommunikationsrecht, S. 134; hierzu auch *Bruce/Cunard/Director*, From Telecommunications to Electronic Services, S. 432.

Vertreter des Oftel, dem die Aufgabe zugefallen wäre, die Abgrenzung zu überwachen, sprachen sich gegen sie aus[16] - legte das DTI eine überarbeitete Fassung vor[17]. Diese stellte eine grundsätzliche Wende in der hier verfolgten Politik dar und fand in der *Value Added and Data Services Licence* von 1987 ihren Niederschlag[18]. Sie gebrauchte zwar wiederum die Begriffe Basis- und Mehrwertdienste, ohne zu versuchen, technisch zwischen ihnen zu unterscheiden. Gegenüber der Lizenz von 1982 verkehrte sie jedoch das Verhältnis zwischen Regel und Ausnahme. Nach Schedule 3 Para. 1 (b) gilt die Lizenz für alle Dienste, mit Ausnahme von Kabelfernsehen, mobilen Funkdiensten sowie der Übertragung von Sprache und Telexnachrichten. Hierdurch wurde erstmals im britischen Telekommunikationsrecht der von einer Individualzulassung abhängige Bereich als Ausnahme definiert.
Auf diese Weise löste der JOVE-Vorschlag einen bedeutsamen Liberalisierungsschritt aus. Als seine Folge ist es auch anzusehen, daß neben der Umschreibung des den Duopolisten vorbehaltenen Bereiches ein anderes Regulierungsziel in das Blickfeld der Behörden trat: die Verhinderung des Mißbrauchs marktmächtiger Positionen. So enthält die VADS-Lizenz in ihrem Anwendungsbereich Sonderregelungen für marktmächtige Unternehmen (*major service providers*), die sie mittels Umsatzgrenzen oder aufgrund bestimmter Merkmale der von ihnen erbrachten Dienste qualifizierte. Diese Unternehmen wurden besonderen »*fair trading*«-Bedingungen unterworfen[19]. Außerdem galt die Lizenz nicht für BT und Mercury, gegenüber denen in einer besonderen Lizenz zusätzliche Auflagen festgesetzt wurden[20]. Diese PTO-VADS-Lizenz ähnelt weitgehend der allgemeinen VADS-Lizenz von 1987. Sie gibt dem DGT aber besondere Eingriffsbefugnisse, um sicherzustellen, daß die PTO ihre Marktmacht nicht nach einer Fusion mit anderen Diensteanbietern mißbrauchen können. So kann der DGT die Lizenz widerrufen, wenn durch einen PTO ein Unternehmen erworben wird, dessen Gruppenumsatz im Telekommunikations- und Computerbereich mehr als

---

16 *Scherer*, a.a.O. S. 135.

17 Department of Trade and Industry, Revised Government Proposals for the Future Licensing of Value Added and Data Services: A Consultative Document, November 1985.

18 Class Licence for the running of telecommunications systems providing value added and data services vom 30.4.1987 (VADS-Lizenz); zu dieser im einzelnen *Long*, Telecommunications Law and Practice, S. 96 ff.

19 *Hiester*, in *Saxby* (Hrsg.), Encyclopedia of Information Technology Law, London 1990 ff. (Loseblatt), Stand Juli 1994, Rdn. 9.547.

20 Class licence for the running of telecommunications systems by PTO group associates to provide value added and data services, 30. April 1987 (zit. PTO-VADS-Lizenz von 1987); hierzu *Scherer*, Nachrichtenübertragung und Datenverarbeitung im Telekommunikationsrecht, S. 138.

£ 1.000.000.000 beträgt[21]. Des weiteren wurden auch in die PTO-VADS-Lizenz zusätzliche Auflagen eingefügt, wie unterschiedliche *»fair trading«*-Gebote, Quersubventionierungsverbote, sowie Verpflichtungen zu getrennter Kostenrechnung sowie zur Beachtung der OSI-Standards[22].
Eine nächste Liberalisierungsstufe leitete der Secretary of State 1989 durch die Ausgabe einer neuen Lizenz für private Nebenstellenanlagen ein. Bereits das *Duopoly Statement* von Kenneth Baker hatte die Möglichkeit angedeutet, ab Juli 1989 und somit bereits ein Jahr vor der avisierten Aufgabe der Duopol-Konzeption einfachen Wiederverkauf von Mietleitungskapazität zu gestatten. Am 15. Juni 1989 verkündeten der Secretary of State und der DGT fristgemäß, daß diese Restriktionen entfallen sollten[23]. Die Notwendigkeit einer Definition von Diensten, die keinesfalls unter Umgehung der öffentlichen Netze erbracht werden dürfen, entfiel damit. So konnte die *Branch System Licence 1989* nun einen einheitlichen Rahmen für den Betrieb von Telekommunikationsanlagen setzen, gleichgültig ob diese nun als Nebenstellenanlagen oder auch zur Erbringung von Diensten für Dritte genutzt werden, sowie unabhängig davon, ob diese mit anderen Netzen durch private Leitungen oder über die Netze der PTO verbunden werden. Der Betrieb größerer Telekommunikationsnetze wurde jedoch über die Lizenz nicht gestattet, da durch die in ihrem Anwendungsbereich betriebenen Systeme keine Verbindungen zwischen Gebäuden hergestellt werden dürfen, die mehr als 200 Meter voneinander entfernt sind. Hier konnte weiterhin auf die VADS-Lizenz zurückgegriffen werden.

2. *Die Gruppenlizenz für Telekommunikationsdienste*

Diese Restriktionen sind auch in der am 1. September 1992 in Kraft getretenen *Telecommunications Services Licence (TSL)*[24] aufrechterhalten worden. Nebenstellenanlagen können zwar ebenfalls über die gleichzeitig erlassene *Self Provision Licence (SPL)*[25] betrieben werden, die keine Beschränkungen bezüglich der Übermittlungsdistanz enthält. Diese gestattet es aber nicht über

21 Schedule 2 Cond 1 c der PTO-VADS-Lizenz von 1987.
22 Class Licence for the running of Telecommunication Systems by PTO Group Associates to Provide Value Added and Data Services, April 1987.
23 *Gillick*, The evolution of the policy and regulatory framework in the UK, Telecommunications Policy 1989, 186, 188.
24 Class Licence to run Branch Systems to provide Telecommunication Services granted by the Secretary of State under Section 7 of the Telecommunications Act 1984 vom 15. Juli 1992.
25 Class Licence to run Self Provided Telecommunications Systems granted by the Secretary of State under Section 7 of the Telecommunications Act 1984 vom 15. Juli 1992.

das System Übermittlungsdienste für andere zu erbringen: jede Nachricht, die über das System übertragen wird, muß entweder von einem Mitglied des Unternehmens, das das System betreibt, abgesandt oder empfangen werden[26]. Werden Fernmeldeanlagen gleichzeitig dazu verwandt, Dienste für andere zu erbringen und eigene interne Netze zu betreiben, so hängt die Zulässigkeit ihres Betriebs davon ab, ob sich innerhalb der Anlagen logisch separate Systeme unterscheiden lassen[27]. Auf diese Weise bleibt die Erbringung von Übermittlungsdiensten für andere weitgehend der Zulassung im Einzelfall unterworfen.

Beschränkungen für *Major Service Providers*, die noch in die BSGL von 1989 aufgenommen worden waren, bestehen nach der TSL nicht mehr. Vom Anwendungsbereich der Lizenz sind nach Cond. 2 (b) lediglich die PTO-Unternehmen in Beziehung auf das Gebiet, für das ihnen eine PTO-Lizenz erteilt wurde, ausgenommen. Soweit auch sie zusätzliche Dienstleistungen über das Netz erbringen wollen, wird der Rahmen hierfür nach wie vor durch die PTO-VADS-Lizenz von 1987 vorgegeben[28].

Auf diese Weise ist heute in Großbritannien in der nicht grenzüberschreitenden Telekommunikation weitgehend die Notwendigkeit entfallen, reine Übertragungsdienste von sonstigen »besonderen« Dienstleistungen, die unter Nutzung von Telekommunikationsnetzen erbracht werden, zu unterscheiden. Die zuvor erfolgte isolierte Freistellung von *Value Added Network Services* hatte sich als unhaltbare Fehlkonzeption erwiesen. Denn ein »Mehrwert« zu den Übertragungsleistungen wird eben nicht durch das Telekommunikationsnetz, sondern durch die evtl. angeschlossenen Endgeräte bzw. Nebenstellenanlagen erbracht. Sollen nicht die Funktionen dieser Endeinrichtungen durch die fernmelderechtliche Zulassung eingeschränkt werden, so ist es notwendig, die Informationsübermittlung innerhalb dieser Endeinrichtungen generell freizustellen und eine klare Abgrenzung zu darüber hinaus erbrachten Telekommunikationsdiensten zu treffen, sofern diese einer besonderen Regulierung unterliegen sollen.

Dies ist heute durch die Beschränkung der Notwendigkeit einer Einzelzulassung auf für andere erbrachte Übermittlungsleistungen über eine Distanz von mehr als 200 m in pragmatischer Weise geschehen. Die verbliebenen Eingriffsbefugnisse des DGT aus der PTO-VADS-Lizenz gegenüber PTO-Unter-

26 Schedule 3 Cond.3 (a) der Lizenz.

27 Siehe hierzu Oftel, Explanatory Guide to the Self-Provision Licence (SPL) and the Telecommunications Services Licence (TSL), October 1992 Rdn. 24.

28 Siehe hierzu oben S. 150 Fußnote 20.

nehmen aus der PTO-VADS-Lizenz, die unter Nutzung ihrer Netze sonstige Dienstleistungen erbringen, sind bislang in keiner Weise aktuell geworden.

II. *Endgeräte, Nebenstellenanlagen, Vermittlungseinrichtungen*

In enger Beziehung zur Freistellung des Betriebs von Endeinrichtungen durch die Gruppenlizenz für Telekommunikationsdienste stehen die Regelungen, die auf die Sicherung des Wettbewerbs in der Bereitstellung von Endgeräten und Nebenstellenanlagen zielen. Denn allein die Gestattung des Betriebs eines Systems durch eine fernmelderechtliche Lizenz kann nicht aktuellen Marktzugang sichern, solange alle Betreiber in der Regel auf Zugang zum Netz des dominanten Betreibers BT angewiesen sind. Neben der Einrichtung einer unabhängigen Gerätezulassung wurde durch die Regulierungspraxis daher versucht, sonstige Möglichkeiten zur Diskriminierung einzelner Geräteanbieter auszuschließen. Auf Tätigkeitsverbote gegenüber BT wurde hierbei wiederum verzichtet. Dennoch hat BT die Strategie einer geringen vertikalen Integration in diesem Bereich entwickelt und sich aus Forschung, Entwicklung und Produktion von Hardware konsequent zurückgezogen[29].

1. *Unabhängige Genehmigung von Endgeräten*

Im Vordergrund sowohl der britischen als auch der europäischen Liberalisierung des Endgerätemarktes steht die Gewährleistung einer von den Netzbetreibern unabhängigen technischen Genehmigung. Dies folgt nicht aus einem Mißtrauen in die Möglichkeiten der Netzbetreiber, ihre Netze vor Schädigungen zu schützen, indem sie ihren Kunden aufgeben, nur bestimmte Geräte anzuschließen. Vielmehr soll marktmächtigen Betreibern die Möglichkeit entzogen werden, durch prohibitive technische Anforderungen an Geräte, die sie zum Anschluß an ihr Netz zulassen, ihre Stellung zu mißbrauchen.
Entsprechend wird im Telecommunications Act 1984 der Betrieb von Telekommunikationsgeräten nicht generell von einer technischen Abnahme abhängig gemacht. In den einzelnen Lizenzen werden die Betreiber hingegen zu einer solchen verpflichtet, soweit die Geräte direkt oder indirekt an ein öffentliches Netz angeschlossen werden[30]. Von Bedeutung ist die Genehmi-

29 Siehe hierzu insbesondere *Fransman*, AT&T, BT and NTT, A comparison of vision, strategy and competence, Telecommunications Policy 1994, 137 ff.

30 Siehe z.B. Schedule 1 Condition 1 Class Licence to run Branch Systems to provide Telecommunication Services granted by the Secretary of State under Section 7 of the Tele-

gung der Geräte auch deshalb, weil die PTO in der Regel nur bezüglich genehmigter Anlagen verpflichtet werden können, diesen Zugang zu ihren Netzen zu gewähren[31].

Die Anforderungen, die hierbei an die Geräte gestellt werden können, wurden zum Teil innerhalb der EG harmonisiert. Zunächst wurden die Mitgliedstaaten 1986 verpflichtet, Prüfungsergebnisse der Behörden anderer Mitgliedstaaten bei der Überprüfung der Konformität seriengefertigter Telekommunikationsendgeräte mit gemeinsamen Spezifikationen in ihren jeweiligen Genehmigungsverfahren zugrundezulegen[32]. Die Endgeräterichtlinie vom 16. Mai 1988[33] gab den Mitgliedstaaten insbesondere auf, Typengenehmigungen durch Organisationen ausführen zu lassen, die von den Betriebsunternehmen unabhängig sind. Die Richtlinie 91/263/EG vom 29. April 1991[34] markiert die zweite Phase der Harmonisierungsbemühungen. Ihr Ziel ist es, die volle gegenseitige Anerkennung von Typengenehmigungen zu erreichen, die eine hierzu autorisierte Behörde in einem Mitgliedstaat erteilt hat. Voraussetzung hierfür ist, daß der Zulassungsausschuß für Telekommunikationsendeinrichtungen *(Approval Committee for Terminal Equipment - ACTE)* für die jeweilige Geräteklasse eine gemeinsame technische Vorschrift im Auftrag der Kommission erlassen hat. Solche gemeinsamen technischen Vorschriften hat das ACTE bislang jedoch erst in Einzelbereichen festgelegt. Hierdurch bestehen innerhalb Großbritanniens - wie innerhalb anderer Mitgliedstaaten - je nachdem ob für die einzelnen Endgerätetypen bereits gemeinsame technische Vorschriften erlassen wurden, deutlich differierende Zulassungsverfahren.

In Großbritannien hatte die erste Endgeräterichtlinie von 1988 geringe Auswirkungen, da bereits durch Sec. 16 Telecommunications Act 1981 eine unabhängige Genehmigung der Endgeräte sichergestellt wurde. Sec. 22 (1) Telecommunications Act 1984 sieht nun vor, daß, insofern als eine Lizenz die unabhängige technische Genehmigung von Endgeräten vorsieht, diese Entscheidung generell durch den Secretary of State getroffen wird. Der Secretary

---

communications Act 1984 vom 15. Juli 1992; Schedule 1 Condition 1 Class Licence für the running of self provided telecommunication systems granted by the Secretary of State under Sec. 7 of the Telecommunications Act 1984 vom 30. Juli 1992.

31 Siehe z.B. Cond. 14. 1 (a) (i) BT-Lizenz; Cond. 13.1 (a) (i) Mercury-Lizenz; soweit PTO jedoch darlegen können, daß Geräte eine Gefahr für ihr Netz darstellen, brauchen sie diese auch dann nicht anzuschließen, wenn sie zuvor technisch genehmigt wurden (Cond. 14.3 BT-Lizenz; 13.3 Mercury-Lizenz).

32 Richtlinie 86/361/EG vom 24. Juli. 1986 (ABl. L 217/21 vom 5. Aug 1986).

33 88/301/EG (ABl. L 131/73 vom 27. Mai 1988).

34 ABl. L 128/1 vom 23. Mai 1991.

of State hat die Möglichkeit, diese Kompetenz an den DGT zu übertragen. Dies geschah am 1. Dezember 1986 entsprechend[35].
Die Genehmigungen werden auf unterschiedliche Weise vergeben und variieren in ihrer Reichweite. Die wichtigste Gruppe stellen Typengenehmigungen dar, die in der Regel Geräte einer bestimmten Bauart allgemein zum Anschluß an öffentliche Netze zulassen. Zum anderen genehmigte das Oftel bestimmte Klassen von Geräten (unter diesen insbesondere von Computern), die in einem gewissen Umfang der Übertragung auch solcher Nachrichten dienen können, die später über ein öffentliches Netz weitergesendet werden[36]. Daneben besteht die Möglichkeit zur Zulassung von Einzelgeräten. Die konkrete Überprüfung der Geräte zur Erteilung von Typengenehmigungen wurde, auch nachdem der Secretary of State die entsprechende Kompetenz auf den DGT übertragen hatte, zumeist in dessen Auftrag vom *British Approval Board of Telecommunications (BABT)*, einer privatrechtlich verfaßten Gesellschaft[37], durchgeführt. Hierbei werden die vom *British Standard Institute (BSI)* ausgearbeiteten Normen zugrundegelegt. Am 10. September 1990 übertrug der Secretary of State dem BABT neben Oftel formell die Kompetenz zur Erteilung von Typengenehmigungen[38]. Die hiermit verbundene Ermächtigung, Gebühren für die Genehmigung zu verlangen, bezieht sich nicht auf *call routing*-Geräte, so daß diese nach wie vor nur durch das Oftel genehmigt werden[39]. Auf diese Weise kann das Oftel weiterhin überwachen, ob durch die Auslegung solcher Geräte bestimmte Netzbetreiber bevorzugt werden.
In Umsetzung der zweiten Endgeräterichtlinie 91/263/EG wurden durch Rechtsverordnung die *Telecommunications Terminal Equipment Regulations (TTER)*[40] erlassen, die für solche Endgeräte, für die die Kommission der EG bereits gemeinsame technische Vorschriften eingeführt hat, eine besondere Zulassung vorsehen. Zur Erlangung dieser Genehmigung stehen dem Hersteller wiederum zwei Verfahren offen, die EG-Baumustergenehmigung (Teil III TTER) sowie die EG-Konformitätserklärung (Teil IV TTER). Auch

---

35 *Kuhlmann*, Die Struktur von British Telecom, S. 82.

36 Oftel, Explanatory Guide to the Self-Provision Licence (SPL) and the Telecommunications Services Licence (TSL), October 1992 Rdn. 32.

37 Company limited by guarantee, siehe hierzu *Kuhlmann*, Die Struktur von British Telecom, S. 27.

38 Die Möglichkeit einer solchen Übertragung sieht Sec. 22 Telecommunications Act an sich nur an den DGT vor.

39 Telecommunication Apparatus (Approval Fees) (British Approval Board for Telecommunications) Order 1992, SI 1992/1875; Telecommunications Meters (Approval Fees) (British Approval Board for Telecommunications) Order 1992, SI 1992/712; zur Wahrnehmung der Funktionen durch den DGT: Oftel, Annual Report 1990, 33.

40 The Telecommunications Terminal Equipment Regulations 1992, Statutory Instrument 1992 No. 2423.

diese sind nur dann notwendig, wenn das Gerät dazu bestimmt ist, an das öffentliche Netz angeschlossen zu werden[41].

2. *Auflagen des dominanten Netzbetreibers BT bezüglich Herstellung und Vertrieb von Endgeräten*

Die Sicherstellung einer unabhängigen technischen Abnahme bildet nur einen Teil der Maßnahmen, die ergriffen wurden, um eine mißbräuchliche Erstreckung der marktbeherrschenden Stellung von BT auf die Endgerätemärkte zu verhindern.
Vor der Privatisierung besaß British Telecommunications als öffentliches Unternehmen nur geringe Produktionsfaszilitäten, die zur Herstellung von Telefonapparaten und bestimmten Netzeinrichtungen dienten[42]. Andererseits konnte BT für Telefonapparate und private Nebenstellenanlagen als dominanter, in bezug auf Vermittlungsanlagen für das öffentliche Netz sogar als alleiniger Nachfrager auftreten. In den Märkten für Endgeräte und Nebenstellenanlagen stehen daher im Vordergrund der Regulierung des Unternehmens Bestimmungen, die BT daran hindern sollen, eigene Aktivitäten durch Quersubventionen zu unterstützen.
Da der Telecommunications Act 1984 nur den Betrieb, nicht hingegen Produktion und Vertrieb von Telekommunikationsanlagen unter einen Genehmigungsvorbehalt stellt, fällt die Regelung der Fragen, die sich aus möglichen wettbewerbswidrigen Praktiken von BT beim Vertrieb von Endeinrichtungen ergeben, im allgemeinen nicht in den Bereich der fernmeldespezifischen Regulierung. Es wurde aber versucht, auch eine Beeinträchtigung dieser Märkte zu verhindern, indem in die allgemeine Betriebslizenz des Unternehmens entsprechende Restriktionen aufgenommen wurden.
Da BT selbst Endgeräte vertreibt und herstellt, ergibt sich zunächst die Gefahr, daß das Unternehmen als dominanter Netzbetreiber den Anschluß von Geräten anderer Anbieter erschwert. Der Verhinderung einer solchen Verhaltensweise dient zum einen Cond. 35.1 der Lizenz, die bestimmte Koppelungsgeschäfte verbietet, so insbesondere solche, die den Anschluß an das öffentliche Netz vom Erwerb von Geräten abhängig machen. Technisch wird der Netzzugang neben der unabhängigen Gerätezulassung vor allem sichergestellt durch die in den Lizenzen vorgenommene Definition der Schnittstellen (Network Termination Points- NTP), bis zu denen das öffentliche Netz reicht.

---

41 Siehe hierzu die Definition von terminal equipment in Art. 4 TTER.
42 Monopolies and Mergers Commission, British Telecommunications plc and Mitel Corporation, A report on the proposed merger, Jan 1986, Cmnd. 9715, 3.5, 10.9.

Allein solche Maßnahmen, die den Zugang zum Netz sicherstellen, wurden aber von den Regulierungsbehörden nicht für ausreichend befunden, da sie befürchteten, BT könne den Vertrieb oder die Herstellung von Geräten durch Gewinne aus anderen Geschäftsbereichen wettbewerbsverzerrend unterstützen. Cond. 18.1 der Lizenz räumt daher dem DGT für den Fall, daß er eine »unfaire« Quersubventionierung dieser Bereiche feststellt, das Recht ein, nicht näher spezifizierte Maßnahmen zu ergreifen, um eine solche abzustellen. Zur Feststellung einer solchen Unterstützung wurde BT verpflichtet, für den Gerätevertrieb auf Vollkostenbasis separat Rechung zu legen[43]. Noch weitergehendere Verpflichtungen enthält die Lizenz für die Herstellung von Endgeräten. In Cond. 21 wurde BT verpflichtet, diese in eine eigene Gesellschaft auszugliedern. Stellt der DGT förmlich fest, daß BT in bezug auf den Einkauf bestimmter Geräte eine dominante Stellung besitzt, so kann er das Unternehmen nach Cond. 21.4 verpflichten, nur nach Durchlaufen eines öffentlichen Ausschreibungsverfahrens solche Geräte aus eigener Produktion zu beziehen.
Das Verbot der Quersubventionierung des Gerätevertriebs führte auch bereits zu konkreten Maßnahmen der Regulierungsbehörde. Bereits 1986 gelangte der DGT zu der Überzeugung, daß BT seinem Endgerätevertrieb in unfairer Weise Quersubventionen zukommen läßt. Hierauf kam es zu informellen Konsultationen, in denen BT angehalten wurde, den Bereich so umzugestalten, daß er bis 1990 angemessene Gewinne ausweisen könne. Diese Ziele konnte das Unternehmen nicht erreichen. Daher wies der DGT gestützt auf Cond. 18 der Lizenz BT förmlich an, sicherzustellen, daß eine solche Quersubventionierung in Zukunft vermieden wird. Er verpflichtete BT, ihm Finanzpläne vorzulegen sowie Erläuterungen, wie in Zukunft die Profitabilität dieses Bereiches gewährleistet werden soll. Die Finanzpläne sollten erst nach einer Genehmigung durch ihn in Kraft treten können[44].

3. *Auflagen des dominanten Netzbetreibers BT bezüglich Herstellung und Vertrieb von Nebenstellenanlagen*

Auf dem Markt für private Nebenstellenanlagen unterliegt BT heute ähnlichen Restriktionen wie bei Endgeräten. In einigen Bereichen war hier der Markt bereits vor der Reform für andere Anbieter zugänglich. Das Post Office hatte unter dem Post Office Act 1969 von seinem Monopolrecht in bezug auf den Vertrieb von Nebenstellenanlagen für über 120 Teilnehmeranschlüsse selbst keinen Gebrauch gemacht und hierfür Lizenzen an andere Unternehmen aus-

43 Cond. 20.2 BT-Lizenz.
44 Oftel- Statement, BT's Apparatus Supply Business, 6. Dezember 1991.

gegeben[45]. Kleinere Nebenstellenanlagen vertrieb das Post Office zwar ausschließlich selbst, es besaß jedoch keine eigene Produktion.
Von 1981 an wurde der Markt nun schrittweise geöffnet. Gleichzeitig mit der Zulassung unabhängiger Anbieter von kleineren Anlagen wurde BT auf dem Markt für große Nebenstellenanlagen aktiv und erreichte dort bis 1985 bereits einen Marktanteil von 41%, während der Anteil des Unternehmens am Gesamtmarkt für Nebenstellenanlagen zwischen 1981 und 1985 von 83% auf 75% sank[46].
Die Fragen, die sich aus den erweiterten Aktivitäten von BT auf diesem Markt ergeben, wurden durch die Übernahme des kanadischen Herstellers von Nebenstellenanlagen Mitel Corporation (Mitel) deutlich. Im Mai 1985 unterzeichnete BT einen Vertrag mit Mitel, nach dem BT die Aktienmehrheit an dem Unternehmen übernehmen sollte. Dies führte im Juni 1985 zu einer *merger reference* des Secretary of State nach Sec. 64 (8) Fair Trading Act 1973.
In dem Verfahren wurden von Seiten des DGT die Gefahren für den sich gerade erst etablierenden Wettbewerb auf dem Markt für Nebenstellenanlagen betont. Er schlug daher vor, die Fusion entweder zu verbieten oder nur unter strengen Auflagen zu gestatten. Als geeignete Maßnahmen nannte er hierfür unter anderem mengenmäßige Beschränkungen für die Anzahl an Geräten, die BT von Mitel erwerben darf. Diese sollten in regelmäßigen Abständen durch den DGT neu festgesetzt werden. Daneben seien an Mitel Verbote zu richten, in bestimmten Marktsegmenten tätig zu werden. Auch die MMC stellte eine Beeinträchtigung des *public interest* fest. Sie sprach sich in einem Mehrheitsvotum zwar für eine Genehmigung der Fusion aus. Die von ihr vorgeschlagenen Auflagen gingen über die vom DGT genannten aber noch hinaus. Insbesondere sollte BT danach mindestens bis zum 31. Dezember 1990 untersagt werden, Geräte von Mitel innerhalb von Großbritannien zu vertreiben[47]. Der Secretary of State entschied sich jedoch gegen solch weitgehende Maßnahmen. Er orientierte sich eher an den Anregungen des DGT und verpflichtete BT lediglich, bestimmte Obergrenzen beim Bezug der Nebenstellenanlagen von Mitel einzuhalten. Darüber hinaus durfte BT nur nach dem Durchlaufen von Ausschreibungsverfahren Geräte von Mitel erwerben[48].

45 Monopolies and Mergers Commission, British Telecommunications plc and Mitel Corporation, A report on the proposed merger, Jan 1986, Cmnd. 9715.
46 A.a.O. Table 2.4.
47 A.a.O. Rdn. 10.75 - 10.80.
48 Undertakings given to the Secretary of State by BT, 14. Feb 1986, Office of Fair Trading Annual Report 1986, S. 66, undertaking 2 (1); Hiester in Butterworths Competition Law IX 2027.

Die wenig erfolgreiche Mitel-Beteiligung wurde durch BT zwischenzeitlich im Rahmen der Neuausrichtung der Unternehmensstrategie wieder veräußert[49]. Insgesamt läßt sich feststellen, daß BT auch in bezug auf Herstellung und Vertrieb von Nebenstellenanlagen keinen Tätigkeitsverboten unterworfen wurde. Auch hier wurde lediglich versucht, durch entsprechende Auflagen eine Diskriminierung anderer Anbieter auszuschließen.

4. *Beschaffung von Vermittlungseinrichtungen*

Die Beschaffung von Vermittlungseinrichtungen für das öffentliche Netz wird weder durch den Telecommunications Act 1984 noch durch die Lizenzen einer besonderen Regulierung unterworfen. Im Juli 1985 zeigten so auch Bemühungen des DGT keinen Erfolg, unter Berufung auf die in Sec. 3 Telecommunications Act 1984 genannten weiten Zielsetzungen seiner Regulierungstätigkeit bezüglich des Einkaufs von Vermittlungseinrichtungen für das öffentliche Netz zugunsten der ehemaligen Hauptlieferanten bei BT zu intervenieren.

Der Markt für Vermittlungseinrichtungen stellt bei weitem den wichtigsten Bereich unter den Märkten der produzierenden Fernmeldeindustrie dar[50]. Auch hier besitzt BT (im Gegensatz zu vergleichbaren Unternehmen wie AT&T und NTT) keine eigene Herstellung, das Unternehmen war aber in der Vergangenheit zunächst an der seit Ende der 60er Jahre in Angriff genommenen Entwicklung einer neuen Generation solcher Anlagen beteiligt. Das Post Office bezog die meisten benötigten Geräte durch drei »Hoflieferanten«: die Unternehmen General Electric Company plc (GEC), Plessey Company plc (Plessey) sowie die Standard Telephone and Cable plc (STC)[51]. 1969 wurde die Praxis aufgegeben, diese Lieferbeziehungen über feste Abkommen mit fünfjähriger Laufzeit zu institutionalisieren[52]. Weiterhin erfolgte die Beschaffung aber im wesentlichen von diesen Unternehmen. 1968 setzten das Post

---

49 *Fransman*, AT&T, BT and NTT, A comparison of vision, strategy and competence, Telecommunications Policy 1994, 137, 143.

50 1987/88 entfielen auf ihn in Großbritannien £ 581 Mio. bei einem Gesamtmarkt von jährlich £ 1,6 Mrd., was 36% entspricht; auf Übertragungsausrüstungen (außer Kabel) entfielen £ 232 Mio. (14%), auf private Nebenstellenanlagen £ 162 Mio. (10%), auf Telefonapparate £ 178 Mio. (11%), MMC Report, GEC/Siemens/Plessey, Apr 1989, 3.39 sowie Table 3.9.

51 Siehe hierzu *Weyhenmeyer*, Integrierte Unternehmensstrukturen in der Telekommunikation und staatliche Industriepolitik (Wirtschaftsrecht der internationalen Telekommunikation, Band 23) S. 195 ff.

52 *Arzt/Bach/Schüler*, Telekommunikationspolitik in Großbritannien, S. 222, *Foreman-Peck/Maning* in *Foreman-Peck/Müller*, European Telecommunications Organizations, Rdn. 11.1.4.

Office und Vertreter der Fernmeldeindustrie ein gemeinsames Gremium ein, das über die Entwicklung eines Vermittlungssystems für die 80er und 90er Jahre entscheiden sollte. 1973 führte dies zu dem Projekt des modularen, digitalen »Systems X«. Nach langen Verhandlungen unterzeichneten 1977 GEC, Plessey, STC und das Post Office Verträge über die Entwicklungsarbeiten. Das Post Office war hiernach in erster Linie für die Spezifikation der Anforderungen des Systems verantwortlich[53]. Nach Schwierigkeiten bei den Entwicklungsarbeiten wurden 1982 diese Verträge umgestellt. Plessey übernahm die primäre Verantwortung, GEC wurde Subunternehmer für 35% der Arbeiten, STC stieg aus dem Projekt aus. British Telecommunications erklärte in einer Rahmenvereinbarung die Absicht, für mindestens fünf Jahre hauptsächlich System X-Anlagen zu bestellen.

Die ausschließliche Orientierung von British Telecommunications auf die britischen Hersteller lockerte sich mit der Privatisierung des Unternehmens. Angesichts bis zu 15-monatiger Lieferverzögerungen bemühte sich BT bald um einen unabhängigen Lieferanten und vereinbarte im März 1985 mit dem schwedischen Unternehmen L M Ericsson, von diesem dessen digitales Vermittlungssystem (System Y) zu beziehen, das durch die britisch/schwedische Tochter Thorn Ericsson Telecommunications weitgehend in Großbritannien hergestellt werden sollte[54]. Dieses sollte im Modernisierungsprogramm von BT in ca. 20% der Anlagen eingesetzt werden.

Die britische Telekommunikationsindustrie reagierte hierauf mit Interventionen beim Oftel. In einem Bericht hierzu vertrat der DGT die Ansicht, der Bezug der Anlagen von einem zweiten Lieferanten könne zwar einerseits positive wettbewerbliche Wirkungen zeitigen, andererseits könne hierdurch aber die britische Telekommunikationsindustrie geschädigt werden[55]. Daher solle BT im Erneuerungsprogramm den Anteil an das System Y gehender Aufträge nicht weiter ausweiten. Des weiteren solle sichergestellt werden, daß der in Großbritannien produzierte Anteil an den System Y-Anlagen vergrößert wird. Für den Fall, daß BT den Anteil des System Y weiter erhöhen sollte, drohte er an, hiergegen vorzugehen. Zum einen könne dies durch Ausübung seiner Funktionen nach dem Fair Trading Act 1973 zur Sicherung eines effektiven Wettbewerbs geschehen, zum anderen könne er durch eine *telecommunication reference* in einem Verfahren vor der MMC eine Änderung der Betriebslizenz von BT erwirken[56]. BT wies diese vorgeschlagenen Restriktionen zurück,

---

53 Oftel, BT Procurement of Digital Exchanges, July 1985, Rdn. 6.
54 *Foreman-Peck/Maning* in *Foreman-Peck/Müller*, a.a.O. 11.2.4.
55 Oftel, BT Procurement of Digital Exchanges, July 1985, Rdn. 9.
56 Oftel, BT Procurement of Digital Exchanges, July 1985, Rdn. 42 f.

weitete jedoch den Anteil des Systems Y nicht weiter aus. Zu den angedrohten Maßnahmen des DGT kam es nicht[57].
In der Liste der durch Secretary of State und DGT bei der Ausführung ihrer Funktionen nach dem Telecommunications Act 1984 zu beachtenden Zielsetzungen ist auch die Stärkung der Wettbewerbsfähigkeit britischer Produzenten von Telekommunikationsanlagen genannt[58]. Es muß aber als Mißverständnis dieser allgemeinen Zielsetzung angesehen werden, wenn versucht wird sie im Rahmen des Zulassungsverfahrens für bestimmte Telekommunikationsdienste zur Einfügung von Beschaffungsquoten zu instrumentalisieren. Diese Ansicht scheint auch heute durch das Oftel geteilt zu werden, so daß es bislang zu keinen weiteren Interventionen der Behörde in die Beschaffungspolitik von BT kam. So kann heute in bezug auf die Herstellung von Vermittlungsanlagen für das öffentliche Netz davon ausgegangen werden, daß durch die Privatisierung von BT eine weitgehende Öffnung dieser Märkte herbeigeführt wurde.

III. *Mobilfunk*

Zur Analyse der fernmelderechtlichen Regulierung im Mobilfunkbereich ist zunächst von Bedeutung, diese von der Regulierung nach dem *Wireless Telegraphy Act 1949*[59] zu unterscheiden. Administrative Verfahren, die einseitig bestimmte Interessen bei der Einräumung von Nutzungsrechten am Funkfrequenzspektrum bevorzugen, können in ähnlicher Weise wie exklusive fernmelderechtliche Privilegien neuen Wettbewerbern den Marktzugang erschweren. Im folgenden soll aber lediglich die fernmelderechtliche Regulierung näher aufgezeigt werden.
Die Märkte für mobile Telefon- und Datendienste sowie für Funkrufdienste haben sich - gestützt auf technische Fortschritte - erst in den letzten Jahren zu Massenmärkten entwickeln können. Als 1985 das erste zellulare Mobilfunknetz seinen Betrieb aufnahm, bestand in Großbritannien lediglich ein Autotelefonnetz mit ca. 20.000 Teilnehmern[60]. Ende 1993 wurden durch drei Betreibergesellschaften bereits fünf zellulare Funktelefonnetze betrieben, an die insgesamt 2 Millionen Kunden angeschlossen waren[61]. Auf das Jahr 1993

57 MMC Report, GEC/Plessey, Aug 1986, Rdn. 6.10.
58 Sec. 3 (2) (h) Telecommunications Act 1984.
59 Siehe hierzu oben S. 66 ff.
60 *Heuermann/Neumann*, Die Liberalisierung des britischen Telekommunikationsmarktes, S. 141.
61 Oftel, Annual Report 1993, S. 42.

gerechnet beanspruchten mobile Verbindungen einen Anteil von 37% aller Neuanschlüsse[62].

Da diese Entwicklung erst nach Inkrafttreten des Telecommunications Act 1984 einsetzte, stand die britische Regierung hier nicht einer Situation gegenüber, die durch die dominante Stellung eines Unternehmens die Entwicklung wettbewerblicher Strukturen erschwerte. Durch die Zulassung jeweils mehrerer Betreibergesellschaften für Netze, die sich unterschiedlicher Übertragungstechniken bedienen, durch die regulatorische Etablierung eines von den Betreibergesellschaften unabhängigen Vertriebs der Dienste sowie durch Tätigkeitsbeschränkungen für die Betreiber von Festnetzen auf diesen Märkten konnte sie so versuchen, die Entstehung übermäßiger Marktmacht von vornherein zu verhindern. Dies hat einerseits dazu geführt, daß finanzkräftige Mobilfunkunternehmen entstehen konnten, die heute die wichtigste Bedrohung der Marktstellung von BT im Ortsnetzbereich darstellen. Andererseits muß bereits gefragt werden, inwieweit es noch sinnvoll ist, das regulatorische Sonderregime des Mobilfunkbereiches aufrechtzuerhalten.

1. *Zulassung von Mobilfunkbetreibern*

Im Juni 1985 erteilte der Secretary of State an die Unternehmen *Racal Vodafon Ltd. (Vodafon)* und *Telecom Securicor Cellular Radio Ltd. (Cellnet)* Lizenzen zur Errichtung zellularer Mobilfunknetze. In den Lizenzen wurden die Unternehmen verpflichtet, bis Ende 1989 zellulare Mobilfunknetze zu errichten, die 90% der britischen Bevölkerung die Herstellung einer Verbindung von ihrem Wohnort ermöglichen. Im Einklang mit der Duopolpolitik untersagten sie hierbei zunächst beiden Unternehmen die Errichtung fester Verbindungen[63].

An Vodafon ist zu 80% das Unternehmen Racal Electronics beteiligt, Cellnet wurde von BT gemeinsam mit der im Sicherheitsdienst tätigen Securicor-Gruppe gegründet, wobei BT zunächst 60% der Anteile hielt. Beide Mobilfunkunternehmen betrieben zunächst ausschließlich analoge Netze, die in einem Frequenzbereich von ca. 900 MHz arbeiten. Seit Dezember 1993

---

62 Financial Times - Telecom Markets, 1994 Nr. 245, »Mobile explosion should save Orange from competition squeeze«, S. 1.

63 Siehe hierzu in den Lizenzen von Cellnet und Vodafon jeweils Annex A Cond. 1 nach denen sich das System auf einem einzigen Grundstück befinden mußte bzw. in Gebäuden, die nicht weiter als 50 m voneinander entfernt stehen; die verbotenen Festverbindungen wurden analog zur BT-Lizenz, die jenes Unternehmen auf die Erbringung solcher Dienste beschränkt, definiert als Verbindungen zu Telekommunikationssystemen, die nicht darauf ausgelegt sind, in der Fortbewegung genutzt zu werden (»to be used while in motion« - Annex A Cond. 2).

betreibt Vodafon daneben in diesem Frequenzbereich unter den Namen *Euro Digital* und *Metrodigital* zwei digitale Netze, die auf dem innerhalb der EG fovorisierten GSM-Standard beruhen[64].

Im Jahre 1989 vergab der Secretary of State ferner an vier Unternehmen Lizenzen für sog. »telepoint«-Dienste. Diese basieren auf der CT2-Technik für schnurlose Telefone der zweiten Generation und erlauben es, in einem Umkreis von ca. 100 bis 150 Metern um eine Basisstation mittels eines speziellen Apparats Telefongespräche zu tätigen. Der Empfang von Telefonaten ist auf diese Weise ohne zusätzliche technische Einrichtungen hingegen nicht möglich. Unter diesen Umständen gelang es trotz erheblicher Investitionen keiner der vier Betreiberkonsortien[65], ihre Produkte im Markt zu etablieren. Als letzte Gesellschaft stellte im Jahre 1993 die in Hongkong ansässigen Whampoa Hutchinson-Gruppe nach hohen Verlusten ihren als »Rabbit« vermarkteten Dienst ein[66].

Im Juli 1991 wurden den Gesellschaften Hutchinson Microtel Ltd., Unitel Ltd. und Mercury Personal Communications Ltd (MPC) Lizenzen für sog. *Personal Communications Network (PCN)*-Funktelefondienste erteilt. Das technische Konzept dieser Systeme könnte relativ preiswerte Neuanschlüsse ermöglichen und so weite Bevölkerungskreise ansprechen[67], es erfordert aber besonders hohe Anfangsinvestitionen[68]. MPC und Unitel erklärten im März 1992 ihren Zusammenschluß und bieten seit September unter der

---

64 GSM ist die Abkürzung für »Global System for Mobiles«; EG-Richtlinie; dieser Standard basiert auf der TDMA (Time-division-multiple-access)- Technologie; auf internationaler Ebene konkurriert diese mit der in Amerika zunehmend favorisierten CDMA (Code division multiple access)-Technik.

65 Die Konsortien Phonepoint (BT und andere), Mercury Callpoint (Mercury, Motorola und Shaye Communications), Zonephone (Ferranti und andere) und Byps (vermarktet als »Rabbit«) (Phillips, Barclays Band und Shell, später Whampoa Hutchinson); siehe hierzu *Strickland*, The regulatory environment, The UK telecommunications regulatory system, (British Telecommunications) 1992.

66 The Economist, On the prowl, Asian firms in Europe, 30.April 1994, S. 88; die Verluste betrugen hiernach ca. 120 Millionen Pfund.

67 Siehe z.B. Department of Trade and Industry, Competition and Choice (Consultative Document) Rdn. 7.34 zur Erwartung, daß PCN-Systeme in einigen Marktsegmenten in der Lage sein werden mit Festnetzen zu konkurrieren.

68 Das PCN-Konzept ist in Amerika als PCS (Personal Communication System) bekannt, in Deutschland ist hierfür nur ein Betreiber zugelassen, der es als »E-Netz« vermarktet; diese Systeme arbeiten in wesentlich höheren Frequenzbereichen als die herkömmlichen zellularen Dienste; aufgrund der geringeren Reichweite sind so ca. fünf mal so viele Basisstationen zu errichten wie für Netze, die im 900 MHz-Bereich arbeiten; hieraus resultieren die hohen erforderlichen Investitionen (die Kosten des neuen Hutchinson-Dienstes »Orange« werden bis 1997 auf 700 Millionen Pfund geschätzt), andererseits aber auch eine hohe Kapazität der Systeme (Siehe hierzu The Economist, Survey Telecommunications, 23. Oktober 1993, S. 12; On the prowl-Asian firms in Europe, 30. April 1994, S. 88).

Bezeichnung »*Mercury One-2-One*« einen PCN-Dienst an. *Hutchinson* hat im April 1994 in einigen großen Städten einen PCN-Dienst aufgenommen, der unter dem Namen »*Orange*« vermarktet wird.
Ansonsten wurden zahlreiche Betreiber sog. privater Funknetze *(Private Mobile Radio - PMR)* zugelassen. Diese dürfen allerdings nicht mit öffentlichen Netzen verbunden werden. Noch im Laufe des Jahres 1994 soll für diese Dienste eine Gruppenlizenz erteilt werden[69]. Ansonsten wurden in Großbritannien bis April 1994 13 Einzellizenzen für mobile Datendienste und 21 Einzellizenzen für Funkrufdienste vergeben[70].

2. *Auflagen der Betreibergesellschaften*

Auch in der fernmelderechtlichen Regulierung der Mobilkommunikation steht heute das Ziel im Vordergrund, eine Ausdehnung der vorherrschenden Stellung von BT im Bereich der Festnetze auf diesen Markt zu verhindern. Dies kommt bereits dadurch zum Ausdruck, daß die allgemeine Betriebslizenz von BT die terrestrische Übertragung von Signalen nur insoweit gestattet, als die jeweilige Endstation nicht dazu bestimmt ist, als Mobileinrichtung benutzt zu werden[71]. Drahtlose feste Ortsnetzdienste, wie sie das Unternehmen Ionica L3 Ltd. zur Umgehung des BT-Netzes plant, wären hingegen auch BT gestattet.
Eine eigene Lizenz für zellularen Mobilfunk erhielt BT nicht. Dem Unternehmen wurde aber bei Vergabe der ersten solchen Lizenzen im Jahre 1985 gestattet, sich an dem Konsortium zum Betrieb des Cellnet-Netzes zu beteiligen. Der Anteil von BT an der Betreibergesellschaft wurde auf 60% begrenzt und in der Betriebslizenz des Cellnet-Systems dem DGT die Möglichkeit eingeräumt, die Lizenz zu wiederufen, sobald eine wesentliche Änderung in den Beteiligungsverhältnissen des Unternehmens eintritt[72]. Auch wurde versucht sicherzustellen, daß Cellnet gleiche Startvoraussetzungen wie Vodafon erhält und von BT nicht gegenüber anderen Wettbewerbern bevorzugt werden kann. Von größter Bedeutung ist hier das allgemeine Diskriminierungsverbot von BT in Cond. 17 der allgemeinen Betriebslizenz. Als Umsetzung dieser Vorgaben ist bereits anzusehen, daß BT mit Cellnet und Vodafon gleichlautende

69 Annual Report 1993, 44.
70 Oftel, List of Licences, April 1994.
71 »...not used while in motion ...«, Annex A Cond. 2 (c) BT-Lizenz.
72 Siehe hierzu Schedule 1 Cond. 32 i.V.m. Schedule 2 Cond. 1 (d) (i) der Lizenz.

Netzzugangsbedingungen vereinbarte. Einer Intervention von Seiten des Oftel bedurfte es hierzu nicht[73].

Die weitestgehenden Auflagen zur Unterbindung von Vorteilen aus einer besonderen Verbindung mit BT enthält die Telepoint-Lizenz der BT-Tochter *Phonepoint Ltd. (Phonepoint)*. *Phonepoint* wurde unter anderem untersagt, gemeinsam mit BT seine Dienste zu vermarkten[74], Personen einzustellen, die bis zu drei Monate zuvor bei BT angestellt waren[75], sowie in Anzeigen oder Werbebroschüren darauf hinzuweisen, daß BT an dem Unternehmen beteiligt ist[76]. Darüber hinaus wurden alle Vereinbarungen zwischen *Phonepoint* und BT vom vorherigen Einverständnis des DGT abhängig gemacht[77].

Eine Besonderheit des Mobilfunkbereichs stellen die besonderen Auflagen der Betreiber bezüglich des Vertriebs ihrer Dienste dar. Während zunächst nur zwei Mobilnetzbetreiber zugelassen worden waren, sollte sichergestellt werden, daß dieses »Duopol« möglichst eng definiert wird und sich zumindest im Vertrieb der Dienste ein größtmögliches Maß an Wettbewerb entwickeln kann[78]. Durch die gleichlautenden Schedule 1 Cond. 12.1 der Cellnet bzw. der Vodafon-Lizenz wurde den Betreibergesellschaften zunächst untersagt, selbst mit den Nutzern der Netze in Vertragsbeziehungen zu treten. Für die Gestaltung der Vertragsbeziehungen mit Vertriebsgesellschaften, die diese Aufgabe übernehmen[79], enthalten die Lizenzen ein Diskriminierungsverbot. Zwar bleibt den Betreibergesellschaften hiernach die Möglichkeit erhalten, ihre Dienste auch über verbundene Unternehmen zu vertreiben. Ist der DGT jedoch der Auffassung, daß diese Aktivitäten eine Umgehung der Tätigkeitsverbote darstellen, so kann er Anordnungen treffen, um diese Situation abzustellen[80]. Des weiteren unterfallen auch diese Unternehmen den in den Lizenzen enthaltenen allgemeinen Diskriminierungsverboten[81]. Das Verbot des Direktvertriebs wurde gegenüber Vodafon aufgehoben und in die PCN-Lizenzen nicht mehr aufgenommen, so daß es heute nur noch für Cellnet gilt[82].

---

73 Vgl. oben S. 109.

74 Cond. 3.2 der Lizenz.

75 DTI, Licence granted to Phonepoint Ltd. to run telecommunications systems for the provision of short range radio telecommunications services, Cond. 3.4.

76 Cond. 3.1 (ii) der Lizenz.

77 Siehe hierzu kritisch *Strickland*, The regulatory environment, The UK telecommunications regulatory system, (British Telecommunications) 1992, S. 17 f.

78 Interview mit *Mr. Ian Ellison* (ehemaliger Beamter des Department of Trade and Industry), London 1994.

79 Diese Gesellschaften werden zum Teil als »retailer«, ansonsten als »service provider« bezeichnet.

80 Cond. 35 der Lizenzen.

81 Schedule 2 Cond. 10 der Lizenzen.

82 Oftel, Annual Report 1993, 2.67.

Die Diskriminierungsverbote sind aber weiterhin von großer Bedeutung. So wurde *Cellnet* 1990 nach dem Konkurs eines Vertriebsunternehmens durch andere *retailer* vorgeworfen, den ehemaligen Kunden dieses Unternehmens Vertragsbeziehungen mit dem verbundene Unternehmen *British Telecom Mobile Communications (BTMC)* nahegelegt zu haben, worin eine unfaire Bevorzugung dieses Unternehmens zu sehen sei. Diese Vorwürfe führten zu einer formellen Untersuchung des DGT[83], die aber nicht in Anordnungen mündete. Weitere Vorwürfe wurden 1992 von dem Vertriebsunternehmen *Talkland International Ltd.* erhoben. Diese betrafen zum einen ebenfalls die Bevorzugung der verbundenen Vertriebsunternehmen durch die Netzbetreiber Cellnet und Vodafon, überdies aber auch die Quersubventionierung dieser Unternehmen[84]. Sie wurden zwar durch den DGT in bezug auf einige angebliche Praktiken bereits zurückgewiesen. In einer Stellungnahme betonte der DGT aber, daß MPC sicherzustellen habe, daß die unabhängigen Vertriebsgesellschaften nicht in erheblicher Weise gegenüber dem Direktvertrieb benachteiligt werden[85].

3. *Aufrechterhaltung der regulativen Unterscheidung zwischen Festnetzen und Mobilfunk*

Ähnlich wie die Zulassung sog. »Mehrwertdienste« diente die fernmelderechtliche Lizenzierung einzelner Mobilnetzbetreiber zunächst dazu, Betätigungsfelder unabhängiger Anbieter abzugrenzen, deren Dienste die Systeme der Duopolisten wirtschaftlich nicht gefährden können. Mit der Aufgabe der Duopolkonzeption erübrigte sich dieses Regulierungsziel. So konnte die Regierung im Duopoly Review bekräftigen, daß sie auch Mobilfunkbetreibern zunehmend das Angebot fester Verbindungen gestatten wolle[86]. In diesem Sinne wurde auch bereits die Lizenz von Vodafone Ltd. modifiziert[87].
Hier verbleibt die Verhinderung einer Ausdehnung der dominanten Position von BT auf die Märkte für Mobilkommunikation als einziger Gesichtspunkt, der heute noch die regulative Unterscheidung zwischen Festnetzen und Mobildiensten rechtfertigt. Bereits im Zuge des Duopoly Review wurde daher

---

83 Oftel, Annual Report 1990, 14.
84 Oftel, Annual Report 1992, 2.25 ff.
85 Vorwürfe der retailer, MPC führe dem eigenen Vertrieb Quersubventionen zu, indem das Unternehmen den Verkauf von Handapparaten finanziell unterstütze, werden zur Zeit ebenso wie die durch Talkland erhobenen Vorwürfe durch das Oftel untersucht (Oftel, Annual Report 1993, 2.51 ff.).
86 Department of Trade and Industry, Competition and Choice: Telecommunications Policy for the 1990s (Consultative Document); November 1990, Rdn. 7.38.
87 Oftel, Annual Report 1993, 2.67.

diese Unterscheidung angegriffen. Die Regierung betonte hier aber ihre Absicht, BT wie Mercury auch zum Schutz der Telepoint-Unternehmen nicht zu gestatten, über ihre Hauptbetriebslizenz mobile Dienste anzubieten[88].
Ob angesichts des hohen Ausbaustands der Mobilfunknetze ein solcher Schutz der Betreiber heute noch notwendig ist, erscheint fraglich. Auch konvergieren die Märkte für mobile und feste Dienste zunehmend. »Festanschlüsse« werden mit schnurlosen Handapparaten versehen, Telepoint und PCN-Dienste gewähren auf der anderen Seite nur eingeschränkte Mobilität und treten in direkten Wettbewerb zum Angebot fester Verbindungen. BT sieht daher die Einschränkungen in der allgemeinen Betriebslizenz bezüglich mobiler Dienste als gewichtiges Investitionshemmnis an, das auch den geplanten Ausbau von Breitbandnetzen behindern könne[89].

IV. *Kabelfernsehen und andere Unterhaltungsdienste*

Auch auf dem Markt für Kabelfernsehdienste stellt sich mit besonderer Dringlichkeit die Frage, inwiefern BT gestattet werden soll, selbst als Anbieter aufzutreten. Einerseits können unabhängige Kabelfernsehanbieter, indem sie über ihre Netze Telefongespräche vermitteln, zu wichtigen Konkurrenten der Fernmeldegesellschaften erwachsen, ohne deren Ortsnetze in Anspruch nehmen zu müssen. Wird nun jedoch, um auf diese Weise Wettbewerb im Ortsnetz zu realisieren, BT untersagt, als Anbieter von Kabelfernsehen aufzutreten, so kann dies zu einem verzögerten Ausbau kapazitätsstarker Netze führen.
Im Gegensatz zu anderen Bereichen, in denen BT lediglich an einer Diskriminierung seiner Wettbewerber gegenüber den eigenen Aktivitäten gehindert werden soll, ist das britische regulatorische Regime in bezug auf Kabelfernsehdienste gegenüber dem Unternehmen restriktiv ausgestaltet. Wie oben im einzelnen dargelegt, ist neben der telekommunikationsrechtlichen Lizenz zum Angebot bestimmter Unterhaltungsdienste eine besondere medienrechtliche Lizenz vonnöten, die zunächst nach Sec. 4 Cable and Broadcasting Act 1984 vergeben wurde, heute als Local-Delivery-Operator (LDO)-Lizenz nach Sec. 72 ff Broadcasting Act 1990 erteilt wird[90]. Um den Kabelgesellschaften

88 Department of Trade and Industry, Competition and Choice: Telecommunications Policy for the 1990s (White Paper), März 1991, Rdn. 4.27.
89 Financial Times - Telecom Markets, Nr. 242 vom 17. März 1994, »Vallance says radio ban affects BT's decisions on broadban«, S. 9.
90 Siehe oben S. 63 ff.

eine gewisse Sicherheit für ihre Investitionen zu geben, ist es bislang die von der Regierung unterstützte Politik der ITC, in jedem der Gebiete für Kabelfernsehdienste nur eine Lizenz zu vergeben[91]. Lediglich Satellitenfernsehverteiler (sog. SMATV-Dienste), an die unter 1000 Haushalte angeschlossen sind, und für die so auch keine medienrechtliche Lizenz vonnöten ist, wurden durch Gruppenlizenzen freigestellt. Die heute fortbestehenden Gruppenlizenzen gewähren hierbei Bestandsschutz für Anlagen, die bereits vor dem 31. Dezember 1990 in Betrieb genommen wurden[92]. Neue derartige Anlagen können hingegen nur errichtet werden, wenn der in dem jeweiligen Gebiet lizenzierte Kabelfernsehbetreiber sich nicht selbst bereit erklärt, ein mindestens gleichwertiges System zu installieren[93].

Unter dem Cable and Broadcasting Act 1984 wurde den Fernmeldeunternehmen gestattet, zum Teil in Kooperation mit anderen Unternehmen eine Reihe von Kabellizenzen zu erwerben. So besaßen 1987 BT und Mercury Anteile an sechs der elf bis dahin lizenzierten Systeme. BT war an den Kabelunternehmen in Coventry, Westminster und Aberdeen beteiligt und war Alleineigentümer von Swindon Cable, Mercury besaß Anteile an den Gesellschaften für die Londoner City sowie Camden in London. Allerdings wurden BT und Mercury verpflichtet, die Kabelsysteme durch selbständige Tochtergesellschaften zu betreiben[94]. Ferner wurde ihnen untersagt, ihre Fernmeldenetze für die Übertragung der Fernsehprogramme an private Haushalte zu verwenden[95].

Im Jahre 1986 schlug eine Arbeitsgruppe, die durch den Innenminister unter der Leitung von *Peacock* zu Fragen der Finanzierung der BBC eingesetzt worden war, eine Änderung dieser rechtlichen Rahmenbedingungen vor. In ihrem Bericht stellte sie zunächst fest, daß der Ausbau des britischen Kabelfernsehsystems langsamer als erwartet vorangehe. Dies sei neben den hohen Investitionskosten auch auf die regulatorischen Auflagen der Kabellizenzen

---

91 Diese Politik der Regierung wurde am 27. April 1989 in einer Stellungnahme des Home Office bekräftigt, Nachweis in Department of Trade and Industry, Competition and Choice: Telecommunications Policy for the 1990s (White Paper), März 1991, Rdn. 8.25.

92 Class licence to run broadcast relay systems covering no more than 1000 homes and providing services provided by the system on 31 December 1990 vom 8.1.1991 (3/766/1/13); Class licence to run broadcast relay systems providing services provided by the system on 31 Dezember 1990, where these included less than five satellite television channels (3/769/1/13).

93 Class licence to run broadcast relay systems covering no more than 1000 homes for the provision of all types of broadcasting service vom 10.6.1991 (3/974/1/8); siehe hierzu Oftel, Annual Report 1991, 4.30.

94 *Wiedemann*, Law of International Telecommunications in the United Kingdom (Wirtschaftsrecht der internationalen Telekommunikation, Band 8) S. 206 f.

95 *Wiedemann*, a.a.O., S. 207.

wie *must-carry*-Regeln zurückzuführen. Zwar solle an diesen Regeln nicht gerührt werden. Um das Investitionstempo zu beschleunigen, solle aber BT gestattet werden, über sein Netz auch Kabelfernsehsignale zu übertragen. Dies könne es für das Unternehmen rentabel machen, bereits ab Anfang der 90er Jahre großflächig Glasfaserkabel zu installieren. Um möglichen Gefahren für die Informationsfreiheit vorzubeugen, solle BT hingegen keine eigenen Lizenzen als Kabelfernsehanbieter erhalten. Stattdessen solle das Unternehmen lediglich als *common carrier* für lizenzierte Betreibergesellschaften auftreten[96].

Diese Vorschläge wurden von der britischen Regierung zunächst zurückgewiesen, da sie befürchtete, eine Änderung ihrer bislang verfolgten Politik könne sich destabilisierend auf den Ausbau der Kabelnetze auswirken. Sie stellte aber in Aussicht, mit der für 1990 angesetzten Überprüfung des Telekommunikationsduopols auch die Frage der Zulassung der Fernmeldegesellschaften im Unterhaltungsmarkt neu aufzuwerfen[97].

Auch aus dem Duopoly Review ergab sich jedoch nur in wenigen Teilbereichen eine Lockerung der den Telefongesellschaften aufgegebenen Restriktionen. Der technischen Konvergenz wurde hier einerseits Rechnung getragen, indem beschlossen wurde, den Kabelgesellschaften das Angebot von Fernmeldediensten zu gestatten[98]. Umgekehrt wurde den Fernmeldegesellschaften aber nicht gestattet, unter der allgemeinen Betriebslizenz Unterhaltungsdienste anzubieten.

Die Gründe hierfür lassen sich dem Konsultationspapier entnehmen. Zunächst wurde zwar anerkannt, daß sich durch die Integration von Kabel- und Telefondiensten Verbundvorteile ergeben könnten, von denen auch Verbraucher profitieren würden[99]. Es sei aber wenig wahrscheinlich, daß diese Verbundvorteile durch eine isolierte Lizenzierung der Fernmeldegesellschaften nur für den Transport der Signale realisiert werden könnten. Auch bislang sei es den Fernmeldegesellschaften gestattet, hier im Auftrag der lizenzierten Kabelgesellschaften tätig zu werden. Kabelgesellschaften nähmen aber von solchen Arrangements Abstand, um nicht vom Netz eines potentiellen Konkurrenten abhängig zu sein. Es verbleibe die Möglichkeit, den Fernmeldeunternehmen zu gestatten, über den bloßen Transport der Signale hinaus selbst als Anbieter

---

96 Home Office, Report of the Committee on Financing the BBC, Cmnd. 9824 (1986) zu Vorschlag Nr. 15; zu diesen Vorschlägen *Wiedemann*, a.a.O., S. 214 ff.

97 Department of Trade and Industry, The Development of U.K. Communications Systems, Discussion Document 3, 9.4.1987.

98 Siehe hierzu oben S. 87.

99 Department of Trade and Industry, Competition and Choice: Telecommunications Policy for the 1990s (Consultative Document), November 1990 Rdn. 8.4.

von Kabelfernsehen aufzutreten. Hiergegen brachte die Regierung insbesondere vor, daß seine starke Marktstellung es BT ermöglichen könnte, in einer Phase, in der die Kabelunternehmen ihre Position noch nicht gefestigt hätten, jeglichen Wettbewerb zu unterbinden[100]. Daher wurde in dem Konsultationspapier vorgeschlagen, BT bis zum Jahre 2000 zu untersagen, selbst Unterhaltungsdienste anzubieten. Diese Beschränkungen sollten in dem Fall, daß der DGT dies als wettbewerbsfördernd erachtet, bereits 1997 überprüft werden[101].

Gegen die Inaussichtstellung eines späteren nationalen Markteintritts von BT wandten sich insbesondere die Kabelgesellschaften, die hierdurch ihre Investitionen gefährdet sahen. Diesen Bedenken trug die Regierung in ihrer Entscheidung von März 1991 Rechnung, indem sie beschloß den Fernmeldegesellschaften weder auf nationaler Ebene das Angebot von Unterhaltungsdiensten zu gestatten, noch die Möglichkeit eines späteren Markteintritts in Aussicht zu stellen. Die Regierung betonte ausdrücklich, diese Politik in den nächsten zehn Jahren nicht ändern zu wollen. Zu einem späteren Zeitpunkt solle eine Überprüfung nur dann vorgenommen werden, wenn eine Aufhebung der Restriktionen vom DGT zur Förderung des Wettbewerbs für sinnvoll erachtet werde[102]. Verbundenen Gesellschaften der PTO - vom 1. April 1994 an auch den Fernmeldegesellschaften selbst - sollten lediglich für solche Gebiete Lizenzen erteilt werden, die bislang durch keine bestehende Lizenz abgedeckt werden.

Die gegenüber der dominanten Fernmeldegesellschaft aufrechterhaltenen Tätigkeitsverbote haben in Großbritannien zu einem äußerst schleppenden Aufbau der Breitbandkommunikation geführt. So waren Ende 1991 lediglich 572.000 Haushalte an ein Kabelfernsehnetz angeschlossen, was einer Anschlußrate von 2,8% entsprach, während in Deutschland in den alten Bundesländern zum gleichen Zeitpunkt 8.950.000 (34,0%) der Haushalte angeschlossen waren, in Belgien mit 3.283.400 Haushalten sogar 91,8%[103]. Erst seitdem den Kabelgesellschaften mit der Aufgabe der Duopolpolitik im Fernmeldebereich gestattet wurde, auch Telefondienste anzubieten, steigen insbesondere durch das Engagement amerikanischer Telefongesellschaften die Investitionen in diesem Bereich. Doch auch Ende 1993 werden lediglich 65 der

100 Department of Trade and Industry, a.a.O., Rdn. 8.20.

101 Department of Trade and Industry, a.a.O., Rdn. 8.41.

102 Department of Trade and Industry, Competition and Choice: Telecommunications Policy for the 1990s (White Paper), März 1991, Rdn. 5.19 (c).

103 OECD, Telecommunications and Broadcasting: Convergence or Collision?, Information Computer Communications Policy Nr. 29, Paris 1992, S. 64.

125 ausgegebenen Kabelfernsehlizenzen tatsächlich genutzt[104], bis Oktober 1994 hatten die Unternehmen insgesamt lediglich 750.000 Kunden gewonnen[105].

Auch die OECD kritisierte in ihrer Konvergenz-Studie von 1992 die hier in Großbritannien verfolgte Politik. Die Argumentation der britischen Regierung, nach der durch Abschreckung anderer Investoren die Zulassung von BT im Markt für Unterhaltungsdienste den Ausbau der Kabelnetze behindern könnte, sieht die Studie durch die in anderen Staaten gewonnenen Erfahrungen widerlegt. Auch könnten die Hoffnungen, die in Kabelgesellschaften bezüglich der wettbewerblichen Erbringung lokaler Fernmeldedienste gesetzt werden, die Tätigkeitsverbote nicht rechtfertigten. Es bestünden bessere Wege, dort den Wettbewerb zu unterstützen, zumal die Bedrohung der dominanten Position von BT im Ortsnetzbereich durch die Mobilkommunikation wesentlich stärker sei als durch die Kabelfernsehgesellschaften[106]. Noch weiter ging der Vorstandsvorsitzende von BT *Iain Vallance* im März 1994 in einer Stellungnahme zu den Beschränkungen des Unternehmens vor einem Ausschuß des Unterhauses. Da erst die BT untersagten Kabelfernsehdienste den Anschluß von Privathaushalten an Breitbandnetzen rechtfertigten, könnten die Kabelfernsehgesellschaften in bezug auf diese Kundenkreise einen Wettbewerbsvorsprung gewinnen, der es auch nach Aufhebung der Beschränkungen unattraktiv mache, diese zurückzugewinnen. Das Telefondienstmonopol des Post Office würde so durch das Breitbandmonopol der Kabelgesellschaften ersetzt[107].

Mögen diese Befürchtungen auch die Folgen des Tätigkeitsverbots überzeichnen, so bleibt doch festzuhalten, daß die bislang im Kabelfernsehbereich verfolgte Politik gemessen am Ausbaustand der Netze wenig erfolgreich ist. Die Erwägung, durch Vergabe exklusiver Lizenzen die Amortisation der Netze und so die Investitionsbereitschaft der Betreiber zu sichern, steht dabei in einem bemerkenswerten Gegensatz zu den in anderen Märkten verfolgten Zulassungspolitiken. Eine wichtige Rechtfertigung dieser Vorgehensweise bilden aus der Sicht der Regierung die Hoffnungen, die in die Kabelgesellschaften zur Belebung des Wettbewerbs auf den Märkten für Basisdienste gesetzt

---

104 Oftel, Annual Report 1993, Rdn. 2.95 ff.

105 Financial Times vom 4. Oktober 1994, New Broadcast and Communication Media, S. IV.

106 OECD, Telecommunications and Broadcasting: Convergence or Collision?, Information Computer Communications Policy Nr. 29, Paris 1992, S. 236.

107 Financial Times - Telecom Markets, Nr. 242 vom 17. März 1994, »BT calls for broadcast ban to be lifted by 1997«, S. 6.

werden. Ähnlich wie die Duopolpolitik dem Schutz von Mercury diente[108], sollen hier Tätigkeitsverbote der Etablierung neuer Wettbewerber dienen. Dies erfordert aber wiederum für die Regulierungsbehörden eine Prognose darüber, von welchen Wettbewerbern und unter Nutzung welcher Technologien ein Aufbrechen der dominanten Position von BT zu erwarten ist. Es ist aber weder ersichtlich, auf welcher Grundlage die Regulierungsbehörden eine solche Prognose abgeben können, noch anhand welcher Kriterien die negativen wettbewerblichen Wirkungen der Tätigkeitsverbote auf dem Markt für Unterhaltungsdienste gegen die erhofften wettbewerblichen Wirkungen auf dem Markt für lokale Fernmeldedienste abgewogen werden könnten. Die technologische Neutralität einer Politik, die sich zur Verhinderung des Mißbrauchs einer marktbeherrschenden Stellung einerseits Tätigkeitsverboten, anderseits der Einräumung ausschließlicher Rechte an neue Betreibergesellschaften bedient, erweist sich jedenfalls als Illusion.

V. *Satellitendienste*

Da gemäß Sec. 4 (2) (b) Telecommunications Act 1984 Fernmeldeanlagen, die sich in Großbritannien befinden, auch dann als genehmigungsbedürftige Systeme im Sinne des Gesetzes anzusehen sind, wenn sie nur im Zusammenwirken mit anderen Anlagen die Übermittlung von Nachrichten ermöglichen, unterliegt auch Satellitenkommunikation dem Regime des Gesetzes, sobald Erdsegmente zum Empfang oder zum Senden von Nachrichten im Lande aufgestellt werden[109]. Die bei der somit erforderlichen Lizenzerteilung eingeschlagene Politik der britischen Regierung ist durch eine Reihe von Besonderheiten dieses Marktes geprägt. Zum einen ist der Einsatz von Satelliten zur Übermittlung von Nachrichten vor allem interessant, wenn große räumliche Distanzen zu überwinden sind. Da sich Satellitenkommunikation somit insbesondere für den internationalen Verkehr eignet, konnte sich die zunächst zurückhaltende Liberalisierungspolitik in bezug auf internationale Ferngespräche im Sinne einer nur zögerlichen Freigabe von Satellitendiensten auswirken. Zum anderen ist für die Regulierung der Satellitenkommunikation die starke Konzentration auf dem seinerseits nicht durch den Telecommunications Act

108 Siehe hierzu oben S. 82.
109 Siehe oben S. 38 f.

1984 erfaßten Markt für die Vermietung von Raumsegmentskapazität von Bedeutung[110].

1. *Zulassung von Satellitendiensten*

Obwohl sich die britische Regierung bei der Verkündung der Duopolpolitik vorbehalten hatte, konkurrierende Anbieter spezialisierter Satellitendienste zuzulassen, genehmigte sie neben BT und Mercury, deren Hauptbetriebslizenzen auch über Satelliten hergestellte Verbindungen umfassen, zunächst keine weiteren Betreiber von Satellitenkommunikationsverbindungen. Lediglich bestimmte interne Systeme der BBC und der Independent Broadcasting Authority konnten unabhängig von den Fernmeldegesellschaften betrieben werden. Daneben genehmigte sie durch die SMATV-Lizenzen[111] die Weiterübertragung von durch Satelliten empfangenen Radio- und Fernsehprogrammen über Kabelnetze, die bis zu 1000 Häuser umfassen. Da Mercury von den durch seine Betriebslizenz eröffneten Möglichkeiten im Bereich der Satellitenkommunikation kaum Gebrauch machte, waren ansonsten die Übertragung von Nachrichten über Satelliten sowie der Empfang von Satellitensignalen nur durch Zugang zu dem System von BT möglich.
Erst 1988 wurden aus 27 Bewerbern[112] sechs Betreiber sog. spezialisierter Satellitendienste *(Specialised Satellite Service Operator - SSSO)* ausgewählt, denen Lizenzen für einzelne Dienste - u.a. Informationsdienste für Wettbüros sowie bestimmte Datenübertragungsdienste - erteilt wurden. Das Bemühen, weder eine Umgehung der internationalen Tarife von BT und Mercury zu ermöglichen, noch die Duopolpolitik in Frage zu stellen, führte zunächst zu einer engen Beschränkung der hiernach zulässigen Übermittlungsfunktionen. Die Anbieter durften jeweils nur von einer Übermittlungsstation Nachrichten an eine Vielzahl von Empfangsstationen übersenden *(point-to-multipoint)*, die sich überdies in Großbritannien befinden mußten. An keiner Seite durften die SSSO eine Verbindung mit dem öffentlichen Netz herstellen[113]. 1989 wurden die Lizenzen dahingehend abgeändert, daß auch in anderen europäischen Ländern die Signale empfangen werden können. Ferner wurde im Februar 1989

110 Zu den unterschiedlichen zu betrachtenden Teilmärkten auch *Szafran*, Der Markt für Satellitendienste, Wissenschaftliches Institut für Kommunikationsdienste, Diskussionsbeitrag Nr. 107.
111 Siehe hierzu näher oben S. 168.
112 Siehe hierzu Oftel, Annual Report 1988, 1. 35.
113 Siehe hierzu näher Department of Trade and Industry, Competition and Choice: Telecommunications Policy for the 1990s (Consultative Document), November 1990, Rdn. 10.21 f.

der Empfang von Satellitensignalen durch eine Gruppenlizenz freigestellt, die jedoch die Weiterübertragung der Signale untersagte[114].

Diese Liberalisierungsschritte ermöglichten zwar einige neue Dienste wie Fernseh- und Datendienste, hingegen konnten sog. VSAT-Dienste, durch die z.B. eine Unternehmenszentrale mit ihren Filialen Daten austauschen kann, aufgrund der Beschränkung der SSSO-Lizenzen auf eine einzige Sendestation nicht entwickelt werden. Im Rahmen des *Duopoly Review* wurde daher beschlossen, Satellitensysteme, die nicht an das öffentliche Netz angeschlossen sind und so einen geringen Einfluß auf die Marktstellung von BT und Mercury haben können, generell freizustellen[115]. Dies ist durch die Satellitendienstelizenz vom 2. August 1991 geschehen[116].

Die Lizenzierung von Systemen, die mit dem öffentlichen Netz verbunden sind, wurde im Konsultationsprozeß ebenfalls diskutiert[117]. Hier sah die Regierung es zur Sicherung der internationalen Sprachtarife von BT und Mercury als notwendig an, im Einzelfall zu prüfen, ob die Dienste genehmigt werden können[118]. Die in der Folgezeit zugelassenen Dienste betreffen so - ähnlich der zuvor zur Sicherung des Duopols im nationalen Netz vorherrschenden Praxis - eine Reihe von spezialisierten Diensten[119], in keinem Fall aber die Herstellung von Verbindungen mit dem öffentlichen Netz an beiden Enden zur Übermittlung der gesprochenen Sprache. So kann heute festgestellt werden, daß die aufwendige Einzellizenzierung aller Systeme, die eine Verbindung mit dem öffentlichen Netz herstellen, allein der Sicherung der exklusiven Privilegien von BT und Mercury zur Erbringung internationaler Sprachdienste dient. Mit der auf Grundlage des Art. 90 Abs. 3 EG-Vertrag erlassenen Richtlinie 94/46/EG vom 13. Oktober 1994 wurden die Mitgliedstaaten verpflichtet, auch im Bereich der Satellitendienste und der Satellitenfunkanlagen ausschließliche oder besondere Rechte einzelner Unternehmen zu besei-

---

114 Department of Trade and Industry, Class licence for the running of telecommunnication systems to receive messages from earth orbiting apparatus, 3.2.1989.

115 Department of Trade and Industry, Competition and Choice: Telecommunications Policy for the 1990s (White Paper), März 1991, Rdn. 3.16.

116 Department of Trade and Industry, Class licence to run telecommunication systems for the provision of satellite telecommunication services granted by the Secretary of State for Trade and Industry under Section 7 of the Telecommunications Act 1984, 2. August 1991; siehe zur Untersagung jeglicher direkter oder indirekter Verbindungen mit dem öffentlichen Netz Schedule 3 Para 3 (i) der Lizenz.

117 Department of Trade and Industry, Competition and Choice: Telecommunications Policy for the 1990's, (Consultative Document), November 1990, 10.27 f.

118 Department of Trade and Industry, Competition and Choice: Telecommunications Policy for the 1990's, (White Paper), März 1991, Rdn. 3.20.

119 Bislang wurden sechs solche Lizenzen erteilt an die Firmen Satellite Information Services Ltd., E-Sat Telecommunications Ltd, PanAmSat L P, Maxat Ltd, Kingston Communications (Hull) plc, Incom (UK) Ltd, Oftel, Annual Report 1993, S. 41.

tigen[120]. Da hierbei die Sprachkommunikation ausgenommen bleibt,[121] erwächst für Großbritannien hieraus nicht die Verpflichtung einer weiteren Freigabe.

2. *Nutzung der Raumsegmente von INTELSAT, EUTELSAT, INMARSAT*

Auch im Bereich der Satellitenkommunikation wurden die Liberalisierungsschritte durch Maßnahmen begleitet, die sicherstellen sollen, daß sich in den freigestellten Märkten tatsächlich wettbewerbliche Strukturen etablieren können. Gefahren für den Wettbewerb ergaben sich hier in besonderer Weise durch die enge Verbindung von BT mit den internationalen Satellitenkonsortien. Denn hier mußte verhindert werden, daß BT durch seine Stellung als Signatar der internationalen Organisationen EUTELSAT, INTELSAT und INMARSAT den Marktzugang möglicher Konkurrenten behindert.

a) *Gefahren für den Wettbewerb aus der Stellung von BT als Signatar der Organisationen*

Der Großteil der für potentielle britische Diensteanbieter interessanten Raumsegmente wird bis heute durch EUTELSAT und INTELSAT betrieben. Die Schwierigkeiten bei der Deregulierung der Satellitenkommunikation liegen zu einem großen Teil in der besonderen institutionellen Struktur dieser Organisationen begründet.

Durch den *Communications Satellite Act* wurde 1962 in den USA der institutionelle Rahmen für das privatrechtliche Unternehmen *Communications Satellite Corporation (COMSAT)* mit dem Ziel geschaffen, daß dieses ein weltumspannendes Satellitennetz errichten sollte. Während Amerika zu diesem Zeitpunkt in der Satellitenkommunikation die führende Stellung einnahm, fürchteten insbesondere die europäischen Post- und Fernmeldeunternehmen (PTT), in der internationalen Telekommunikation in die Abhängigkeit dieser Gesellschaft zu geraten. Daher wurde im Jahre 1964 insbesondere auf ihre Initiative die internationale Organisation *International Telecommunications Satellite Organization (INTELSAT)* gegründet, in deren Struktur ein Ausgleich zwi-

---

120 Richtlinie der Kommission (94/46/EG) vom 13. Oktober 1994 zur Änderung der Richtlinie 88/301/EWG und 90/388/EWG, insbesondere betreffend die Satellitenkommunikation (ABl L 268/15 vom 19.10.94).

121 Vgl. Art. 2 Abs. 1 der Richtlinie der Kommission (90/388/EWG) vom 28. Juni 1990 über den Wettbewerb auf dem Markt für Telekommunikationsdienste (ABl. L 192/10 vom 24.07.90).

schen den divergierenden Interessen gesucht wurde[122], indem neben den beteiligten Regierungen auch COMSAT und den europäischen PTT maßgeblicher Einfluß auf diese Organisation eingeräumt wurde. Die internationale Organisation *European Telecommunications Satellite Organization (EUTELSAT)* wurde 1977 zum Betrieb von Satelliten für die internationale Telekommunikation in Europa gegründet und in ihrem Aufbau im wesentlichen INTELSAT nachgebildet[123]. Die jüngste der drei Satellitenorganisationen ist die *International Maritime Satellite Organization (INMARSAT)*. Im Vordergrund der Zielsetzungen dieser Oraganisation standen zunächst maritime Dienste. Ihr globales Telekommunikationsnetz wird von der Organisation zwar heute zu Aktivitäten auf zahlreichen anderen Märkten genutzt[124]. Für die britischen Satellitendienstebetreiber hatte dieses bislang aber erst geringe Bedeutung, da INMARSAT bis heute die Politik verfolgt, nur den etablierten Fernmeldeunternehmen für grenzüberschreitende Telekommunikation Kapazität zur Verfügung zu stellen[125].

Die Kompromisse zwischen den mit der Gründung von INTELSAT und EUTELSAT verfolgten Zielsetzungen der beteiligten Regierungen und Unternehmen schlugen sich in einer besonderen Struktur der Organisationen nieder. Diese schränkt einerseits die Möglichkeit, konkurrierende Satellitensysteme zu betreiben, ein. Andererseits führte sie zunächst dazu, daß Zugang zu den Systemen nur über nationale Fernmeldemonopole hergestellt werden konnte.

Der institutionelle Aufbau der Organisationen wird jeweils durch zwei Verträge bestimmt. Auf der einen Seite beschlossen die Mitgliedstaaten sog. »Konventionen«, in welchen die Ziele sowie ihre administrative und finanzielle Struktur der Organisationen festgelegt sind[126]. Darüber hinaus vereinbarten durch die Regierungen benannte »Unterzeichner« (Signatare) Betriebsübereinkommen, in denen technische, betriebliche und finanzielle Fragen geregelt wurden, und die auch für den Zugang zu den Systemen von entscheidender Bedeutung sind[127]. Signatare für die europäischen Staaten waren

---

122 Siehe hierzu ausführlich *Lyall*, Law and Space - Telecommunications, S. 31 ff.

123 *White/Bate/Johnson*, Satellite Communications in Europe, S. 109.

124 *White/Bate/Johnson*, a.a.O., S. 112 f.

125 Oftel, The Future of the Signatory Affairs Office, Statement issued by the Director General of Telecommunications, Feb 1994, Rdn. 19 ff.

126 Übereinkommen über die Internationale Fernmeldesatellitenorganisation »INTELSAT« vom 20. April 1971 (abgedruckt in BGBl. II 1973, S. 250 ff.); Übereinkommen zur Gründung der Europäischen Fernmeldesatellitenorganisation »EUTELSAT« vom 15. Juli 1982 (abgedruckt in BGBl. II 1984, S. 683 ff.); Übereinkommen über die internationale Seefunksatellitenorganisation (INMARSAT) vom 3.9.1976 (abgedruckt in BGBl. 1979 II, S. 1082 ff.).

127 Betriebsübereinkommen über die Internationale Fernmeldesatellitenorganisation INTELSAT (abgedruckt in BGBl. 1973 II, S. 308 ff.); Betriebsvereinbarung über die Europäi-

jeweils die PTT-Unternehmen, amerikanischer Signatar der INTELSAT- und INMARSAT-Übereinkommen ist COMSAT. Auch in Großbritannien trat zunächst die britische Post als Signatar der Organisationen auf. Mit dem Übergang des Fernmeldebereichs vom Post Office auf British Telecommunications übernahm das Unternehmen auch diese Funktionen. Beiträge, die fortan durch die Regierung für die Satellitenorganisationen geleistet wurden, waren nun durch British Telecommunications zu ersetzen[128].

Die Konventionen der Organisationen beinhalten jeweils die Verpflichtung ihrer Mitgliedstaaten, ihre Politik bezüglich der Zulassung von Raumsegmenten zu koordinieren. Aus der INMARSAT-Konvention ergeben sich hieraus lediglich Notifikationspflichten der Mitgliedstaaten. Nach Art. XIV der INTELSAT bzw. Art. XVI EUTELSAT-Konvention haben die Mitgliedstaaten aber, sobald sie Kenntnis davon erhalten, daß ihrer Jurisdiktion unterstehende Personen konkurrierende Satelliten betreiben oder nutzen wollen, die Organe der Organisationen zu konsultieren. In einem förmlichen Verfahren stellen die jeweiligen Versammlungen der Vertragsparteien fest, ob eine Zulassung eines solchen konkurrierenden Systems den Organisationen wesentlichen wirtschaftlichen Schaden zufügen würde. Die Vertretungsorgane der Signatare geben darüber hinaus ein Urteil darüber ab, ob die vorgeschlagenen Systeme mit bestehenden Einrichtungen technisch kompatibel sind. Zwar sind die Mitgliedstaaten an das Urteil der Organe nicht gebunden. Dennoch hat die Koordinationsverpflichtung bislang wesentlich zu der vorherrschenden Stellung der internationalen Organisationen auf dem Markt für die Bereitstellung von Raumsegmentskapazität beitragen können[129].

Dies hat nun auch unmittelbare Auswirkungen auf die Stellung von BT im britischen Markt für Satellitendienste. Zunächst kann bloß BT unmittelbaren Einfluß auf die Entscheidungen der Satellitenorganisationen nehmen. Oberstes Organ der Organisationen ist jeweils eine Vollversammlung der Mitgliedstaaten. Die Vertretung Großbritanniens in diesen Vollversammlungen wird durch das DTI wahrgenommen. Bedeutende betriebliche Entscheidungen werden aber vor allem von den Konsortien der Signatare getroffen. In dem INTELSAT-Gouverneursrat sowie dem INMARSAT-Rat sind hierbei nur die wichtigsten Signatare vertreten. In diesen Organen werden die Stimmanteile der

---

sche Fernmeldesatellitenorganisation EUTELSAT (abgedruckt in BGBl. 1984 II, S. 713 ff.); Betriebsvereinbarung über die Internationale Seefunksatellitenorganisation INMARSAT (abgedruckt in BGBl. 1979 II, S. 1112 ff.).

128 Sec. 54 British Telecommunications Act 1981.

129 Siehe zu diesen Verpflichtungen auch *White/Bate/Johnson*, Satellite Communications in Europe, S. 116 f; *Mestmäcker*, Staatliche Souveränität und offene Märkte, Konflikte bei der extraterritorialen Anwendung von Wirtschaftsrecht, RabelsZ 52 (1988), 205, 229.

Signatare danach gewichtet, welches Quorum von Kapitalanteilen sie vertreten. Kapitaleinschußpflichten bemessen sich wiederum an ihrem Anteil an der Nutzung der Satelliten[130]. Erwerben Nichtsignatare Satellitenkapazität, haben die Signatare, die jeweils bei den Organisationen die entsprechenden Anträge stellen, auch bei der Berechnung der Einschußpflichten diese Kapazitäten ihrem Anteil zuzurechnen[131]. Nach den zwischen BT, Mercury und INTELSAT bzw. EUTELSAT getroffenen Vereinbarungen, zahlt Mercury über BT auch einen Kapitalanteil für seine Nutzung der Satelliten. Zwar vertritt BT auch diesen Anteil als Signatar. Nach einer zusätzlichen Vereinbarung zwischen BT und Mercury haben Vertreter des Unternehmens aber das Recht in der BT-Delegation an Sitzungen der Signatar-Organe teilzunehmen[132]. Anderes gilt für die anderen Satellitendienstebetreiber. Die deren Nutzungsanteil entsprechenden Investitionsanteile kann BT bislang nicht ersetzt verlangen.

Der Nutzungsanteil von BT belief sich im März 1993 auf 7,916% der Gesamtnutzung des INTELSAT-Systems. Cable & Wireless und Mercury nutzten 3,621%, die kleineren Betreibergesellschaften 0,017%. Zuzüglich der Nutzung durch GibTel ergab sich ein durch BT zu begleichender Investitionsanteil von 11,595%. Der Gesamtanteil Großbritanniens an der EUTELSAT-Nutzung beläuft sich auf 17,718%, wobei allein BT 13,626% des Systems nutzt[133]. Auf das eingesetzte Kapital wird den Signataren ein jährlich festgesetzter Gewinnanteil ausgezahlt. Die hierbei angestrebte Zielgröße von 16% der eingezahlten Investitionsanteile für INTELSAT bzw. 17% für EUTELSAT konnte in den vergangenen Jahren nicht erreicht werden. Dies mag auch mit dem noch vorherrschenden Interesse der Signatare zusammenhängen, als wichtigste Kunden der Organisationen die Preise für Satellitenkapazität niedrig zu halten. Mit verstärkter Nutzung der Satelliten durch unabhängige Betreiber könnte hingegen für die Signatare der Anreiz steigen, die Marktstellung der Organisationen durch hohe Gebühren auszunutzen.

Eine Schwierigkeit für unabhängige Satellitendienstebetreiber liegt darin begründet, daß diese Zugang zu den Satellitensystemen im allgemeinen nur über BT erhalten können. Die Zuteilung von Raumsegmentskapazität ist in Art. 15 des INTELSAT bzw. Art. 16 des EUTELSAT Betriebsübereinkom-

---

130 Art. 5 (c) INTELSAT-Betriebsübereinkommen; Art. 5 (c) EUTELSAT-Betriebsübereinkommen; Art. 5 (1) INMARSAT-Betriebsübereinkommen.

131 Siehe Art. 6 INTELSAT-Betriebsübereinkommen; Art. 6 EUTELSAT-Betriebsübereinkommen.

132 Oftel, Consultative Document, The operation of BT's Signatory Affairs Office and competition in the satellite services sector, Juli 1993, 3.1.5, 5.2.2.

133 Oftel, a.a.O. Annex E.

mens geregelt. Hiernach können generell nur Signatare für andere Betreiber Anträge auf die Zuteilung von Satellitenkapazität stellen. In der Regel waren dies die Signatare, in deren Land die Erdsegmente errichtet werden sollen. Diese Praxis wurde für EUTELSAT durchbrochen, indem sich hier die Signatare Frankreichs, der Niederlande, Großbritanniens und Deutschlands verpflichteten, auch Anträge aus anderen EUTELSAT-Mitgliedstaaten weiterzureichen.

Erst in jüngster Zeit ist es Betreibergesellschaften von Satellitendiensten bei INTELSAT unter bestimmten Umständen möglich geworden, direkt Raumsegmentskapazität zu buchen[134]. Eine Sonderstellung kommt daneben Mercury zu. Dem Mutterunternehmen Cable & Wireless wurde bereits vor der Privatisierung von BT direkter Zugang zu INTELSAT gewährt. Dies führte dazu, daß in speziellen Verträgen zwischen Mercury, BT und INTELSAT/EUTELSAT auch Mercury das Recht zugestanden wurde, Anträge auf Genehmigung von Erdsegmenten sowie auf Nutzung der Raumsegmentskapazität direkt bei den Konsortien zu stellen[135].

Etwas anders stellt sich die Problematik bei INMARSAT dar. Die durch INMARSAT angebotenen Dienste umfassen die Bereitstellung von Erdsegmenten durch sog. *Land Earth Stations (LES)*. Diese werden zwar zumeist wiederum durch die Signatare betrieben. Auch in Großbritannien ist BT der einzige Betreiber einer LES. Alle Nutzer haben aber unabhängig davon, in welchem Staat sie ansässig sind, gleichen Zugang zu den INMARSAT-Diensten und haben freie Wahl, welchen LES-Betreiber sie wählen.

b) *Ansätze zur Vermeidung von Zugangsbeschränkungen durch die Stellung der Signatare*

Das beschriebene institutionelle System der Organisationen INTELSAT und EUTELSAT, das Zugang zu den Raumsegmenten in der Regel nur über die zumeist mit den PTT identischen Signatare gewährte, war auf die Kooperation territorialer Monopole ausgelegt und spiegelte so die fernmelderechtliche Ordnung der meisten Staaten zum Zeitpunkt der Gründung dieser Organisationen wider. In Amerika wurden Konflikte, die sich aus der Designierung von COMSAT als Signatar ergaben, zunächst dadurch gemildert, daß der Tätigkeitsbereich des Unternehmens regulatorisch darauf beschränkt wurde,

134 Financial Times - Telecom Markets, Nr. 241 vom 3. März 1994, S. 2 »Intelsat takes direct route but Eutelsat users have to wait«; näher dazu unten S. 148 f.

135 Oftel, Consultative Document, The operation of BT's Signatory Affairs Office and competition in the satellite services sector, Juli 1993, 3.1.5.

die eigenen Dienste anderen Netzbetreibern anzubieten (Tätigkeit als »*carrier's carrier*«)[136]. Auch innerhalb der Europäischen Gemeinschaft wurden die Interessenkonflikte, die sich aus der Position der Fernmeldeorganisationen als Signatare der Satellitenorganisationen ergeben, erkannt. So forderte die Kommission in einem Grünbuch zur Satellitenkommunikation[137], den offenen und effizienten Zugang zu Satellitenkapazitäten im Einklang mit den ONP-Prinzipien basierend auf objektiven, transparenten und nichtdiskriminierenden Verfahren zu gewährleisten[138]. Als beste Möglichkeit zur Vermeidung von Wettbewerbsstörungen und zur bestmöglichen Allokation der vorhandenen Kapazitäten sei dabei anzusehen, Nutzern direkten Zugang zu den Raumsegmenten zu gewähren und ansonsten Unternehmen die Möglichkeit einzuräumen, Satellitenkapazität an Endnutzer weiterzuvertreiben. Darüber hinaus sollten die Mitgliedstaaten verstärkt ihre Aufmerksamkeit darauf richten, wie offenerer Zugang zu den über die Signatare vertriebenen Kapazitäten erreicht werden kann[139].

Die Kommission wies daneben in den Leitlinien für die Anwendung der EG-Wettbewerbsregeln im Telekommunikationsbereich[140] darauf hin, daß Vereinbarungen zwischen Telekommunikationsorganisationen über den Betrieb von Satellitensystemen unter Art. 85 EG-Vertrag fallen können. Daher wur-

136 Authorized User I (»In the Matter of Authorized Entities and Authorized Users under the Communications Satellite Act of 1962«, (1966) 4 FCC 2d 421, Docket No. 16058, release no. FCC 66-677, adopted 20. Jul 1966; in der Entscheidungen Authorized User II (»In the Matter of Proposed Modification of the Commission's Authorized User Policy Concerning Access to the International Satellite Services of the Communications Satellite Corporation«, CC Docket No. 80- 170, Report and Order, angen. 5. Aug 1982, Release No. FCC 82-357 (1982) 90 FCC 2d 1394) wurde mit der Gewährung direkten Zugangs zu den Satellitenkonsortien COMSAT ermöglicht, sich über Tochtergesellschaften auch in anderen Geschäftsfeldern zu engagieren; nach einer Aufhebung dieser Entscheidung in ITT World Communications, Inc. et al. v. FCC F. 2d 732 (DC Cir. 1984) konnte die FCC durch die Entscheidung Authorized User III (»In the Matter of Proposed Modification of the Commission's Authorized User Policy Concerning Access to the International Satellite Services of the Communications Satellite Corporation«, Second Report and Order, angen. 19. Dec. 1984, Release No FCC 84-633, (1984)100 FCC 2d 177) diese Politik erneut bekräftigen; siehe hierzu *Snow*, The International Telecommunications Satellite Organization (INTELSAT) ((Wirtschaftsrecht der internationalen Telekommunikation, Band 2) S. 105 ff.; *Lyall*, Law and Space - Telecommunications, S. 57 ff.

137 Kommission der Europäischen Gemeinschaften, Auf dem Wege zu europaweiten Systemen und Diensten - Grünbuch über ein gemeinsames Vorgehen im Bereich der Satellitenkommunikation in der Europäischen Gemeinschaft (Grünbuch Satellitenkommunikation), Kom (90) 490, endg.

138 A.a.O. S. 111.

139 A.a.O. S. 128 ff.

140 ABl. Nr. C 233/2 vom 6.9.1991, Rdn. 126 ff.; siehe zu diesen bereits oben S. 60.

den die Mitgliedstaaten durch die Richtlinie der Kommission 94/46/EG[141] bereits verpflichtet, die Kommission auf Verlangen über alle Maßnahmen der Organisationen zu unterrichten, die mit den Wettbewerbsregeln in Konflikt geraten könnten[142].

c) *Die britischen Maßnahmen zur Lösungen dieser Konflikte*

Mit beginnender Liberalisierung stellte sich auch für Großbritannien die Frage, wie ein Zugang zu den INTELSAT und EUTELSAT-Raumsegmenten sichergestellt werden soll. Der Telecommunications Act 1984 regelte diese Frage nicht und unterwarf die Aktivitäten von BT als Signatar keiner regulatorischen Aufsicht. Dennoch erklärte sich BT im Jahre 1989 in einer Vereinbarung mit den SSO bereit, die Funktionen als Signatar in einem *Signatory Affairs Office (SAO)* zusammenzufassen und diese unabhängig von seinen sonstigen Aktivitäten im Interesse des Vereinigten Königreichs auszuüben[143]. Die Anträge von Satellitendienstebetreibern *(Satellite Service Operators - SSO)* auf Zuweisung von Satellitenkapazität werden hiernach durch das SAO den Organisationen INTELSAT und EUTELSAT zugeleitet, wobei sich BT bereiterklärte, durch eine streng in der Reihenfolge des Eingangs erfolgende Bearbeitung ein nichtdiskriminierendes Verfahren sicherzustellen. Die durch die Stellung als Signatar BT erwachsenen Verwaltungskosten sollen nach dieser Vereinbarung von den SSO vergütet werden, indem diese zusätzlich zu der durch die Organisationen verlangten Nutzungsgebühr an das Unternehmen einen Zuschlag von 7% zahlen. Überdies behielt sich BT vor, die technische Abnahme der Erdsegmente zu überwachen.
BT hat als Unternehmen, das einerseits im Wettbewerb mit anderen Betreibern steht, andererseits als Signatar das Interesse aller britischen Betreiber vertreten soll, eine Doppelrolle auszuführen. Auch die Schaffung einer besonderen Abteilung innerhalb von BT, der die Funktionen als Signatar zugewiesen sind, kann die sich hieraus ergebenden Konflikte nicht lösen.
Dies zeigte auch eine durch das Oftel 1993/94 durchgeführte Überprüfung dieser Arrangements. In einem Konsultationspapier von Juli 1993 bezeichnete

---

141 Richtlinie der Kommission (94/46/EG) vom 13. Oktober 1994 zur Änderung der Richtlinie 88/301/EWG und 90/388/EWG, insbesondere betreffend die Satellitenkommunikation (ABl L 268/15 vom 19.10.94); siehe zu dieser auch oben S. 59 Fußnote 80.

142 Art. 3 der Richtlinie.

143 Siehe hierzu Oftel, Review of British Telecom's arrangements for the provision of space segment, Statement, 28. Nov 1989.

die Behörde diese als fundamental unzufriedenstellend[144]. Die SSO kritisierten die Verfahren des *Signatory Affairs Office* als bürokratisch, bezweifelten die Unabhängigkeit des SAO gegenüber den sonstigen Aktivitäten von BT und beklagten sich über die Informationspolitik des SAO in bezug auf aktuelle internationale Entwicklungen. BT auf der anderen Seite mußte feststellen, daß die Dienste der SSO einen größeren Markt als zunächst erwartet ansprachen. Angesichts der hohen sich hieraus ergebenden Kapitaleinschußpflichten verlangte BT, daß die SSO verpflichtet werden sollten, zu diesen beizutragen. Dies könne zum einen dadurch geschehen, daß die SSO sich ähnlich Mercury an dem Konsortium beteiligen. Zum anderen solle BT durch eine Erhöhung des durch das Unternehmen erhobenen Zuschlags zu der Nutzungsgebühr dafür entschädigt werden, daß verglichen mit sonstigen Investitionen, das in den Organisationen investierte Kapital eine geringere Rendite abwerfe[145].
Zur Lösung dieser Konflikte hätte zum einen die Option bestanden, BT die Ausübung der Signatar-Stellung zu entziehen. Die in diesem Fall denkbaren Zugangsregelungen, nach denen die Funktionen auf eine Behörde oder ein anderes privates Unternehmen übertragen werden könnten, brächten nach Ansicht des Oftel jeweils andere Nachteile mit sich. Es schlug daher stattdessen vor, die Tätigkeiten des SAO durch eine Änderung der allgemeinen Betriebslizenz von BT der eigenen regulatorischen Kontrolle zu unterwerfen. Nach seinen Plänen soll das Oftel so die Aktivitäten des SAO in Zukunft in ähnlicher Weise wie die sonstigen Geschäftsfelder von BT kontrollieren. Das SAO soll hiernach unabhängig vom übrigen Unternehmen geführt werden und BT verpflichtet werden, durch besondere Berichte gegenüber dem Oftel die mit der eigenen Stellung als Signatar verbundenen Kosten auszuweisen[146]. Darüber hinaus solle eine weitere Liberalisierung dadurch erfolgen, daß den SSO gestattet wird, die von ihnen reservierte Kapazität wiederum anderen Unternehmen zur Verfügung zu stellen[147]. Zurückgewiesen wurde die Forderung von BT, die SSO für die Beschaffung des Kapitals der Satellitenorganisationen heranzuziehen, da eine solche Beteiligung schwer damit zu vereinbaren sei, daß die Organisationen nicht an den Versammlungen des Konsortiums teilnehmen können. Ansonsten solle weiter auf eine institutionelle Reform der Organisationen hingearbeitet werden. Zwischen dem Oftel und BT wurde

144 Oftel, Consultative Document, The operation of BT's Signatory Affairs Office and competition in the satellite services sector, Juli 1993, 2.1.
145 A.a.O. Vorschlag (a).
146 A.a.O. Vorschlag (d) (e), bestätigt in der Stellungsnahme des DGT (Oftel, The future of the Signtaory Affairs Office, Feb 1994), S. 5.
147 A.a.O. Vorschlag (u); bestätigt in der Stellungnahmen des DGT a.a.O., S.11.

bislang noch keine Einigung über die zur Umsetzung dieser Vorschläge notwendige Lizenzänderung erzielt.
Die durch das Oftel zur Ermöglichung von Wettbewerb in der Satellitenkommunikation vorgeschlagenen Maßnahmen, ähneln somit denjenigen, die zur Regulierung anderer Sektoren des Telekommunikationsmarktes getroffen wurden. Auch hier wird versucht, durch die organisatorische Verselbständigung bestimmter Aktivitäten, das aus der Marktstellung resultierende Diskriminierungspotential zu vermindern. Daneben soll durch die Regulierung Oftel auch hier die Möglichkeit gegeben werden, gegen Mißbrauchspraktiken vorzugehen.
Die sich im Bereich der Nutzung der Raumsegmente ergebende Problematik geht aber durch die in den Gründungsverträgen der Organisationen angelegte Verknüpfung zwischen der Nutzung von Satellitenkapazität durch britische Betreiber und den Rechten und Pflichten von BT als Signatar über die Problematik in anderen Märkten hinaus. Dies wird insbesondere durch die Frage einer möglichen Beteiligung der SSO an den Investitionen der Satellitenorganisationen verdeutlicht. Hier wäre es für BT unzumutbar, wenn das Unternehmen durch ein Zusammenspiel einerseits der Verpflichtung, den SSO Zugang zu den Systemen zu verschaffen, andererseits der Verpflichtungen gegenüber den Konsortien in ein erhebliches ungewolltes finanzielles Engagement gedrängt würde. Sobald sich diese Situation ergibt, wäre es gerechtfertigt, die SSO ähnlich Mercury zu Beteiligungen an den Investitionen heranzuziehen. In diesem Fall müßte aber durch entsprechende Verfahren sichergestellt werden, daß auch ihre Interessen innerhalb der Konsortien entsprechend ihren Beteiligungen vertreten werden.
Daß sich für BT das Problem bereits in dieser Form stellt, muß aber bezweifelt werden. So hat das Unternehmen bislang nicht von der nach den Betriebsabkommen beider Organisationen bestehenden Möglichkeit Gebrauch gemacht, anderen Signataren die Übernahme von Investitionsverpflichtungen anzubieten[148]. Auch hat BT als bedeutender Signatar beider Organisationen die Möglichkeit, darauf hinzuwirken, daß in den Organisationen die Verbindung zwischen Nutzung der Satelliten und Investitionsverpflichtungen gelockert wird und ihre jeweiligen Preispolitiken an den angestrebten Renditen ausgerichtet werden.
Dies würde auch die Schwierigkeiten verringern, die sich bislang noch bei den Bemühungen ergeben, Nichtsignataren direkten Zugang zu den Satellitensystemen zu gewähren. INTELSAT gestattet seit Ende 1993 - soweit der

148 Siehe hierzu Oftel, Statement of the DGT, The future of the Signatory Affairs Office, Feb 1994, S. 4.

jeweilige Mitgliedstaat hiermit einverstanden ist - direkten Zugang zu seinen Raumsegmenten. Hierbei verlangt die Organisation jedoch eine Investitionsbeteiligung von Nichtsignataren. Da diese Investitionsbeteiligung in diesem Fall, anders als für Signatare, keine Vertretung innerhalb der Organisation beinhaltet, wurde solchen Betreibern die Möglichkeit gegeben, ihren Kapitalanteil weiterzuveräußern. Im März 1994 nahm das DTI diese Möglichkeit auf und stellte als dritter INTELSAT-Mitgliedstaat nach Chile und Argentinien hierzu gemeinsam mit der Organisation erarbeitete Arrangements vor. Heute ist bereits das SSO ausschließlich zum Verkauf der EUTELSAT-Kapazität tätig.
Auch innerhalb von EUTELSAT wird zur Zeit nach Wegen gesucht, einen solchen direkten Zugang zu ermöglichen[149]. Soweit dieser auf nichtdiskriminierender Basis gewährleistet werden könnte, würde die Notwendigkeit einer organisatorischen Verselbständigung der Signatarfunktionen innerhalb von BT entfallen.

3. *Nutzung sonstiger Raumsegmente*

Eine Belebung des Wettbewerbs ist ferner in Zukunft verstärkt durch Raumsegmente anderer, insbesondere privater Betreiber zu erwarten. Bislang bestehen hier erst relativ geringe Kapazitäten. Die durch die luxemburgische Gesellschaft *Société Européenne des Satellites (SES)* betriebenen drei ASTRA-Satelliten waren jedoch auch in Großbritannien für die Entwicklung des Satellitenfernsehens von großer Bedeutung. Die Gesellschaft PanAmSat betreibt den Satelliten PAS-1, über den transatlantische Verbindungen hergestellt werden können; das Konsortium *Private International Satellite Partners*, hat sich zum Betrieb des sog. »Orion«-Satelliten zusammengefunden. Auch sind hier die französischen und deutschen Systeme TDF und DFS Kopernikus zu nennen. Des weiteren könnte auch die insbesondere unter den Signataren und Mitgliedstaaten von INMARSAT diskutierte Privatisierung ihrer Organisation[150], zu einer weiteren Öffnung der Märkte führen.
Hier kann es für die Entwicklung des Wettbewerbs in der Satellitenkommunikation entscheidend sein, sicherzustellen, daß neue Betreiber von Raumsegmenten ihre Dienste unabhängig von den INTELSAT/EUTELSAT-Signataren

149 *Hanford*, »Intelsat takes direct route but Eutelsat users have to wait«, Financial Times - Telecom Markets, Nr. 241 vom 3. März 1994, S. 2.; *Luesby*, »Intelsat signs first direct UK customer«, Financial Times vom 19.4.1994, S. 6.

150 Siehe hierzu *Green*, Financial Times vom 24.11.1993, S. 7, »Satellite operator's sell-off will make a world of difference«.

erbringen können. Bis zur Liberalisierung der Signalübermittlung auf der Aufwärtsstrecke[151] waren auch unabhängige Satellitenbetreiber für die Übermittlung von Nachrichten aus Großbritannien auf die Inanspruchnahmen von Diensten der Duopolisten angewiesen. Dies führte im Jahre 1988 zu einer Beschwerde des amerikanischen Unternehmens PanAmSat gegenüber Oftel, nachdem BT sich weigerte, Verbindungen zu dem Satelliten PAS-1 herzustellen. Der DGT befand hierauf, daß es BT aus der allgemeinen Diensteverpflichtung in Cond. 1 seiner Lizenz obliegt, jedem Kunden innerhalb des Vereinigten Königreichs einen entsprechenden Dienst zur Verfügung zu stellen. Auch verletze BT das in Cond. 35 der Lizenz enthaltene Verbot von Koppelungsgeschäften, wenn das Unternehmen die Aufwärtsübermittlung der Signale nur in Verbindung mit der Inanspruchnahe der Kapazität eines bestimmten Satellitensystems anbiete[152].

Die Möglichkeit, exklusive Rechte zu dieser Form des Mißbrauchs zu nutzen, sind heute mit der Liberalisierung der Signalübermittlung auf der Aufwärtsstrecke weitgehend entfallen. Aufgrund der bislang geringen Kapazität unabhängiger Satellitensysteme besteht aber die Gefahr, daß BT als nach wie vor dominanter Betreiber von Satellitendiensten seine Marktstellung zur Kontrolle des Zugangs zu diesen Systemen nutzt. Das britische Telekommunikationsrecht bietet hiergegen bislang keine Handhabe.

Dies wurde im Rahmen der Vereinbarungen zwischen BT und SES über die Vermarktung des ASTRA-Satelliten 1A gegenüber britischen Fernsehsendern deutlich. Im Jahre 1988 gründeten BT und SES das Gemeinschaftsunternehmen luxemburgischen Rechts BT Astra SA, das britischen Fernsehsendern die BT-Aufwärtsstrecke sowie die Transponder-Kapazität des SES-Satelliten als verknüpfte Dienstleistung anbieten sollte[153]. Aus den Einnahmen dieses Unternehmens sollte an BT eine Gebühr für die Nutzung der Aufwärtsstrecke sowie ein »Dienstleistungsentgelt« von 10% für die Transpondermiete fließen. Eine Reihe von zusätzlichen Vereinbarungen sollte sicherstellen, daß britischen Fernsehsendern keine anderen Aufwärtsstrecken zu dem Satelliten zur Verfügung gestellt werden können. Trotz der erheblichen wettbewerblichen Wirkungen dieser Vereinbarung stand ihre Zulässigkeit nach britischem Recht nicht in Frage. Die BT hier zufallende Aufgabe der Signalübermittlung zum Satelliten wurde durch die allgemeine Betriebslizenz abgedeckt, die Ver-

---

151 Siehe hierzu oben S. 185.
152 Oftel, Representations on behalf of PanAmSat, Statement, März 1988.
153 Zur Vereinbarung im einzelnen Entscheidung der Kommission vom 23. Dezember 1992 - Astra, 93/50/EWG (Abl. Nr. L 20/23 vom 28.1.1993), Rdn. 6 ff.

marktungsaktivitäten der BT Astra SA bezüglich der Raumsegmentskapazität wiederum bedurften keiner fernmelderechtlichen Lizenz.
Hier erlangten aber die Vorschriften des europäischen Wettbewerbsrechts Bedeutung. Die Vereinbarungen zwischen BT, SES und BT Astra wurden im Juni 1988 nach Art. 19 Abs. 1 der Verordnung Nr. 17[154] bei der Kommission angemeldet. Dies führte am 3. April 1990 zu der Eröffnung eines Verfahrens der Kommission, nachdem diese zu der vorläufigen Schlußfolgerung gelangt war, daß die Vereinbarungen gegen Art. 85 Abs. 1 EG-Vertrag verstoßen.
Im Januar 1991 wurden infolge dieses Verfahrens die unternehmerischen Aktivitäten dieses Gemeinschaftsunternehmens beendet und die Vertragsbeziehungen zwischen BT und SES umgestaltet. Die vorläufige Einschätzung der Kommission wurde im Dezember 1992 durch eine formelle Entscheidung bestätigt, in der sie eine Freistellung der ursprünglichen Verträge nach Art. 85 Abs. 3 EG-Vertrag ablehnte und betonte, daß Vereinbarungen, durch die andere Betreiber von Aufwärtsstrecken als BT von diesem Markt ferngehalten werden, zu der Eröffnung eines getrennten Verfahrens führen könnten[155].

---

154 ABl. Nr. 13 vom 21.2.1962, S. 204/62.
155 Entscheidung der Kommission vom 23. Dezember 1992 - Astra, 93/50/EWG (Abl. Nr. L 20/23 vom 28.1.1993), Entscheidung Art. 2 sowie Rdn. 33.

F. Verbleibende Regulierungsnotwendigkeiten in einem liberalisierten Umfeld

In Großbritannien kann heute auf eine zehnjährige Erfahrung mit der durch den Telecommunications Act 1984 eingeführten Regulierung zurückgeblickt werden. Im nationalen Bereich hat in diesem Zeitraum gleichzeitig die seit dem British Telecommunications Act 1981 nicht mehr durch einen Betreiber durchgeführte Zulassung von Fernmeldediensten zu einer weitgehenden Freigabe der Telekommunikation geführt[1]. Die von der britischen Regulierung hierbei zunächst eingeschlagene Duopolpolitik ermöglichte nur in Randbereichen neuen Betreibern den Marktzugang. Erst mit dem Duopoly Review begann im Jahre 1991 die weitgehende Liberalisierung des Fernmeldewesens. Nur für den Kernbereich unter den grenzüberschreitenden Diensten wurde aus außenhandelspolitischen Motiven an der ursprünglichen Duopolkonzeption festgehalten[2]. Die Zulassung des Angebots von Fernmeldediensten durch eine nicht begrenzte Zahl von neuen Betreibern ist als Erfolg der Reformbemühungen zu werten, deren Hauptanliegen gerade die Ermöglichung einer solchen Freigabe war.

Diese Entwicklungen machen heute eine kritische Überprüfung des regulatorischen Regimes notwendig, das auf einen nur in geringem Maß wettbewerblich strukturierten Markt zugeschnitten worden war. In seiner ursprünglichen Anlage diente das Zulassungserfordernis in erster Linie dazu, die Marktposition der Duopolisten zu sichern. BT sollte auf diese Weise seine wirtschaftliche Fähigkeit behalten, zumindest alle evtl. nicht kostendeckenden Dienste, die bislang durch sein staatliches Vorläuferunternehmen erbracht wurden, fortzuführen. Der geschäftliche Erfolg des Unternehmens Mercury wurde hingegen als essentiell für die Glaubwürdigkeit der wettbewerbsorientierten Politik angesehen[3]. Die Zulassung sonstiger Systeme erfolgte so nach der Identifizierung bestimmter Märkte, deren Freigabe den wirtschaftlichen Erfolg dieser Unternehmen nicht schwerwiegend beeinträchtigte. Dies zog es nach sich, daß in Fortführung des zuvor durch den Monopolbetreiber eingesetzten rechtlichen Instrumentariums außer in den Lizenzen von BT und Mercury nur besonders bestimmte technische Systeme zugelassen wurden.

1 Siehe hierzu oben S. 81 ff.
2 Siehe hierzu oben S. 130 ff.
3 Siehe hierzu oben S. 28, 85.

Ergänzt wurde die hierdurch erfolgende Festlegung der Märkte, auf denen die jeweiligen Betreiber auftreten durften, durch Beschränkungen der Zusammenschaltung mit anderen Systemen oder der über die Systeme zu erbringenden Dienstleistungen[4].
Diese Funktion des Zulassungserfordernisses hat mit der Aufgabe der Duopolkonzeption für die nicht grenzüberschreitende Kommunikation an Bedeutung verloren. Es stellt sich daher die Frage, ob hier die Lizenzierung näher bestimmter Systeme in Einzel- und Gruppenlizenzen noch ein geeignetes Steuerungsinstrument darstellt.
Soweit in den Lizenzen eine Festlegung auf bestimmte Übertragungstechniken oder Dienstemerkmale erfolgt, ist das Zulassungserfordernis jedenfalls mit gewichtigen Nachteilen verbunden. Die Versuche der isolierten Freigabe bestimmter Dienstekategorien oder Techniken orientierte sich stets an bestehenden Marktstrukturen. Angesichts der Konvergenz bislang getrennter und der Ausdifferenzierung neuer Märkte erwiesen sich solche Festlegungen immer wieder als Innovationshemmnisse. Die Versuche der Definition sog. »Mehrwertdienste« bieten hierfür ebenso Anschauungsmaterial[5] wie die Festlegung bestimmter Betreiber auf Dienste, die als Mobil- oder Festnetze eingestuft wurden[6]. Heute besteht die Gefahr, daß die begrenzte Zulassungspolitik im Bereich der Kabelfernsehdienste in ähnlicher Weise den Aufbau kapazitätsstarker Leitungssysteme behindert[7]. An diesen Beispielen wurde ebenso deutlich, daß die an einzelnen Systemen ausgerichtete Regulierung die beteiligten Behörden in die Position drängt, über Prioritäten im Ausbau der Telekommunikationsnetze zu entscheiden. Eine technisch neutrale Regulierung, wie sie von der britischen Regierung bereits seit der Aufgabe der Duopolpolitik angestrebt wird, sollte hingegen von dieser Anknüpfung Abstand nehmen.
In einer Studie der OECD zur Konvergenz zwischen den traditionellen Fernmelde- und Rundfunksektoren aus dem Jahre 1992 wurde der Wandel in den sich heute stellenden Regulierungsaufgaben bündig umrissen: »*What needs to be regulated is not the technology or even the operators, but the relationship between them.*«[8] Obwohl der den Rahmen für die gegenwärtige Regulierung setzende Telecommunications Act 1984 für eine solche Regelung des Verhältnisses zwischen den Betreibern kaum Vorgaben enthält, entwickelt sich auch die britische Regulierungspraxis in diese Richtung. Eingriffsbefugnisse des

---

4 Siehe hierzu oben S. 82.
5 Siehe hierzu oben S. 147.
6 Siehe hierzu oben S. 166.
7 Siehe hierzu oben S. 167 ff.
8 OECD, Telecommunications and Broadcasting: Convergence or Collision?, Information Computer Communications Policy Nr. 29, Paris 1992.

Director General of Telecommunications sind zwar, resultierend aus den Regulierungsaufgaben der Vergangenheit, fast ausschließlich in der allgemeinen BT-Betriebslizenz geregelt. Bereits heute stellt aber die Regelung der von anderen Betreibern verlangten Tarife für die Nutzung des BT-Netzes durch die Aufnahme entsprechender Bestimmungen in dieser Lizenz die wichtigste Aktivität des Oftel dar[9]. Der Versuch von BT, durch entsprechende Vereinbarungen mit SES den Zugang zu den ASTRA-Satelliten zu kontrollieren[10], machte deutlich, daß die britische Regulierung nach der gegenwärtigen Konzeption leerläuft, soweit in den Betriebslizenzen die jeweilige Netzzugangsproblematik nicht im vorhinein geregelt ist.

Durch die Möglichkeit der Änderung der in den Betriebslizenzen enthaltenen materiellen Regelungen war die Regulierungspraxis bislang in weiten Bereichen in der Lage, sich auf die gewandelten Anforderungen einzustellen. Gleichzeitig besteht aber wenig Klarheit über die Aufgaben, die hierbei den Behörden obliegen. Die Ausrichtung des britischen Wettbewerbsrechts wie auch der sektorenspezifischen Regulierung an dem unscharfen Begriff des »public interest« birgt die Gefahr in sich, ein behördlich ermitteltes Gemeinwohl an die Stelle der Ergebnisse des Wettbewerbsprozesses zu setzen und hilft wenig weiter. Auch der Mergers and Monopolies Commission ist für den weitgehend theoretisch gebliebenen Fall ihrer Entscheidung über mögliche Modifizierungen der Regulierung lediglich dieser unzureichende Maßstab an die Hand gegeben worden[11].

Die Frage nach einem geeigneten Regulierungsmaßstab kann auch nicht durch die in der britischen wissenschaftlichen Diskussion regelmäßig erfolgende Betonung der Eigenarten des Regulierungsverfahrens als Verhandlungsprozeß ersetzt werden[12]. Ebenfalls zu kritisieren ist die Tendenz, als Maßstab der Regulierung unter Berücksichtigung einer gewissen Kapitalverzinsung die jeweiligen Kostenstrukturen von BT zugrundezulegen. Diese Entwicklung wird durch die zahlreichen BT auferlegten Verbote interner Quersubventionierung[13] ebenso vorangetrieben wie durch die Planungen, zur Regulierung der Netzzugangstarife das Unternehmen zu verpflichten, die Kosten des Vertriebs seiner Dienste getrennt von den Kosten des Netzes auszuweisen[14]. Dieses verstärkte Zurückgreifen auf Elemente der Rentabilitätsregulierung läuft dem

9 Siehe hierzu oben S. 106 ff.
10 Siehe hierzu oben S. 185.
11 Siehe hierzu oben S. 45.
12 So z.B. Veljanowski, The Regultion Game, S. 21, in Veljanowski (Hrsg.), Regulators and the Market, London 1991.
13 Siehe hierzu oben S. 104 f.
14 Siehe hierzu oben S. 112.

ursprünglichen Ansatz entgegen, nach dem durch die Einführung lediglich partieller price-caps auch BT ein wettbewerbliches Verhalten ermöglicht werden sollte[15]. Während sich in weiten Bereichen wettbewerbliche Strukturen etabliert haben und so Regulierungsnotwendigkeiten geringer werden müßten, erscheint diese Entwicklung fragwürdig.

Soweit nicht die Notwendigkeit gesehen wird, die Betreiber zu bestimmten Leistungen zu verpflichten, die über den Markt nicht erbracht werden können, sollte hingegen die Regulierung auf solche Bereiche beschränkt werden, in denen auch heute noch der Mißbrauch von Marktmacht möglich ist. Dies ist sicherlich aufgrund der beschränkten Lizenzierungspraxis bei grenzüberschreitenden Basisdiensten der Fall[16], ansonsten sollte dies im Einzelfall ermittelt werden. Hierzu sind jedoch die im vorhinein in Lizenzen getroffenen Regelungen ein ungeeignetes Instrument, da zum Zeitpunkt der Lizenzierung weder die Wettbewerbsituation auf dem jeweiligen Markt, noch die Möglichkeiten des Mißbrauchs von Marktmacht erkannt werden können.

Wird anerkannt, daß die Regulierung in erster Linie das Verhältnis der Betreiber untereinander betrifft, sollte dies auch im Regulierungsverfahren zum Ausdruck kommen. Derzeit werden bei der Formulierung von Standardbedingungen für den Zugang zum BT-Netz auch die sonstigen Betreiber durch das Oftel in informeller Weise miteinbezogen. Da es hier letztlich um die Ausgestaltung der privatrechtlichen Beziehungen zwischen den Betreibern geht, ist diese Form der Beteiligung aber als äußerst unbefriedigend einzustufen. Die gewandelte Zielrichtung der Regulierung sollte vielmehr in entsprechenden Rechtspositionen der Betreiber zum Ausdruck kommen können. Das die britische Regulierung prägende bürokratische Verfahren kann allein die Wahrung der Interessen betroffener Betreiber und Nutzer nicht gewährleisten.

In der Vergangenheit konnte die schrittweise Freigabe der Telekommunikation als Hauptaufgabe der Regulierungsbehörden angesehen werden. Dieser Prozeß ist heute insbesondere in der internationalen Telekommunikation noch nicht abgeschlossen[17]. Ansonsten verbleibt als Regelungsanliegen die Sicherung des Wettbewerbs vor mißbräuchlichen Praktiken insbesondere des ehemaligen Monopolisten, dem auch heute noch auf vielen Märkten eine überragende Stellung verblieben ist. Hierfür stellen die Instrumente des allgemeinen Kartellrechts verglichen mit dem Lizenzierungsverfahren das geeignetere Instrumentarium dar. Entscheidender Anknüpfungspunkt für regulatorische

---

15 Siehe hierzu oben S. 94 ff.
16 Siehe hierzu oben S. 133 ff.
17 Siehe hierzu oben S. 133.

Intervention muß hier das wettbewerbliche Verhalten eines Betreibers, nicht jedoch der Betrieb eines Telekommunikationssystems als solcher sein.
Wie der Vergleich der britischen Regulierung mit den Kriterien des Art. 86 EG-Vertrag zeigte, führt dies nicht nur für die Regulierungsbehörden zu veränderten Aufgreifkriterien. Auch die Möglichkeit der Überwälzung der Belastungen, denen BT durch besondere Auflagen ausgesetzt ist, auf Netzzugangstarife, wird hierdurch eingeschränkt. Eine dahingehende Anpassung des britischen Fernmelderechts könnte nicht nur zu einer Konzentration auf die Regulierungsanliegen führen, sondern erscheint auch aus übergeordnetem europäischen Recht geboten[18].
Die aufgezeigten Defizite der Regulierung sind in Großbritannien durch die weitgehende Liberalisierung des Telekommunikationsmarktes wahrnehmbar geworden, die wiederum durch eine vom ehemaligen Monopolisten unabhängige Zulassung gewährleistet werden konnte. Insofern ist die britische Entwicklung derjenigen in anderen Staaten, in denen diese konfligierenden Interessen bislang kaum hervortreten konnten, weit voraus.

18 Siehe oben S. 122 ff.

Literaturverzeichnis

1. *Aufsätze und Monographien*

Adonis, Andrew, »City dials outside lines to cheaper telecoms«, Financial Times vom 24.5.1994, S. 8.

Adonis, Andrew, »Contest for your conversation«, Financial Times vom 3.10.1994, S. 18.

Adonis, Andrew, »Big cuts likely in cost of transatlantic calls«, Financial Times vom 21.10.94, S. 9.

Adonis, Andrew/Snoddy, Raymond, »IBA sets up telecoms network arm«, Financial Times vom 1./2.10.1994, S. 4.

Allan, William/Hogan, Gerard, Competition Laws of United Kingdom and Republic of Ireland, Loseblatt, Stand April 1994.

Amory, Bernard, Telecommunications in the European Communities, EuZW 1992, S. 75 ff.

Arzt, Clemens/Bach, Knud/Schüler, Klaus W., Telekommunikationspolitik in Großbritannien, Köln 1990.

Averch, Harvey/Johnson, Leland, Behaviour of the Firm under Regulatory Constraint, 52 American Economic Review (1962), 1052.

Baggehufwudt, Nils von, Dienstleistungsmonopole in der Telekommunikation unter EG-rechtlichen Aspekten, ArchivPT 1993, 174 ff.

Baker, Kenneth, The Turbulant Years, London 1993.

Baldwin, Robert/McCrudden, Christopher, Regulation and Public Law, London 1987.

Barnett, Stephen/Botein, Michael/Noam, Eli, Law of International Telecommunications in the United States (Wirtschaftsrecht der Internationalen Telekommunikation, 4), Baden-Baden 1988.

Beesley, Michael E., Liberalisation of the Use of British Telecommunications Network, HMSO (Hrsg. Department of Industry), London 1981.

Beesley, Michael E., The British Telecom/Mercury interconnect determination: an exposition and commentary, London 1986.

Beesley, Michael E./Laidlaw, Bruce, The Future of Telecommunications, London 1989.

Beesley, Michael E./Laidlaw, Bruce/Gist, Peter, Prices and Competition on Voice Telephony in the UK, Telecommunications Policy 1987, 230.

Bentham, Jeremy, An Introduction to the Principles of Morals and Legislation, Neuausgabe London 1982 (Hrsg. J.H. Burns and H.L.A.Hart).

Bock, Matthias, Ordnungsprinzipien im Wirtschaftsrecht der Telekommunikation, Bericht über ein Symposium des Max-Planck-Instituts für ausländisches und internationales Privatrecht (Hamburg) in Bad Doberan vom 17.-20.3.1993, RabelsZ 1994, 325.

Bothe, Michael/Kilian, Wolfgang, Rechtsfragen grenzüberschreitender Datenflüsse, Köln 1992.

Bruce, Robert/Cunard, Jeffrey P./Director, Mark D., From Telecommunications to Electronic Services, London 1991.

Carsberg, Sir Bryan, Regulation of British Telecom - A reply to Beesley, Laidlaw and Gist, Telecommunications Policy 1987, 237.

Coleman, Martin, European Competition Law in the Telecommunications and Broadcasting Sectors, [1990] 5 ECLR S. 204.
Craig, Paul P., Administrative Law, 2. Auflage, London 1989.

Dias, R.W.M., Jurisprudence, 5. Auflage, London 1985.
Dietl, Clara Erika/Lorenz, Egon, Wörterbuch für Recht, Wirtschaft und Politik, 5. Auflage, München 1990.

Ehlermann, Claus-Dieter, Die Wettbewerbspolitik der Europäischen Gemeinschaften und die öffentlichen und gemeinwirtschaftlichen Unternehmen, ZögU, 1992, S. 377 ff.
Ehlermann, Claus-Dieter, Telekommunikation und Europäisches Wettbewerbsrecht, Europarecht 1993, 134.
Ehricke, Ulrich, Staatliche Eingriffe in den Wettbewerb - Kontrolle durch Gemeinschaftsrecht: Ein rechtsvergleichender Beitrag zu den Grenzen staatlicher Wirtschaftslenkungsmaßnahmen im Gemeinschaftsrecht und im US-amerikanischen Recht, Baden-Baden 1994.
Ellger, Reinhard/Kluth, Thomas-Sönke, Das Wirtschaftsrecht der Internationalen Telekommunikation in der Bundesrepublik Deutschland (Wirtschaftsrecht der internationalen Telekommunikation, 16), Baden-Baden 1992.

Foreman-Peck, James/Müller, Jürgen, European Telecommunications Organizations, Baden-Baden 1988.
Foster, Christopher D., Privatization, Public Ownership and the Regulation of Natural Monopoly, Oxford 1992.
Foulkes, David, Administrative Law, 7. Auflage, London 1990.
Fransman, Martin, AT&T, BT and NTT, A comparison of vision, strategy and competence, Telecommunications Policy 1994, 137 ff.
Frieden, Robert M., Accounting Rates: The Business of International Telecommunications and the Incentive to Cheat, Federal Communications Law Journal 1991, 111 ff.

Gibbons, Thomas, Regulating the Media, London 1991.
Gillick, David, The evolution of the policy and regulatory framework in the UK, Telecommunications Policy 1989, 186.
Graham, Cosmo/Prosser, Tony, Privatizing Public Enterprises, Oxford 1991.
Green, Daniel, »Satellite operator's sell-off will make a world of difference«, Financial Times vom 24.11.1993, S. 7.
Groeben, Hans von der/Thiesing, Jochen/Ehlermann, Claus-Dieter, Kommentar zum EWG-Vertrag, 4. Auflage, Baden-Baden 1991

Handford, Richard, »Intelsat takes direct route but Eutelsat users have to wait«, Financial Times - Telecom Markets, Nr. 241 vom 3. März 1994, S. 2.
Handford, Richard, »Oftel tells BT to cut private circuit prices for ISR operators«, Financial Times - Telecom Markets, Nr. 256 vom 13. Oktober 1994, S. 1.
Heuermann, Arnulf/Neumann, Karl-Heinz, Die Liberalisierung des britischen Telekommunikationsmarktes, Berlin 1985.
Hiester, Elizabeth, Kommentierung des Kapitels »Special Sectors - Telecommunications« in Butterworth Competition Law, London, Stand Juli 1994 (Loseblatt).

Hiester, Elisabeth, Kommentierung des Kapitels »Telecommunications« in Encyclopedia of Information Technology Law, Hrsg. von Stephen Saxby, London 1990 ff, Stand Juli 1994.
Hills, Jill, Universal Service - Liberalization and privatization of telecommunications, Telecommunications Policy 1989, 129.
Hood Phillips, The Late O./Jackson, Paul, O. Hood Phillips Constitutional and Administrative Law, 7. Auflage, London 1987.
Hoover, Kenneth R./Plat, Raymond, Conservative Capitalism in Britain and the United States: A critical Appraisal, London 1988.

Ingman, Terence, The English Legal Process, 4. Auflage, London 1992.

Sir Jacob, Jack/Adams, J.D.R. u.a. (Hrsg.), The Supreme Court Practice, London 1993.
Jones, B.L., Garner's Administrative Law, London 1989.

Kuhlmann, Annette, Die Struktur von British Telecom, Köln 1993.

Littlechild, Stephen, Regulation of British Telecommunications' Profitability, Report to The Secretary of State, February 1983.
Loewenstein, Karl, Staatsrecht und Staatspraxis von Großbritannien, Band I, Berlin 1967.
Long, Colin D., Competition in the Markets for Telecommunications Services: The European Commission's Services Directive and its Draft Competition Guidelines, International Business Lawyer 1990.
Long, Colin D., Telecommunications Law and Practice, London 1988.
Lowe, Robert/Woodroffe, Geoffrey, Consumer Law and Practice, London 1991.
Lua, Dorothee, Das public interest als landesspezifischer Leitgedanke britischer Wettbewerbsregulierung, Hamburg 1991.
Luesby, Jenny, »Intelsat signs first direct UK customer«, Financial Times vom 19.4.1994, S. 6.
Lyall, Francis, Law and Space - Telecommunications, Darmouth 1989.

Merkin, Robert/Williams, Karen, Competition Law: Antitrust Policy in the United Kingdom and the EC, London 1984.
Mestmäcker, Ernst-Joachim, Staatliche Souveränität und offene Märkte, Konflikte bei der extraterritorialen Anwendung von Wirtschaftsrecht, RabelsZ 52 (1988), S. 205 ff.
Mestmäcker, Ernst-Joachim, Staat und Unternehmen im europäischen Gemeinschaftsrecht, Zur Bedeutung von Art. 90 EWGV, RabelsZ 52 (1988), S. 526 ff.
Mestmäcker, Ernst-Joachim, Marktzugang und Monopolmißbrauch auf deregulierten Märkten, in Festschrift für Ernst Steindorff, Berlin 1990.
Mestmäcker, Ernst-Joachim, Recht in der offenen Gesellschaft, Baden-Baden 1993.
Mestmäcker, Ernst-Joachim, Gemeinschaftsrechtliche Schranken für die Begründung und Ausübung besonderer oder ausschließlicher Rechte nach Art. 90 EWG-Vertrag, in ders., Recht in der offenen Gesellschaft, Baden-Baden 1993, S. 254 ff.
Mestmäcker, Ernst-Joachim, Zum Begriff des Mißbrauchs in Art. 86 des Vertrags über die Europäische Gemeinschaft, in Festschrift für Peter Raisch, München 1994, S. 441 ff.
Mestmäcker, Ernst-Joachim (Hrsg.), The Law and Economics of Transborder Telecommunications (Wirtschaftsrecht der internationalen Telekommunikation, 1), Baden-Baden 1987.

Mestmäcker, Ernst-Joachim, Über den Einfluß von Recht, Ökonomie und Technik auf Systeme globaler Kommunikation, in *ders.*, Kommunikation ohne Monopole II (Wirtschaftsrecht der internationalen Telekommunikation, 23), Baden-Baden 1995.

Mestmäcker, Ernst-Joachim (Hrsg.), Kommunikation ohne Monopole II (Wirtschaftsrecht der internationalen Telekommunikation, 23), Baden-Baden 1995.

Millard, Christopher, Spectrum management, The legal implications of reform in the UK, Telecommunication Policy 1992, 657.

Mitchell, Bridger M./Vogelsang, Ingo, Telecommunications Pricing - Theory and Practice, Cambridge 1991.

Möschel, Wernhard, Privatisierung, Deregulierung und Wettbewerbsordnung, JZ 1988, 883, 889.

Neumann, Karl-Heinz, The International System of Telecommunications Tariffs, in Ernst-Joachim Mestmäcker (Hrsg.) (Wirtschaftsrecht der internationalen Telekommunikation, 1) Baden-Baden 1987, S. 373 ff.

Newman, Karin The Selling of British Telecom, London 1986.

Noam, Eli, Telecommunications in Europe, New York 1992.

Pastor, Veronica, The Problem of International Accounting Rates: The European Commission Steps In, Fed. Com. Law Journal Vol. 45 [1993] S. 313 ff.

Phillips, Charles F., The Regulation of Public Utilities, 2. Auflage, Arlington 1988.

Pitt, Douglas C., The Telecommunications Function in the British Post Office, Westmead 1980.

Saxby, Stephen (Hrsg.), Encyclopedia of Information Technology Law, London 1990 ff (Loseblatt).

Scherer, Joachim, Nachrichtenübertragung und Datenverarbeitung im Telekommunikationsrecht (Wirtschaftsrecht der internationalen Telekommunikation, 11), Baden-Baden 1987.

Schmidt, Marek, Die Regulierung der privatisierten Telekommunikations- und Versorgungswirtschaft in Großbritannien, RabelsZ 4/94, S. 636 ff.

Smith, T.B. (Hrsg.), The Laws of Scotland, Stair Memorial Encyclopedia, Band 1, Edinburgh 1987.

Snow, Marcellus S., The International Telecommunications Satellite Organization (INTELSAT), Economic and Institutional Challenges Facing an International Organization (Wirtschaftsrecht der internationalen Telekommunikation, 2) Baden-Baden 1987.

Strickland, Peter, The regulatory environment, The UK telecommunications regulatory system, 2. Auflage, London (British Telecommunications), 1992.

Szafran, Uwe, Der Markt für Satellitendienste, Wissenschaftliches Institut für Kommunikationsdienste, Diskussionsbeitrag Nr. 107, Bad Honnef 1993.

Tegge, Andreas, Die Internationale Telekommunikations-Union (Wirtschaftsrecht der internationalen Telekommunikation, 21), Baden-Baden 1994.

Treitel, G.H., The Law of Contract, 7. Auflage, London 1987.

Veljanowski, Cento, The Regulation Game, in Veljanowski (Hrsg.), Regulators and the Market, London 1991, S. 3 ff.

Vickers, John/Yarrow, George, Privatisation: An Economic Analysis, 2. Auflage, Boston 1989.

Vogelsang, Ingo, Interconnection of Telecommunications Networks in the UK, Wissenschaftliches Institut für Kommunikationsdienste Diskussionsbeitrag Nr. 140, Bad Honnef 1995.

Walker, David M., Principles of Scottish Private Law I, 3. Auflage, Oxford 1982.

Walker, Dawson/Solomon, Jonathan, The Interconnection Imperative - E pluribus unum, Telecommunications Policy 1993.

Graf von Westerholt und Gysenberg, Hartwig, in E. Ulmer [Hrsg.], Das Recht des unlauteren Wettbewerbs in den Mitgliedstaaten der EWG, Band VI: Vereinigtes Königreich von Großbritannien und Nordirland, München 1980.

Weyhenmeyer, Stefan, Integrierte Unternehmensstrukturen in der Telekommunikation und staatliche Industriepolitik, (Wirtschaftsrecht der internationalen Telekommunikation, 23) Baden-Baden 1994.

White, Stewart/Bate, Stephan/Johnson, Timothy, Satellite Communications in Europe, London 1994.

Wiedemann, Verena A.-M., Law of International Telecommunications in the United Kingdom, Regulation of Electronic Media (Wirtschaftsrecht der internationalen Telekommunikation, 8), Baden-Baden 1989.

Wigglesworth, Bill/Barnes, Fod, UK Policies and Regulations, Telecommunications Policy 1992, 721.

Lord Wilberforce/Campbell, Alan/Elles, Neil, The Law of Restricive Trade Practices and Monopolies, 2. Auflage, London 1966.

Wilshere, A.M./Chedlow, Barry, Principles of the Common Law, 6. Auflage, London 1951.

Wiltshire, Kenneth W., Privatization, The British Experience: An Australian Perspective, Melbourne 1987.

Yardley, David C.M., Introduction to British Constitutional Law, 6. Auflage, London 1984.

2. *Schriften ohne Verfasser*

BT and Oftel try to stop Mercury legal action, Financial Times - Telecom Markets vom 3.2.1994, Nr. 239, 1994, S. 1.

BT escapes MMC referral with Oftel deal, Financial Times vom 24.7.1991, S. 8.

BT rejects Oftel's proposals for regulation of telecoms deals, Financial Times vom 19.7. 1991, S. 8.

C and W agrees alliance with BCE; Financial Times vom 12.11.1992, S. 18.

Mehr Telefonate und günstige Wechselkurse - Cable and Wireless verzeichnet zweistellige Zuwachsraten; FAZ vom 23.11.1993, S. 22.

New Broadcast and Communication Media, Financial Times vom 4.10.1994, Beilage S. IV.

New Director General Appointed, Oftel News, Issue No. 23 May 1993, S. 1.

Oftel warns BT over its UK licence, Computer Weekly vom 18.7.1991, S. 10.

3. *Fernmelderechtliche Lizenzen*

a) *Gruppenlizenzen*

Class Licence for the running of telecommunications systems providing value added and data services vom 30.4.1987 (zit. »VADS-Lizenz«).

Class Licence for the running of telecommunication systems by PTO group associates to provide value added and data services vom 30.4.1987 (zit. »PTO-VADS-Lizenz).
Class licence for the running of fixed-link radio alarm systems vom 20.6.1990.
Class licence to run broadcast relay systems covering no more than 1000 homes and providing services provided by the system on 31 December 1990 vom 8.1.1991 (3/766/1/13).
Class licence to run broadcast relay systems providing services provided by the system on 31st Dezember 1990, where these included less than five satellite television channels vom 15.1.1991 (3/769/1/13).
Class licence to run broadcast relay systems covering no more than 1000 homes for the provision of all types of broadcasting service vom 10.6.1991 (3/974/1/8).
Class Licence to run Telecommunications Systems for the Provision of Satellite Telecommunications Services Granted by the Secretary of State for Trade and Industry under Section 7 of the Telecommunications Act 1984, 2.8.1991 (zit. »Satellitendienstelizenz«).
Class licence for the running of self provided telecommunication systems granted by the Secretary of State under Section 7 of the Telecommunications Act 1984 vom 30.7.1992.
Class Licence to run Branch Systems to provide Telecommunication Services granted by the Secretary of State under Section 7 of the Telecommunications Act 1984 vom 15.7.1992.
Class Licence to run Branch Systems to provide Telecommunication Services granted by the Secretary of State under Section 7 of the Telecommunications Act 1984 4.11.1994 (zit. »TSL«).

b) *Einzellizenzen*

Licence granted by the Secretary of State for Trade and Industry to British Telecommunications under Section 7 of the Telecommunications Act 1984, mit Zusätzen bis zuletzt 30.9.1991 (zit. »BT-Lizenz«).
Licence granted by the Secretary of State for Trade and Industry to Mercury Communications Limited under Section 7 of the Telecommunications Act 1984, mit Zusätzen bis zuletzt 30.9.1991 (zit. »Mercury-Lizenz«).
Licence granted to Racal Vodafone Limited to run cellular telecommunication systems for the provision of mobile radio telecommunication services vom 28. Juni 1985 (zit. »Vodafone-Lizenz«).
Licence granted to Cellular Radio Limited to run cellular telecommunication systems for the provision of mobile radio telecommunication services vom 28. Juni 1985 (zit. »Cellnet-Lizenz«).
Licence granted to Phonepoint Ltd for the running of systems providing short range radio services vom 30.4.1989 (zit. »Phonepoint-Lizenz«).

4. *Oftel-Publikationen*

Report of the Director General of Telecommunications for the Period 1 January to 31 December 1987, London 1988 (zit. »Annual Report 1987«).
Report of the Director General of Telecommunications for the Period 1 January to 31 December 1988, London 1989 (zit. »Annual Report 1988«).
Report of the Director General of Telecommunications for the Period 1 January to 31 December 1989, London 1990 (zit. »Annual Report 1989«).
Report of the Director General of Telecommunications for the Period 1 January to 31 December 1990, London 1991 (zit. »Annual Report 1990«).

Report of the Director General of Telecommunications for the Period 1 January to 31 December 1991, London 1992 (zit. »Annual Report 1991«).
Report of the Director General of Telecommunications for the Period 1 January to 31 December 1992, London 1993 (zit. »Annual Report 1992«).
Report of the Director General of Telecommunications for the Period 1 January to 31 December 1993, London 1994 (zit. »Annual Report 1993«).
Wide Area Radio-Paging, Advice submitted by the Director General of Telecommunications to the Secretary of State, April 1985.
Determination of the Terms of the Code of Practice in respect of international accounting arrangements under Condition 48 of the licence granted to British Telecommunications under Section 7 of the Telecommunications Act 1984, and Condition 44 of the licence granted to Mercury Communications under section 7 of the Telecommunications Act 1984, 1987.
Code of practice on international accounting arrangements, Statement from Sir Bryan Carsberg, March 4th, 1987.
The Regulation of BT's Prices - Consultative Document, January 1988.
Statement of Director General, Representations on Behalf of PanAmSat, March 18th 1988.
The Control of British Telecom's Prices, Statement issued by the Director General of Telecommunications, July 1988.
Chatline and Other Message Services, 1988, in Monopolies and Mergers Commission, Chatline and Message Services, A report on the provision of Chatline and Message Services by means of the British Telecommunications public switched network, January 1989.
Review of British Telecom's arrangements for the provision of space segment, Statement, November 28th, 1989.
International Telephony: Simple Resale and Control of Prices, Advice, Submitted by the Director General of Telecommunications to the Secretary of State, October 1990.
Numbering for Telephone Services into the 21st Century - A Report to Oftel by Ovum, March 1991.
BT's Apparatus Supply Business, Statement of the Director General of Telecommunications, December 6th, 1991.
The Regulation of BT's Prices - Consultative Document, January 1992.
Director General of Telecommunications, Statement - Policy on Separation and Interconnection, June 1992.
Explanatory Guide to the Self-Provision Licence (SPL) and the Telecommunications Services Licence (TSL), October 1992.
Competition and Service (Utilities) Act 1992: Individual and overall standards of performance, October 1992.
Competition and Service (Utilities) Act 1992 - Consultative Document, October 1992.
Explanatory Guide to the Self-Provision Licence (SPL) and the Telecommunications Services Licence (TSL), October 1992.
Determination of terms and conditions for the purpose of an agreement on the interconnection of the British Telecommunications telephone system and the Mercury Communications Ltd. system under condition 13 of the licence granted to British Telecommunications under Section 7 of the Telecommunications Act 1984, Explanatory Document, 1993.
Interconnection and Accounting Separation, Consultative Document, June 1993.
Numbering: Choices for the Future, Consultative Document, June 1993.
BT's July 1993 Price Changes, Statement June 3rd, 1993.
The operation of BT's Signatory Affairs Office and competition in the satellite services sector, Consultative Document, July 1993.

Calling Line Identification, Consultative Document, September 1993.
UK Standard Interconnect Charges, Proceedings of a Workshop held on 11 October 1993.
Cost benefit analysis of Equal Access, A Consultative Document, November 1993.
The Future of the Signatory Affairs Office, Statement issued by the Director General of Telecommunications, February 1994.
Interconnection and Accounting Separation: The Next Steps, Statement Issued by the Director General of Telecommunications, March 1994.
Discussion on the future of interconnection, Proceedings of an industry workshop held on 25 March 1994.
A Framework for Effective Competition, Consultative Document, December 1994.

5. *Sonstige Materialien*

Department of Trade and Industry, Government Proposals for the Future Licensing of Value Added and Data Services: A Consultative Document, June 1985.
Department of Trade and Industry, Revised Government Proposals for the Future Licensing of Value Added and Data Services: A Consultative Document, November 1985.
Department of Trade and Industry, The Development of U.K. Communications Systems, Discussion Document 3, April 9th 1987.
Department of Trade and Industry, Opening Markets: New Policy on Restrictive Trade Practices (White Paper) Cmnd. 727, 1989.
Department of Trade and Industry, Competition and Choice: Telecommunications Policy for the 1990s (Consultative Document), 1990.
Department of Trade and Industry, Competition and Choice: Telecommunications Policy for the 1990s (White Paper), 1991.
Department of Trade and Industry, Guidance for companies wishing to provide international resale services, July 1993.
Department of Trade and Industry, Notes for the Guidance of applicants for a licence to run a telecommunication system, September 1993.
Department of Trade and Industry, Radiocommunications Agency, The future management of the radio spectrum, Consultative Document, March 1994.
Home Office, Broadcasting for the 90's: Competition, Choice and Quality, 1988, Cmd. 517.
Eighth Report from the Treasury and Civil Service Committee, House of Commons, Session 1979-80, Vol. 720.
European Public Telecommunications Network Operators, Introducing ETNO, Bruxelles 1994.
Kommission der Europäischen Gemeinschaften, XX. Bericht über die Wettbewerbspolitik 1990.
Kommission der Europäischen Gemeinschaften, XXI. Bericht über die Wettbewerbspolitik 1991.
Kommission der Europäischen Gemeinschaften, XXII. Bericht über die Wettbewerbspolitik 1992.
Kommission der Europäischen Gemeinschaften, Auf dem Wege zu europaweiten Systemen und Diensten - Grünbuch über ein gemeinsames Vorgehen im Bereich der Satellitenkommunikation in der Europäischen Gemeinschaft (Grünbuch Satellitenkommunikation), Kom (90) 490, endg.
Monopolies and Mergers Commission, Credit Card Franchise Services, 1980, Cmnd 8034.

Monopolies and Mergers Commission, Charter Consolidated/Anderson Strathclyde, 1982, Cmnd. 8771.

Monopolies and Mergers Commission, British Telecommunications plc and Mitel Corporation, A report on the proposed merger, January 1986, Cmnd. 9715.

Monopolies and Mergers Commission, Tampons, A report on the supply in the United Kingdom of Tampons, 1986, Cmnd. 9705.

Monopolies and Mergers Commission, The Supply of Gas to Contract Customers, 1988, Cm 500.

Monopolies and Mergers Commission, Chatline and Message Services, A report on the provision of Chatline and Message Services by means of the British Telecommunications public switched network, January 1989.

Monopolies and Mergers Commission, Channel 3 Networking Arrangements, A report on whether the arrangements satisfy the competition test contained in the Broadcasting Act 1990, April 1993.

OECD, Telecommunications and Broadcasting: Convergence or Collision?, Information Computer Communications Policy Nr. 29, Paris 1992.

Office of Fair Trading, Annual Report 1986.

Office of Fair Trading, Annual Report 1990.

Radiocommunications Agency, Report of the Radio Spectrum Review Committee, Stage 3, January 1994.

Report of the Post Office Review Committee, Chairman C. F. Carter, Presented to Parliament by the Secretary of State for Industry July 1977, Cmnd. 6950.

The Future of Telecommunications in Britain 1981/82, White Paper des Department for Industry, Cmnd. 8610.